厦门大学哲学社会科学繁荣计划资助项目

自强教育书系

ZIQIANG JIAOYU SHUXI

丛书主编　刘海峰

应试主义

周序　著

厦门大学出版社

XIAMEN UNIVERSITY PRESS

国家一级出版社

全国百佳图书出版单位

图书在版编目(CIP)数据

应试主义/周序著.—厦门:厦门大学出版社,2017.8
(自强教育书系)
ISBN 978-7-5615-6612-1

Ⅰ.①应… Ⅱ.①周… Ⅲ.①应试教育-研究-中国 Ⅳ.①G40-011
②G522

中国版本图书馆 CIP 数据核字(2017)第 170282 号

出 版 人	蒋东明
责任编辑	高　健
封面设计	李夏凌
技术编辑	许克华

出版发行 厦门大学出版社

社　　址	厦门市软件园二期望海路 39 号
邮政编码	361008
总 编 办	0592-2182177　0592-2181406(传真)
营销中心	0592-2184458　0592-2181365
网　　址	http://www.xmupress.com
邮　　箱	xmup@xmupress.com
印　　刷	厦门集大印刷厂

开本	720mm×1000mm　1/16
印张	12.25
插页	2
字数	236 千字
版次	2017 年 8 月第 1 版
印次	2017 年 8 月第 1 次印刷
定价	50.00 元

本书如有印装质量问题请直接寄承印厂调换

厦门大学出版社
微信二维码

厦门大学出版社
微博二维码

总　序

　　厦门大学教育研究院之所以能居于全国高等教育研究领域前列并有一定的国际影响，是因为拥有一批"60后"和"70后"的中年教育理论工作者孜孜地从事培养人才和学术研究，并在一些学科领域，处于理论前沿，不断地有所创新、有所开拓。但是，十年、二十年之后，是否后继有人，并能青出于蓝，是我们当前不能预为之谋的发展战略问题。

　　值得告慰的是，教育研究院已有一批"80后"以至"90后"正在成长中的青年教师。他们虽然原来并非都是研究高等教育学科的，但都有深厚的理论功底和良好的人文素养，多有强烈的学术上进心。如何以热切和包容的心怀，为他们提供"自强不息"的期望和园地？"自强教育书系"的组织与出版，就是这项发展战略的措施之一。

　　第一批书系的四本著作，是四位青年教师的博士论文或近著。其中，徐岚和洪志忠的两本著作，都是研究教师自身的问题。徐岚研究的是作为大学教师自身的学术责任问题。她以大学理念和学术职业为切入点，分析大学教师的学术责任观及其影响因素。作者结合切身体验与对所选取个案的长期观察，主要通过质性研究的方式，力图深入表象背后的深层原因，解释为何"研究责任被异化为发表论文和争取科研经费""培养新一代学者成为视野之外的责任"等。希望通过深入探讨，能加深教师对学术责任的认知，使学术职业不再成为"流沙之上的朝圣之路"。

　　洪志忠研究的是以普通学校教师为主的教师绩效评价问题。围绕教师绩效评价"从何而来""因何而来""现在何处""面向何方"，构建一个由绩效计划、过程控制和考核改进三个主要环节的教师绩效模型,并提出绩效评价的策略与方法的若干建议。

周序研究的是人们多年来热议的"应试教育"这一问题。他认为应试在学习导向上有其可取之处,问题在于演变为"应试主义",高考成为"异化的公平",使身处其中的师生陷入路径依赖而无法进行教学改革。这一观点是有新意的。沿着这一思路,那么改革就不可能取消"应试",而是只能着眼于碎片化的知识和僵化、片面的教学过程,这可以通过考试命题技术的革新来加以缓解。

林敏是研究心理学的青年学者,她的博士学位论文是研究儿童汉语阅读困难与听写困难的问题,通过形、音捆绑机制的反复比较测验,发现语素意识干预训练能促进发展性困难儿童提高阅读成绩。

第一批书系只出版了四位青年教师的研究成果,"学海何洋洋",在自强的乐章中,将陆续出版更多的青年教师研究成果。在徐岚博士的论著中,她将自己喻为"青椒"。我认为这个自喻对于在成长中的青年学者是恰当的。"青",尚未成熟,而由青而红,指日可期;"椒",不论花椒、胡椒、辣椒,都有强烈的辛辣,年轻学者,要"敢"字当头,敢于站在前人的肩膀上勇攀学术高峰,在高等教育理论研究和培养人才上,做出新的贡献。

这是"自强教育书系"对青年教师的厚望。

潘懋元

2016 年 3 月 17 日

序

为一本好书写序，是件荣幸而愉快的事情。

《应试主义》是周序博士在他的博士论文基础上修改而成的。看得出，周序博士这些年一直非常专注于解释我国"应试主义"的原因，也在实事求是地思考解决之道。

"应试教育"或"应试主义"，是中国教育的疾患，可谓人人关注，千夫所指。周序博士的言说应该很难另辟蹊径。然而，他的努力和执着，在"应试主义"研究的汪洋大海中，犹如凿壁见光一样，许多观点和结论，可谓真知灼见，分析说明过程也是丝丝入扣，情真意切，这或许与他本人经历过"应试主义"有关。

一

周序博士通过对历史文献的梳理，分析出中国人情社会和关系网，是科举制替代荐举制度的重要原因，这也是"分数至上"的"应试主义"的历史和文化基础。由此也可以看出，即使是"举贤良""张孝廉"的传统中国，也不得不把"道德"和"贤良"化成"饱读诗书"后的科举考试，这是我国几千年来"人伦社稷""家国同构"的历史和文化基因。

在现实社会层面，作者从社会流动机制的角度，分析广大社会普通家庭对"应试主义"普遍拥戴的心理基础，文中反复讲到高考是"异化的公平""无奈的选择"。作者详细介绍了高考制度的各种改革，无论保送生、加分政策、特长生，还是分省命题，都包含着精细的教育原理，例如因材施教、全面发展，包含了教育公平的意涵；各项加分政策,体现了对弱势人群的补偿原则等。然而,最大的社会事实却是,绝大多数人还是拥戴残酷的统一高考,因为它能够最大限度地排除关系、人情等经济和社会资本对录取的影响,而且人人可见。

分数公平是广大普通老百姓的底线,也是修补诚信缺失的无奈方案。周序博士敏锐地察觉到,人们对高考之外的社会不公,诸如城乡、地域、家境的悬殊和不公平不会如此在意,还会笼而统之称之为"命运",还能认了,但是高考事大,这唯一见得到的改变命运的路径,是可以通过"十年苦读""拼搏到底""天道酬勤"来实现的,因此,人们对高考的信念和决心自然是坚定不移的。分数不平等和社会不平等,大多数人更反感前者;而反感后者的,更多的是知识分子或中产阶级的社会成员,他们关注异地高考,但目前仍然是呼声大,受益者少。

由此可见,在社会不公愈演愈烈的情况下,高考这条唯一的通道价值越来越珍贵,人们万众一心不惜扭曲教育和自家孩子当下乃至未来的身心发展,也要维护着这可见可为的"公平"。所以,在不公的社会里,理性和自由,无论是在社会的还是教育的领域,都不可能发育和生长出来,从周序博士的这本书里可以看到,教育的合理性和科学性,诸如静待花开的自然性,教学生成的魅力和艺术,通通会被"粗粝的公平"所压倒,希冀绝路逢生的人们常常只信"自古华山一条路",教育中的自由、生长和全面发展,是他们等待不起的。

教育极致的扭曲和异化,是人们粗粝的公平心在与可望而不可即的权贵阶层和卑微命运进行的较量,是当下人生最大的赌注,只因高考有规则,有成功突围的榜样。哪怕高考实现翻身和命运改变的功能压倒了一切,甚至挤压教育本质特点,但无论如何高考还是一条通过读书和考试的和平地向上流动的路线。如果某一天,如此苦读还修不成正果,"我就不玩了! 我也不再遵守规则了",让人隐约看到一个更为惨烈和悲壮的路径:当连高考这条路都走不通了,社会就会走向暴力和天翻地覆的"革命",这不是危言耸听。

二

周序博士描写的莲花池中学,点点滴滴,方方面面,呼吸之间都能体会到"应试主义"的现状,读起来让人又笑又痛。

异化的东西,变形的东西,扭曲的东西是喜剧的要素,周序博士生动地描述出理想的教育如何在"应试主义"的学校碰壁,素质教育如何变成一套自欺欺人的话语和表演,娇生惯养的孩子如何全身心地被规训为厉兵秣马的斗士。他描绘了一幅高考异化和变形的全景图,细细地讲述着学校教育的各个环节是如何走向理想教育的反面的。

高考是"高利害性"的考试,有着教育情怀和理想的教师为了孩子的"真正利益"不得不改变自己,"分数上不去,学生会喜欢你吗",这是一位年轻教师的"醒悟"和决绝,教师们在"应试主义"的第一线,自然也看到了社会与教育最为本质的联系,看到了学生今天读书的苦与明天社会地位的甜之间的内在逻辑;当然,教师们也为了生计和功名,在向以分数为核心的绩效机制投降。

教师改变了,"应试主义"的全面规训就开始了:

把知识分为三六九等,教师依据考试点按图索骥,教师要"讲到"而不"讲透",学生只需要"记住"而不用"理解";只要不考的东西,全都可以不学,学生无须纠结什么"黄土"和"黄壤"的区别,更不需要发挥和创新;"应试主义"让教材下位,教辅登台;题海战术把学生修炼至人脑变电脑;分数层级性替代人才的多样性,选拔冲击教育,机械单向度的分数划段选拔替代适合性的选拔;教育目标转化为分数指标,竟能让师生为之热血沸腾,誓言鼎鼎,因为今日苦读,都是通向社会向上流动的"彼岸花开"!

持续三年的拼搏、极致的规训、精细的绩效考核、巨大的利益和唯一的通道,所有这些把全社会的家长、学生、教师、校长、行政官员和利益均沾者(教辅和补习机构)拧成一股绳,织成一张网,严严实实地把公平、效率、利益、命运拼凑在一起,把教育彻底地异化了!更别说素质教育了。

三

周序博士的著作,让我们看到三群人:一是"应试主义"中的学生和他们的家庭,二是学校的教师和校长,三是我们自己,即各类教育学人（或教育理论家）。

　　站在一线的是学生、家长，这里的一线是教育一线，其实更是许许多多的家庭的命运一线。高考是广阔无垠的原始生命勃发的斗士竞赛场，粗粝残忍，但有规则，有输赢，虽然没有教育理论和官方话语的支持，但他们在黑白分明地博弈，在追逐"应试"的规则，成败自认。

　　教师和校长看似在一线，其实在二线，他们的价值和功名都通过"应试主义"来实现，他们真心知道"应试主义"不是教育的本来面目，也清楚孩子未来的社会位置与分数的分层密切相关，素质教育行不通，至多高一可以"玩"素质教育。他们不声张，在"应试主义"的规则里，与绩效，与学生和家长，与社会同步共存。他们的难处是"应试主义"和"素质教育"的表里兼顾，既要憧憬素质教育理想之光，又要明晰"应试主义"的现实之功用。

　　而我等教育学人，和高考战场一线相比，既不在后方，也不在对垒，我们高高在上，我们谈起儿童，横贯东西古今，有许多梦想，也有痛苦的呻吟和改革蓝图，几十年的呼吁和批判，看到的是学生的综合素质和全面发展让位于众口一词的"教育公平"或"分数面前人人平等"，还好，素质教育节节败退，不会影响我们的生计和功利，甚至都不一定影响我们的心情和梦想。

　　周序博士的书，让我心生羞愧和不安，教育学人有无回天之力？教育学人可以做点什么？

　　"教育公平"什么时候成为"应试主义"最合法的政治基础？效率至上的经济学原则什么时候又变成"教育公平"的最佳搭档？其实，我们可以从几十年社会变革的脉络中看出一些逻辑和必然。经济发展，让一部分人先富起来，以打破"大锅饭"的名义，一改社会主义计划经济时代的平等工资结构；在此基础上，逐步用市场定义的人际关系消解了家与国、个人与集体之间许许多多政治、经济和文化的共同组织，诸如单位、生产队、工厂、街道。把个体和家庭，放逐到自由的市场经济的汪洋大海中，家庭成为社会最核心的命运共同体。

　　社会转型中，传统的三十六行变成了七十二行，每一行都按照所需要的"素质"、能力和文凭进行了国际标价，这就是我们说的劳动力分工和标价的全球化市场，第一次让开放和自由了的人们看到了教育辉煌的前景，不仅学而优则仕，而且学而优则阔，学而优则洋。好的教育带来的职业前景越辉煌，读书动机越强，职业的冷热以及同一职业内位阶收入差距的巨大，诱导教育的竞争越发激烈。

社会因财富快速增长和急剧分化而形成的阶层（阶级）鸿沟，更催促着千千万万的家庭，竞争社会中唯一的命运共同体，来自底层家庭的学生，就只能凭借教育杀出一条生路，实现梦想。

从理论上讲，高考导致的"变形的教育"或"异化"的教育，有很多解释和研究，大致都来自西方，主要是以经济学为理论圆心，对个人主义、家庭利益进行成本核算，以理性经济人假设来探究在不均衡社会中的个人选择。这一点周序博士看到了，他也在其中，我们都在其中。

四

读周序博士的书，仿佛身心都又一次进行着理想主义和现实主义的交锋，体味着教育与社会的较量。从事教育的人，无论是大学教授，中小学教师校长，还是有梦想的家长（通常是中产阶级的家长），都会经历理想让位于现实，教育让位于非教育或反教育；各类兴致勃勃的教育改革者，要么被看成天真的理想主义坚守者，要么被猜忌为教育的寻利者。

周序博士对"应试主义"机制的分析和解构是深入和犀利的，选拔的层次性替代了教育培养人才的多样性；层次性又通过试卷和分数单一地表达出来，由此导致的是课堂和学校的工序化和流水线作业，排斥个性和人性，只剩走完这一遭的顽强而麻木的生命。

可以看出，周序博士的确洞悉了各方教育学人的理论努力和实践困境，从官方力推的素质教育到理论界关注的"生活世界"和"生成性教学"。他自己则是为"应试"的必然性做辩护，他坦诚了自己的立场和解决路径，在人情社会、关系社会的文化基因不可改变、求学动机无可非议、凭分录取不可避免的前提下，诉诸考试技术的改变仿佛是唯一可行的出路。让命题和分数与能力对接，与素质教育元素对接，消除应试技巧，提高命题质量。在我看来，解决之道的确应该站在现有"应试主义"的立场上，在选拔制度上注入教育元素，在这个意义上，周序博士是严谨认真的、诉诸技术和有限理性解决现实问题的一位学者。

好书是激发思考和批判的，借此，我也提出一些思考：既然"应试主义"是文化传统和现实社会结构所致，教育学人能不能跳出教育，从社会和文化角度思考问题的解决之道呢？

假如人类的文化和制度安排能够重视人的积累性和持续性的发展，而不是只偏爱投机行为；

假如我们基于禀赋、文凭、行业、职位和资本的收入差距不是如此巨大，以致破坏性地影响人类的基本人性和共同命运；

假如这个社会对人的良知善行、自尊独立、勤奋努力还有认可和激励的制度和文化，而不是感恩和人身依附奴性文化；

假如我们对劳动和劳动者的尊重高于资本和财富……

周序博士的书，情真意切，没有学术假面具和套路；各路理论，各家说法，都化入心中，经过了审视；高考怪象，栩栩如生，嬉谈难掩心痛；尊重理性，学人救世，祈技术补苍天……所幸，这些都留驻纸墨间。

郑新蓉

于北京师范大学

2016 年 4 月 2 日

目　录

第一章

引 言

第一节 "应试""应试教育"与"应试主义"

1977 年,恢复高考的消息犹如一声春雷,响彻神州大地。

也就是从那个时候开始,中国基础教育逐渐被人概括为"应试教育"。我的高中阶段教育也是在"应试教育"当中度过的,至今我还能够清晰地回忆起当年的"应试教育"带给我的学业负担和身心压力。今虽时过境迁,但每年的六七月份,报刊、网络上铺天盖地的关于高考的新闻,总是能够拨动我的心弦。就在前两年,一则"犀利"的高考标语见诸媒体:"没有高考,你拼得过'富二代'吗?"之后几年中,各种跟高考相关的标语陆续走红网络:"通往清华北大的路是用卷子铺出来的""要成功,先发疯,下定决心往前冲""扛得住给我扛,扛不住给我死扛""就算撞得头破血流,也要冲进一本线的大楼"……应该说,这些标语的内容虽然过于"直白",甚至可以说是有些"雷人",却也恰如其分地概括了摆在我以及为数众多的不具备"阶层出身优势"的高中学生面前的几乎唯一的一条出路——那就是通过高考来改变自身命运。所以说,我依然很感谢"应试教育",正是它帮我在高考中斩获高分,使我能够在高考这一"千军万马过独木桥"的激烈竞争中得以脱颖而出,走进大学的殿堂。

高考既是无数学子通往大学的途径,也承载着无数家庭跻身上层社会的愿望。在为高考而奋斗的过程中,既有希望与渴求的躁动,但同时也充斥着"应试教育"的种种罪恶。比如说,牺牲学生的兴趣、个性、爱好和意愿往往被视作通过高考"独木桥"之必需。我们很容易想象出"应试教育"的典型形态:忽视学生的精神需求和情感体验,忽视学生掌握知识的过程和方法,课堂上只存在整齐划一的教,却没有生动活泼的学,课堂变成了考试训练的场所,教学成为"机械化的""大工业化的"知识批量输入与输出的活动,教师按照"考点"的分布和要求对教学内容进行加工处理,"考什么,教什么,不考就不教"的现象普遍存在,答题的"套路"和"模板"层出不穷……可以说,"应试教育"耗费了广大中小学生最美好的青春年华,但当他们迈过高考这道关口以后,很多学生却发现,自己对新鲜事物的好奇心、自己的创造性、自己的激情和冲动,在很大程度上已经消失殆尽了。

"应试教育"的"罪恶"还远远不只这些。有的学校将"三年抓备考,备考抓三年"作为其办学理念;[1]2012 年,号称"史上最牛高考班"的湖北"吊瓶班"横空出世,所有学生集体打着吊瓶,一边输氨基酸一边上自习[2]……类似这样的事件接二连三、层出不穷,可以说已经成为教育中的常态了。而亲身实践着"应试教育"的广大中小学老师,在日复一日的"应试教育"过程中却逐渐丧失了钻研教育的热情,而是成为"应试技术的研究者,同时也是实践者"[3]。凡此种种,与其说是统一高考产物,不如说是应试竞争恶性化、极端化的一个体现。因此当有人提出,"当前中国基础教育最大的问题仍旧是'应试教育'"[4]的时候,我是毫不犹豫地表示赞同的。前些年看到有学者撰文说,根本就没有什么"应试教育",所谓"应试教育"导致学生能力素质低下的说法并不正确,真正影响学生成长发展的,是教师专业水平不高,而又不得不应付教学任务的"应付式教育",但教师们又不愿意承认自己的水平不足,因此制造出"应试教育"这么一个概念来给自己当遮羞布。我就这一观点请教诸多一线教师的时候,他们无一不对这种观点嗤之以鼻,毕竟,"应试"的需求实实在在地存在着,高等教育资源不足也是不争的事实,而为了高等教育资源进行竞争,乃至恶性竞争,人们也司空见惯。因此,满堂灌输、题海战术、周考月考晚自习考层出不穷。这些要不是"应试教育",还能是什么呢?

正是因为"应试教育"存在上述诸多问题,所以它长期遭到批判。批判者提供了一种"理想"的教育形态,即所谓"素质教育"。如果说"素质教育"的提出是要做什么,那是为了提出一种区别于"应试教育"的教育理念;可要说"素质教育"做成了什么,好像也只是提出了一种新的教育理念。自从 1994 年《关于进一步加强和改进学校德育工作的若干意见》中首次提出"素质教育"这一概念以来,在经过七八年的探索之后,2002 年参加"两会"的代表委员在谈及素质教育时仍感慨地说,"推进素质教育步履艰难""不知实践怎么走""素质教育还没有破题";[5]时至今日,局面似乎也没有多大改观,即便是像北京 101 中

[1] 邓玉阶. 考试异化忧思录[J]. 语文教学与研究,2006(4):58.
[2] 时言平. 高考"吊瓶班"为何让人心情沉重[N]. 华西都市报,2012-05-07(8).
[3] 陈彬莉. 学业分类过程及其组织制度基础:高考升学率统摄下应试体制的微观运行机制[J]. 北京大学教育评论,2010(2):75.
[4] 周颖. "县中模式"的特点及成因研究[D]. 北京:北京师范大学,2009:3.
[5] 丰捷,杨光,孙献涛,戴自更. 破解素质教育的难题[N/OL]. 光明日报,2002-03-13[2015-12-27]. http://www.gmw.cn/01gmrb/2002-03/13/32-7C2C45A8F543694C48256B7A0080EFFC.htm.

学、厦门外国语学校这样的重点学校,身处其中的教师也多次向我表达过诸如应试压力大、升学率指标带来的负担过重的想法。而在高考期间,诸如工厂停工、街道被堵、警车护送迟到考生等报道总是不断刺激着人们的眼球;"高考状元"被持续热炒,"高考经济"不断升温,更是将"应试教育"的氛围烘托得分外热烈。总的趋势:"素质教育"的口号依然轰轰烈烈,而"应试教育"则始终抓得扎扎实实。可以说,"素质教育"究竟应该如何实施,一直都笼罩在一层神秘的面纱当中。

"素质教育"到底是什么样的?好像还没有一个能够被广为接受的权威定义,有人甚至批判说"素质教育"这个概念造成了不少歧义。[①] 但我们依然可以从专家学者的研究结论中看出一些端倪。有人说:"素质教育作为我国 80 年代中期产生的与'应试教育'相对立的一个概念",是"针对'应试教育'的……一种向'应试教育'开战的旗帜";[②] 也有人说:"素质教育与应试教育显然具有对立性,这种对立性主要表现在教育的价值取向上";[③] 还有教育专家提醒我们:"站在应试教育的此岸遥望素质教育的彼岸,每一个试图呼唤教育和教学进步的人都清醒地意识到到达彼岸的航程绝非一帆风顺";[④] 《光明日报》也刊文指出:"要研究素质教育的特点,就要先研究它的对立面——应试教育"。[⑤] 可以看出,被视为理想教育模式的"素质教育",是和"应试教育"完全对立的。简单地说,和"应试教育"相反的,就是"素质教育"。"应试教育"的特征其实很明显,即它明确指向"应试",那么与之相反,我们就可以说,"素质教育"应该是反对"应试"或者至少应该是淡化"应试"的。这样的教育形式,有"采菊东篱下,悠然见南山"的诗意,也充满了对长期处在考试压力之下的莘莘学子的人文关怀,因而成为众多专家学者和一线教师的心之向往。

但是转念一想,却很容易发现问题:学生为考试做准备,难道不应该吗?学校或教师帮助学生复习以应对考试,真的就应该面临道德上的指责吗?任何教育都伴随着一定的评价,而这种评价在世界范围内普遍以考试的方式来

① 王策三. 认真对待"轻视知识"的教育思潮:再评由"应试教育"向素质教育转轨提法的讨论[J]. 北京大学教育评论,2004(3):9-10.

② 康宁. 试论素质教育的政策导向[J]. 教育研究,1999(4):31-32.

③ 刘朝晖,扈中平. 论"素质教育"与"应试教育"的对立性[J]. 课程·教材·教法,2005(10):6.

④ 钟启泉,崔允漷,张华. 为了中华民族的复兴,为了每位学生的发展:基础教育课程改革纲要(试行)解读[M]. 上海:华东师范大学出版社,2001:207.

⑤ 丰捷,杨光,孙献涛,戴自更. 破解素质教育的难题[N/OL]. 光明日报,2002-03-13[2015-12-27]. http://www.gmw.cn/01gmrb/2002-03/13/32-7C2C45A8F543694C48256B7A0080EFFC.htm.

进行,所以可以说,人的一生都充满了大大小小、形形色色的各种考试,自然也就充满了各式各样的"应试"。既然考试是客观存在的,那么学生当中就不可避免地会产生"应试"的主观需求和行为。从这个意义上说,"应试"应该是一个中性词,它和"求知"一样,是一种正常的、自然的需求。如果我们把上《非诚勿扰》去相亲视作是一场考试,那么上台之前精心整理着装,努力放松心情,尽量保持自然的微笑,就是一种"应试";如果我们把就业应聘当作是一场考试,那么认真制作简历,参加面试培训,也是在"应试";高考是学习生涯中很重要的一场考试,那么考前的针对性突击,根据考试题型进行专项训练,肯定也就是在"应试"。有了"应试",自然就会有"应试教育"。指导相亲者如何着装打扮,这是一种"应试教育";给即将面试的人传授成功经验,这也是一种"应试教育"。有人会怀疑这些能够被称为"应试教育"吗?我们来看,指导人如何相亲或面试,目的单一且明确,而当相亲或面试一结束,培训指导也随之消亡——这显然是很标准的"应试教育",而且是最典型、最直白的"应试教育"。当然,帮助学生复习备考,这同样也是"应试教育",这种"应试教育"我们是再熟悉不过了,但问题在于,为什么提到前两者时,我们会觉得理所当然,而偏偏对和高考相关的"应试教育"就要加以指责呢?

很显然,这样的指责于理不通。我们不能一竿子将"应试教育"彻底打倒,不能认为但凡"应试教育"都是值得批判的。正如王策三所说:"哪种教育不是应试教育?升学是应试,就业也是应试,社会生活各个领域充满了考试,人类和每个个人一生都在应试。再极而言之,应试和应试教育有什么不好?谁要是访问幼儿教育专家或亲自到幼儿园去观察就可知道,儿童在游戏时特别喜欢别人考他们,他们十分关心并要求知道自己的成绩以及在伙伴中所处的位置即名次。争强好胜,这正是美好人性的表现之一,我们哪能一般地反对考试、应试和应试教育?"[①]考试之前学生在教师的指导下进行针对性的复习,我们很难说这不是在"应试",但似乎没有坚决反对的必要。因为我们会觉得一个在临考前还不肯专心复习的学生是"学习态度不端正",而不会认为他是在提升自己的"素质";广大教师和家长更是不会允许这种现象出现。很显然,这里所说的"应试"和我们长期批判的"应试教育"不是一回事。但我们不能说帮助学生复习应考的老师们搞的不是"应试教育"——毕竟目的都是考试。这样分析下来,我们发现,"应试教育"的性质应该不是单一的,而是包含了多种类型,既有无须加以苛责的"应试教育",也有需要予以反对和改革的"应试教育"。如果不加以区分,便很容易造成理解上的混淆。

---

① 王策三. 认真对待"轻视知识"的教育思潮:再评由"应试教育"向素质教育转轨提法的讨论[J]. 北京大学教育评论,2004(3):8.

一方面,在实践中,几乎所有的中小学和几乎所有的一线教师,都普遍地将"应试"作为整个教育的核心工作而不仅是考前行为,"应试"从考前的短时阶段变成了贯穿整个基础教育的主线,甚至还遮蔽了教育的其他目的。很多高中至今保持着这样一个"传统":高一学生一进校门,就带领他们参观高三教室,让高一新生感受一下课桌上堆积如山的书本,书包里浩瀚如林的试题集,从而让他们在第一时间树立"一切为了高考"的学习信念,将自己的兴趣、爱好和特长暂时"束之高阁"。另一方面,考试原本是教育的一个组成部分,一个环节,用于检验教育的效果,并根据教育效果进行选拔,也就是说,考试原本应该是为教育服务的。但在实践中,考试却从教育中外化出来,成为独立在教育之外,并控制教育的工具,"学什么考什么"变成了"考什么学什么"。所以我们看到,教育原本应该鼓励学生主动思考、相互探讨,然而有的学校却要求学生在老师没有讲评的时候不得互相讨论,以免耽误时间;教育原本应当鼓励学生灵活运用知识、推陈出新,却演化为"固化方法",以便学生们用最普通但也最熟练的方法来解题……这样一类的"应试教育",在时间上将"应试"搞得过多、过头,在方法上过于机械、僵化,在目的上过于片面,我更倾向于把它称作"应试主义"。在中文语境中,"主义"有时意味着过多、过量,因而具有贬义色彩,"正如'平均主义'之于'平均','形式主义'之于'形式','个人主义'之于'个人','应试主义'亦是如此"[①]。如果我们做了这样一个概念区分,那就可以清楚地发现,正对我们的基础教育造成危害,应该被人抨击的,并不是指所有类型的"应试教育",而应该是"应试主义"。

然而人们对"应试主义"的抨击却经常表现出"口是心非"的局面。我在和2005年某省高考文科"榜眼"聊天时,她曾经对我说过这样一番话:

> 高考成绩出来了,我是全省第二,全市第一,就自然会有记者来我家采访。当时有个记者采访的是我妈,我妈就说:"我们家从来不给孩子搞加班加点,都是按时睡觉、按时起床,不要给孩子增加压力,尊重孩子的兴趣和选择,让孩子放松心态去学习,自然就能学好了。"但是事实上,我妈对我管得可严了,什么特长啊、爱好啊也都叫我暂时搁置了,晚上也经常做作业熬到十一二时。当时电视节目播出来,我自己看到了都笑,我还问我妈说:"你说的真的是我吗?"

应该说,这样的"口是心非"并不是个案。对"应试主义"持单一抨击态度的观点多见于理论界,但在实践当中,一线教师和学生虽然也对"应试主义"颇

---

① 周序."应试主义"的"应试规训"及其消解[J].华中师范大学学报(人文社会科学版),2014(3):153.

有微词,却总是不敢反其道而行之。让一线教师践行报纸媒体上宣传的"素质教育更能提高升学率"①,是他们"连想都没有曾想过"②的。客观地说,绝大部分高中实施的都是对分数进行简单而直接的追求的教育,诸如满堂灌输、题海战术、死记硬背之类;通过高考"跳农门""上名校"的观念在学生身上被持续不断地发酵着,成为他们"扛不住给我死扛"的精神支柱;站在他们身后的大多数家长也是"应试主义"的助推手,我们经常发现,家长和学校之间的冲突大多数发生在校园暴力、冷暴力或经济纠纷当中,而很少听闻有家长因为学校搞"应试教育"而责难学校;而"高考名师""高考命题人"等身份具有的光环效应和潜在的经济价值对教师而言也是一个诱惑。因而,"应试主义"虽然屡遭批判,但在实践中却并未遭到彻底的排斥。总的来说,广大教师、学生和家长对"应试主义"是"又爱又恨",因此"应试主义"总能年复一年地在全国范围内的很多高中运转下去,并且表现出旺盛的生命力。

但是"应试主义"绝不仅仅是帮助学生上大学那么简单,高考竞争的激烈也不仅仅是"高等教育资源不足,尤其是优质高等教育资源缺乏"就能解释。大量高中学生对大学的认识主要停留在想象层面,他们对大学教育资源的优劣的判断依据的也仅仅是老师的说辞、大学的知名度和大学所在地是否是大城市,对大学的专业设置和专业前景更是知之甚少。那么,高考为什么还能让考生、教师、学校和家长趋之若鹜呢?柯林斯的"文凭社会"③理论为我们解释了文凭在就业中的必要性,但随着社会环境的急剧改变,"经济危机带来的'教育—就业'的功能链条失灵……在危机中的劳动力市场,'(教育)文凭—职业'的匹配机制被打破"④,这种现象导致传统"高考—大学—就业"模式在一定程度上失效,因而"文凭社会"的理论不足以解释当代中国的高考热现象。张东娇关于"高考图腾"的理论为我们提供了一条新的解释途径⑤,即高考在一定程度上被"图腾"化了,成为身份、地位和文化的象征,而这又正好与中国人传统"学而优则仕"的观念相吻合,因而造就了高考的时候"千军万马过独木桥"的局面。因此,不管学生是出于对文凭象征的社会地位的追求,还是对"我不清楚好在哪儿,但我相信它一定好"的大学的向往,或者是教师通过学生的成

① 杨占苍.素质教育更能提高升学率:河北衡水中学积极探索全面提高学生素质之路[N].中国教育报,2002-09-21(1).

② 这是我在和自己的一位高中老师(现担任学校的中层领导)闲聊的时候他说的一句话。

③ 柯林斯.文凭社会:教育与阶层化的历史社会学[M].刘慧珍,等译.台北:桂冠图书股份有限公司,1998.

④ 郑新蓉.现代教育制度的危机和出路[J].人民论坛,2010(6):37.

⑤ 张东娇.最后的图腾:中国高中教育价值取向与学校特色发展研究[M].北京:教育科学出版社,2005:128-182.

绩对自身利益的争取,以及教师身后出于同样逻辑的学校行为和政府行为,本质上都是一种"理性人"的行为。陈彬莉[①]和周颖[②]从"理性人"的假设出发揭示了"应试主义"的社会结构基础和经济基础,但"理性人"的行为逻辑无法解释因分数、作业量和学业压力带来的师生冲突。如果师生双方都对"多做作业有助于提高分数,提高分数有助于考上大学"有一个清晰的理性认识并以此来指导自己的行为选择的话,那么这类冲突就不可能发生了。因此,如果我们不从微观层面对学校教育目标的理想与现实、对"应试主义"中师生双方的行为方式、对从应考需要出发对学习内容进行的加工处理,以及对伴随其中的种种矛盾和冲突、顺从与抗争进行分析,我们便不能很好地理解"应试主义"自身的行为逻辑,也无法解释教师和学生对"应试主义"的"又爱又恨"。

为什么"应试主义"总是批而不倒,挥之不去?为什么我们就找不到一种教育方式,既能最大限度地保证学生的考试成绩,又能促进其综合素质的有效提升?要对此进行深入研究,就必须深入"应试主义"这一黑箱内部进行探寻:"应试"的需要会对教师和学生的行为方式提出怎样的要求?高考承担的压力将会导致教学质量标准发生什么样的变化?"追求分数"的观念是如何在不同个体中得到一致的内化和认同的?教学内容又是如何随教学目标、教学过程的变化而发生变化的?教育的价值是如何在片面"应试"的过程中被削减的?这些问题将成为本书的关注点所在。同时,本书不打算把眼光放在"高考的指挥棒效应"的分析框架内,而是将从历史和现实的角度分析高考为什么会成为指挥棒,为什么高考改革无法解决"应试主义"的问题,以及为什么"素质教育""新课程改革"在"应试主义"的环境当中往往难以奏效,流于表层。

第二节 当代问题的历史与文化视角

在学术界,一个普遍的认识是"应试主义"是一个"当代问题"。这从大家对"应试教育"的界定当中就可以看出来,例如李冀主编的《教育管理辞典》中将"应试教育"定义为"在我国基础教育阶段实际存在的一种以提高升学率为目的、围绕'应考'进行教育教学活动的片面的、淘汰式的教育;"[③]柳斌将"应试教育"理解成"以考试得分为手段,以把少数人从多数人中选拔出来送上大

① 陈彬莉.统一高考影响下应试体制的形成原因以及运行机制[D].北京:北京大学,2007.
② 周颖."县中"模式的特点及成因研究[D].北京:北京师范大学,2009.
③ 李冀.教育管理辞典[M].第2版.海口:海南出版社,1997:202.

学为唯一目的的、片面追求升学的教育";①钱民辉将"应试教育"看成是"脱离社会经济发展和人的发展需要,以应付升学考试为目的,违反教育学规律的一种教育模式"。② 无论是"基础教育阶段"这一提法,还是"选拔出来送上大学""应付升学考试"等目的,都暗含了"应试教育"是一个"当代问题"的观点。郑若玲则说得更加明确,在她看来,"应试教育"是"在当代被无节制的考试竞争所'异化'的教育"。③ 这些定义的共同之处是将当前社会中以学校为直接实施单位的、有组织地、有系统地以升学为唯一目的的教学视作"应试教育"。可以看出,这些研究中所谓的"应试教育"并不指学生的"应试行为",也不是在考前短时期内的针对性练习,而是由学校负责实施的一种教育行为,而且是一种长期的、片面的、违反教育规律的行为,"应试"这一主观愿望被无限放大,"应试"的需求遮蔽了其他正当的、有价值的追求,是控制整个教育的工具,与本书所说的"应试主义"的含义,其实是一致的。

一、"应试主义"研究的"当代"视角及其检视

1. 为什么会有"应试主义"

如果说"应试主义"是一个"当代问题",那么人们对它的研究自然会集中于当前人们的课堂教学理念、方法、动机以及"应试主义"的成因等方面,从现状出发进行研究,最终也回归到现状的表现、影响因素及改革建议等方面。

从课堂教学的角度来探讨"应试主义"的成因是多数研究的共同选择。在这方面,钟启泉、张华等人关于教学认识论、"双基"、讲授法的批判性研究是较有代表性的。他们认为"教学认识论"一直是基础教育课堂教学的指导思想,而这种思想将课堂教学的本质概括为学生对知识的认识过程,知识获得越多,表明教学质量越高。④ 在教学认识论的指导下,把"双基"作为教学目标,把讲授法作为主要的教学方法,是导致"应试主义"的罪魁祸首。因为在"双基"中,基础知识处于核心地位,这意味着除了基础知识以外,其他的东西都可以被忽视;⑤而讲授法则一直是以知识灌输或者填鸭式教学的形象出现。⑥ 与这样的教学目标和教学方法相适应,考试也以考查学生知识掌握程度的形式呈现,因此基础教育当中必然会长期存在死记硬背、题海战术等"应试主义"现象。在

---

① 柳斌. 柳斌谈素质教育[M]. 北京:北京师范大学出版社,1998:3.

② 钱民辉. 教育处在危机中 变革势在必行:兼论"应试教育"的危害及潜在的负面影响[J]. 清华大学教育研究,2000(4):41.

③ 郑若玲. 考试与社会之关系研究:以科举、高考为例[D]. 厦门:厦门大学,2006:250.

④ 张华. 试论教学认识的本质[J]. 全球教育展望,2005(6):6-18.

⑤ 钟启泉. "三维目标"论[J]. 教育研究,2011(9):62-67.

⑥ 张华. 我国普遍主义教学方法论:反思与超越[J]. 全球教育展望,2009(9):8-15.

他们研究的基础之上，很多学者都纷纷表示，只要对教学理念、教学方法论进行革新，改变"应试主义"的局面就是水到渠成的。

经济学视角是探索"应试主义"成因的另一个重要途径。江峰、林玲将高等教育资源的供需关系等因素纳入了考虑的范畴。在他们看来，中国教育供求关系当中的主要矛盾是教育资源短缺和教育需求的无限膨胀之间的矛盾，由于高等教育的受教育机会，尤其高质量的高等教育受教育机会是有限的，但获得这些机会的需求是无限膨胀的，只能通过竞争来解决。[①] 这种竞争符合市场经济的运作模式。因为竞争的本质是争胜的和排他的，所以"应试主义"必定也是争胜的，例如追求升学和升学率，必定是排他的，表现为只讲竞争的目的而不惜背离教育目的。郑若玲据此推论说：从根本上说，"应试主义"现象是"教育供求关系失衡（需求远大于供给所引起的畸形竞争）的结果，只要教育供求关系的失衡现象依然存在，则应试教育还将继续存在下去"。[②] 周颖从"经济人"假设出发进行的分析也支持这种观点。"对高质量教育的需求是无限膨胀的，而供给永远是短缺的。即使像日本、美国等高等教育发达的国家，名牌大学的升学竞争依然是异常激烈的。为了争夺有限的高等教育资源，考生之间的竞争其实就是一种博弈，看谁能运用最为恰当的博弈策略。考生不仅要取得较高的绝对高考分数，更重要的是要取得超过本省的其他竞争者甚至是报考同一高校同一专业的竞争者的相对优势，才能赢得这场关系人生'命运'的大博弈"[③]，而要赢得这场博弈，"应试主义"就是一条行之有效的路子。简言之，高等教育资源不足，便会导致学生之间的恶性竞争，"应试主义"便是这种恶性竞争的产物。钱林晓、王一涛在运用经济分析的方法来构建学生的学习行为模型的时候也认为，"针对考试来说，特别是在学生时间有限的条件下，应试教育的成绩效应显然要大于素质教育。"[④]

可以看出，关于"应试主义"的成因究竟为何，学术界的看法并不统一，缺乏一种能够得到普遍认同的观点。更重要的是，上述各种看法都不乏反对的声音。

邝孔秀、丛立新、郭华等学者的研究领域并不集中在高考和"应试"问题，但他们从教学理论的角度对"教学认识论""双基""讲授法"进行了辩护，认为：认识是教学活动之所以区别于其他探究活动的最主要特征，是不容置疑的；[⑤]

① 江峰，林玲. 论教育的竞争与应试教育[J]. 南京师大学报（社会科学版），1999(3):73.
② 郑若玲. 考试与社会关系之研究：以科举、高考为例[D]. 厦门：厦门大学，2006:250.
③ 周颖. "县中"模式的特点及成因研究[D]. 北京：北京师范大学，2009:25.
④ 钱林晓，王一涛. 应试教育条件下的学生学习行为模型[J]. 教育与经济，2006(1):57.
⑤ 郭华. 现代课程教学与教学认识论[J]. 北京大学教育评论，2012(3):157-164.

对"双基"我们不应摒弃,而是应该继承和发展,"双基"教学是学校教育干预和促进儿童发展的需要和有效途径;①从心理语言学的角度来看,讲授法完全是合理和合法的。② 概括起来,他们的研究结论:新理念未必都很先进,"传统"的观念却也并不落后;教学的交往说、实践说、生活说虽有自身的理由,但却不能掩盖"认识"这一教学的本质;"双基"也许存在瑕疵,但毕竟瑕不掩瑜,还得继续坚持;探究法、对话法有必要研究,但也只能作为讲授法的补充。这一系列研究结论并不支持从课堂教学的角度来剖析"应试主义"的成因,上述学者自然也对通过颠覆传统教学来改变"应试主义"持反对态度。至于认为"应试主义"源于供需关系失衡,这种解释不得不面临质疑:我国大学阶段存在着研究生入学考试、公务员考试等影响力不逊于高考的考试,这些考试的录取比例甚至小于高考录取比例,也就是说研究生教育资源、公务员岗位资源也存在不足,也存在"供求关系失衡"的局面,但为什么没有因此导致大学阶段的教育沦为应试教育?③

2."应试主义"如何运行

关于"应试主义"的研究,另一个受人关注的领域是它究竟是怎样运行的。张敬汝、张东娇、金生鈜等人的研究将关注的主要目光集中在"应试主义"带给基础教育的影响方面。学科和知识在"应试主义"中呈现出"分层"格局是他们的研究中得出的一个重要结论。这一分层集中体现为"主科"和"副科"的对立④,以及"在高考和中考指挥棒——在按照文化类必考科目分数录取制度的制约下,为素质教育设置的'三大板块'中,活动课程、选修课程是流于形式的"。⑤

在学校层面,"考试制度按升学率多少把学校和教师分了等级。为国家培养人才,成为追求升学率的'正当的理由'。追求升学率使社会与教育把学校分为国家重点、省重点、市重点、区重点、普通学校、薄弱学校,再按照考试优劣把不同的学生分配到不同的学校中"。⑥ 一旦学校产生了等级差异,而政府为了追求升学率这一政绩,便会对教育资源进行亲疏有别的不均衡配置,由此导致了教育内部的"马太效应"。这一"马太效应"还会进一步导致众多的教育问

① 邝孔秀,张辉蓉. 双基教学:摒弃还是发展[J]. 教育学报,2013(3):42-48.

② 丛立新. 讲授法的合理与合法[J]. 教育研究,2008(7):64-72.

③ 周序,郑新蓉. 高考承载的"异化"压力与可能消解[J]. 中国教育学刊,2012(2):16.

④ 张敬汝. 高中学科地位的社会学分析[J]. 宿州教育学院学报,2007(5):19.

⑤ 张东娇. 最后的图腾:中国高中教育价值取向与学校特色发展研究[M]. 北京:教育科学出版社,2005:198.

⑥ 金生鈜. 高等教育入学体制与社会身份:对教育机会分配的教育哲学分析[J]. 高等师范教育研究,2001(6):6.

题与社会问题。例如不同阶层对自身的文化复制现象,权力阶层使他们的子女可以轻松地进入任何一所他们想进入的学校,而绝大部分家庭的孩子却要通过激烈的竞争才能进入具有优势教育资源的重点学校,以及屡禁不止的择校问题,"重点学校把自身的重点作为重要的经济资源,招揽可以出重资使子女进入重点学校的家庭,在社会中形成以金钱择校的普遍现象"①等。

更微观的研究则关注了知识在"应试主义"中的异化现象。麦克·杨的知识社会学为解释"应试主义"中的知识异化问题提供了一个很好的思路。在麦克·杨看来,知识生产的"原料"是大千世界的一切有意义的信息,而这些所有信息当中,有些符合统治阶级的利益需求,有的则不符合统治阶级的利益需求,因而,统治集团会将这些信息进行筛选、增删,甚至是改编、重组,最后形成一套符合统治阶级利益需求的完整的知识体系,这一知识体系需要通过教育来进行传递,其载体就是教科书。因而,在知识社会学那里,教科书是"知识生产"的最终产品。只要教科书中的知识被完完整整地教给了学生,统治阶级的通过文化进行阶级控制的目的就达到了。

"应试主义"当中也存在着类似的知识的筛选、增删、改变、重组等过程。这一过程包括学科之间的知识分类过程,即根据高考考与不考以及分值比重,将不同的学科塑造成一个等级体系,在知识领域内塑造了以考试分数为基础的权力结构,以及学科内部的知识分类过程,即考试大纲决定着哪些知识应该进入老师和学生的视野,哪些知识应该被忽略。在此基础上,教学演变成对教师和学生的应试规训,即教师应该学习和积累从事"应试主义"的经验,并由教研组对这一学习积累过程提供制度保障,而学生则被从外界"塑造"出学习兴趣,并以练习题为材料对应试技术进行反复操练。由于学科越分越细、考试内容越来越丰富,教师为了应对考试,便像装麻袋一样给学生装满各种"知识",怀特海将这种"知识"称为"无意义的所谓知识"②,即那些仅仅被吸收而没有被利用、检验或重新组合的知识。我曾在过去的一篇文章中把这种"无意义的所谓知识"称作"符号","符号"和"知识"形式相同但实质迥异。目前我国的考试制度与形式都还处在一个不够完善甚至可以说有很多漏洞的体系当中,学生想要在考试中获取高分,就不得不依靠各种各样的应试技巧和针对各个考点进行反复练习。"在这种情况下,考试所考查的'知识'被异化,只能让学生记住一种正确的解题方案或答案;在这个过程中,'知识'已经丧失了其本身的意义……在现有考试体制的压力下,学生的学习包含了太多机械学习的成分,

---

① 金生鈜.高等教育入学体制与社会身份:对教育机会分配的教育哲学分析[J].高等师范教育研究,2001(6):6.

② 怀特海.教育的目的[M].徐汝舟,译.北京:三联书店,2002:13.

而针对考试的教学内容显得非常死板、僵化……这部分考试内容称为'符号'而不是通常意义上所谓的知识,'符号'不具备知识本身的价值和意义。在考试的压力下,我们课堂教学的很大一部分是在针对'符号'进行操练而并非真正地在从事知识的学习。"①

上述研究都很清晰地表明,"应试主义"中的知识已经不是知识本来的面目,而是被"异化"了。只不过与知识社会学中的"知识生产"不同的是,首先,在"应试主义"中,"知识生产"的目的不在于社会控制,而在于帮助学生获取高分;教师也并不是统治阶级的代言人,与教师利益直接相关的只有学生的高考成绩,而无关阶级划分。因而在"应试主义"中,"知识生产"与社会控制无关,而只与考试有关。其次,在"应试主义"中,"知识生产"的逻辑顺序不同,在知识社会学当中,教科书是知识生产的终点,但在"应试主义"当中,教科书则是"知识生产"的起点。不过,上述这些研究以经验总结的成分居多,基本上属于"就事论事"的研究,只谈了"应试主义"是"如何运行"的,却没有解释基础教育为什么会呈现出这样一种运行方式。

3. "当代"视角是非曲直

现有研究丰富了人们关于"应试主义"的认识,但也留下了不少争议。在我看来,现有研究之所以在很多问题上都未能达成共识,和它们纷纷把"应试主义"视作一个"当代问题"是密切相关的。检视关于"应试主义"研究的"当代"视角,下面一些问题或许值得我们反思:

一是现有研究大多关注现状。例如"应试主义"的课堂是什么样的,教师的教学理念和方法是什么样的,学生的学习状况是什么样的,高校的考、录政策对此有何影响。这些研究偏向描述性、对策性探讨,基础性和思辨性的文章不多,尤其是在"应试主义"的成因分析方面,表现出明显的非历史主义倾向。虽然有很多人呼吁课堂教学应打破"应试主义"的束缚,促进学生综合素养的全面发展,但由于对导致"应试主义"的机制缺乏追问,造成很多对策建议流于口号,难以落实。

二是现有研究和社会历史文化背景的结合不多。"应试主义"关乎的绝不仅仅是学生和家庭的"私事",也不仅仅是教师采取何种教学方式的"个人问题",而是关乎社会人才结构、文化变迁的公共问题。毕竟,教育是一种文化活动,特定的文化脉络和具体情境必然深刻地影响着教育的改革和发展。② 有人专门研究了不同的文化传统对教育究竟有何影响,发现受儒家文化影响的

---

① 周序,管渭斯. 评新课程改革中知识的地位之争[J]. 教育学报,2007(5):42.

② Stigler, J. W., Hiebert, J. The teaching gap:Best ideas from the world's teachers for improving education in the classroom[M]. New York:Free Press, 1999:11.

亚洲教育就和西方截然不同①,多数亚洲国家的学生对竞争抱有的是积极而非排斥态度,因此他们对"严师"所惯用的"否定式教育"也往往习以为常,"否定式教育"甚至因此"不仅是一线教师较为习惯的模式,有时甚至成为家长或学生评价一个好教师的标准之一"。② 这样一种文化传统,其实和"应试主义"之间具有天然的吻合性。因此,不考虑历史和文化因素,就"应试"而论"应试"的研究视角,是很难得出较为深刻的认识的。

二、将历史与文化视角引入对"应试主义"的讨论中来

用历史与文化视角来研究"当代"问题,尤其是与高考相关的问题,厦门大学刘海峰的研究团队关于科举考试的研究是非常突出的,给本书带来诸多启发。刘海峰认为关于考试尤其是高考的研究要"知今通古"③,因为今日之高考和历史上的科举考试具有很多相似之处,了解科举考试以及支撑科举的社会文化背景,对我们研究高考颇有裨益。顺着这样的逻辑,我们自然可以想到,高考统摄下的"应试主义",是不是和科举时期学生们的应考方式之间存在某种继承关系? 如果科举时期就存在着类似于今日之"应试主义"的现象,那么从历史与文化的角度进行切入,或许能够使我们对今日"应试主义"的分析更加深刻。

李纯蛟对科举时代的"应试教育"进行过深入研究,发表了高水平的著作。李纯蛟系统地梳理了历朝历代史料当中关于科举考试时期考生们"片面应试"的原始记录,认为在科举时期,学校只不过是科举考试的附庸,完全失去了培养人的功能,"在那个时代,只有应试教育而没有素质教育"。④ 刘海峰和张亚群等人的观点则相对"中庸"一些。在刘海峰看来,科举制助长了片面"应试"的风气,但也养成了中华民族重视读书的传统,鼓励了向学的思想。对于其中"应试"的成分,刘海峰是持批判态度的。他认为,科举考试在让学生"重视读书应举的同时也造成了过分重视考试结果的功利主义教育价值观。当时科举不仅成为教育的手段,也成了教育的目的"⑤。张亚群认为"科举制及科举教

① Chan,K. K.,Rao,N. Revisiting the Chinese learner:Changing contexts, changing education[M]. Hong Kong:Springer, Comparative Education Research Centre, The University of Hong Kong, 2009:315-350.

② 黄显涵,李子健.审视评价在课程改革中的关键角色:一个被忽视的问题[J].清华大学教育研究,2011(5):61.

③ 刘海峰.知今通古看科举[J].教育研究,2003(12):57-61.

④ 李纯蛟.科举时代的应试教育[M].成都:巴蜀书社,2004.

⑤ 刘海峰.科举停废110年祭[J].厦门大学学报(哲学社会科学版),2015(5):87.

育利弊并存,并非只有'应试教育'而无'素质教育'"①。只不过相比之下,科举时期的"应试教育"得到了更多关注的目光。从上述研究中可以看出,片面"应试"的问题是长期植根于我国的历史文化当中的,而绝非仅仅是一个"当代问题"。

除了刘海峰等人的研究之外,钱民辉在融入了历史与文化视角的同时,还将柯林斯的"文凭社会"理论也同时带入对"应试教育"的分析当中。他认为,在"文凭社会"当中,学历竞争和作为获得学历的跳板的高考竞争必然非常剧烈。教育为了和追求文凭的社会现实相适应,只能将目光从学生的"综合发展"转向"提高学历","把升学的选择性考试成绩当成评价基础教育的唯一标准,忽视了学生的全面发展,这种标准只能使教育面向少数人",从而使得高考只能"选拔精英"而非"照顾大众"。那么为了造就"精英","应试主义"就成了自然而然的选择。再加上从科举制度中延续而来的传统教育观念,中国人形成了通过教育来改变自身命运的传统,"书山有路勤为径,学海无涯苦作舟"等古语,以及"头悬梁,锥刺股"等学习方式都是这种传统观念的体现。因此,通过读书做官的思想日益得到强化。"由于今天的高考依然把职业、财富、地位与学识结构起来,那么,人们对读书的重视与对高考的期待使应试教育和升学考试得到了最有力的支撑。"②

和从课程与教学视角切入的研究不同的是,从历史和社会文化角度进行的研究争议较少,基本上都认可"应试主义"具有深刻的社会文化根源。陈彬莉和周颖的研究在此基础上更进一步,开始关注传统文化是如何影响基础教育的运行的。陈彬莉认为:"中国传统社会中儒家教育和精英地位的获得之间存在着稳定的制度化连接……中国传统社会中由科举制度所锻造的通过教育实现社会流动的社会心理结构一直得到延续……科举制度废除之后,人们逐渐将以往对于科场的期待转移至新式学校以及新式教育……上述社会心理结构依然得到延续一直到现在。"③正是在这样一种思想的引导下,陈彬莉将"地位获得理论"作为她的分析思路。在她看来,人们选择"应试主义"是为了获得地位,这是由我国的传统文化心理所决定的。在"地位获得理论"的研究视角下,陈彬莉发现,基层中学存在两种并行的运行机制:一种是地位再生产机制,表现为以政府主导的资源逐层抽取机制、学校的声望地位以及市场驱动下的

① 张亚群.科举学研究的当代价值[J].厦门大学学报(哲学社会科学版),2008(5):79.

② 钱民辉.教育处在危机中 变革势在必行:兼论"应试教育"的危害及潜在的负面影响[J].清华大学教育研究,2000(4):42,43.

③ 陈彬莉.统一高考影响下应试体制的形成原因以及运行机制[D].北京:北京大学,2007:46.

资源流动机制、社会优势阶层力量主导下的初中教育内部分层模式以及以升学率为表现形式的不断强化的学校教育的等级序列;另一种是地位生产机制,即以经济激励为基础的教育评估制度,以教师声望、水平为标尺的"毕业班教师"身份制度,以升学为目的的复读现象和学业分类过程。在"应试主义"当中,地位再生产机制和地位生产机制这两个看似矛盾的方面却"得到了一定程度的确证和结合"①,从而可以将"应试主义"看作个人为了"获得地位"而进行的恶性竞争的产物。

周颖则将中国人的传统文化观念和"经济人假说"联系在一起。在周颖看来,"由于中国的传统文化的影响,比之西方的父母更为急功近利,具体表现为'折现率'远远超过西方'稳态'国家"②。追求可以"折现"的成绩、分数以及排名,是教育中的"经济人"的一个表现。为了将这一"经济效益"落到实处,一些机械化、僵化的方式反而成了教育中的常态:"'服从'意识扼杀了学生的自由思想,让学生养成了反正听从老师的命令就可以了,这是中国文化中'乖孩子'思想的延续。"③"很多教师很崇拜'军事化'的管理,其实是一种'专制''霸权'思想在潜意识中的作用。这有时代的影响。很多的老师,特别是大多数学校的中上层领导还是从那个'全民皆兵'的时代过来的,对'军队是个大熔炉'的比喻耳熟能详,而且中国的文化似乎很欣赏这种'整齐划一'的模式,是'大一统'的文化在教师心理的反映。这样的服从意识如果灌输到学生的行为以及思想意识之中,那么教育就是一种束缚而不是解放。"④同样道理,所谓"全封闭管理""满堂灌""题海战术""公布排名"等做法都是不同个体在理性思考的基础上,将自身利益诉诸高考之后的产物,这些做法能够使自身利益最大化,因而在实践中得以生存,而这些做法集合在一起则构成了"应试主义"。

这两个角度的研究都有一个共同的特点,即将"应试主义"的各个利益相关者,都视作理性的个体,他们很认同传统文化所认可和推崇的内容,并将其视作最为"经济"的选项。而"应试主义"中的种种现象,无论是灌输,还是题海战术,都是各个个体追求自身经济利益最大化而做出的选择,而不同个体的利益,最终都是通过让学生在高考中考取高分来实现的。这给本书一个很大的启发,即研究"应试主义"的问题,必须将"应试主义"的各个参与者都放置于特定的社会文化大背景当中来思考其理性化的个人利益判断及建立在其基础之

① 陈彬莉.统一高考影响下应试体制的形成原因以及运行机制[D].北京:北京大学,2007:33.

② 周颖."县中"模式的特点及成因研究[D].北京:北京师范大学,2009:14.

③ 周颖."县中"模式的特点及成因研究[D].北京:北京师范大学,2009:80.

④ 周颖."县中"模式的特点及成因研究[D].北京:北京师范大学,2009:80-81.

上的行为选择。尽管后来"理性模式"被"有限理性"所取代,追逐私利最大化的"经济人"被改称为追逐私利"满意化"的"新经济人",但从本质上说,"有限理性说只是修正了最大化的约束条件,而不是修正最大化行为本身"①。

令人遗憾的是,从历史和文化视角切入的研究大多集中在对科举考试时期的片面"应试"现象进行探讨,以及科举考试对高考改革的启示上面,至于今日之"应试主义"和科举时期的片面"应试"究竟有何异同,是一种什么样的继承关系,已有研究还难言深入;陈彬莉和周颖的研究虽然将今日之"应试主义"和传统文化结合了起来,但究竟传统文化是如何影响到"应试主义"的,他们的研究还以经验总结的成分居多,缺乏理论提升。我想,这或许为本书提供了一个可以开拓的方向。

第三节 进入现场

在我国,"应试主义"广泛地存在于各个年龄阶段的教育当中。不过从总体上来说,高中三年无疑是"应试主义"最为突出、受到社会各界的关注最为集中的一个教育阶段,为高考而教,是我国最为典型的"应试"现象。因此,本书将范围确定为高中阶段的"应试主义"。

我有着三年接受高中"应试主义"教育的经验,但仅仅是一个"学生"身份的经验。我并未体会过一个教师对"应试主义"会有什么样的认识和感受。因此,进入一所狠抓应试的高中,成为其中的一名教师,就成为我在考虑这个研究的时候产生的一股冲动。四川省泸州市的一所高级中学是我较为了解的一所学校,这是一所"非重点"的中学,长期保持着狠抓"应试"的传统。由于某些关系,我与那里的很多老师和领导都比较熟悉,当我提出到那里"实习"的时候,基本上没有花费什么功夫就如愿了。他们似乎很了解多数大学生、研究生前往"实习"的目的,不是为了找工作,就是要做研究,而在他们看来,第一个目的显然不适合放在我身上,因而学校领导对我只有一个要求,即不拍照,不录音,但可以做记录,在我将要撰写的专著或者论文中,不要出现学校和师生的真实名字。我很理解学校的要求,毕竟高考这一话题还是比较敏感的。出于美感考虑,我在本书中将这所学校称为"莲花池中学",这完全是一个即兴想到的名字,或许是因为我从小比较喜欢莲花的缘故。书中提到的所有师生也均系化名。

"实习老师"这一身份使我可以停留在莲花池中学的任意一间教师办公

---

① 陈孝兵.现代"经济人"批判[M].太原:山西经济出版社,2005:22.

室,和办公室里无课的老师进行交谈;可以在征得老师同意的情况下进入各个年级的班级里面听课;有时候也被一些老师要求帮他们从事看守晚自习、"月考""二模"的监考和阅卷、学生答疑等工作。由于在莲花池中学里我原本认识的老师就比较多,我很容易地通过他们结交了很多新朋友,从年龄比我小的、刚入职的新老师,到比我父母还年长的、有资历的老教师。由于我的故乡就在四川省,又曾在北京生活十年,我能同时讲一口流利的四川话和普通话,因此,我和莲花池中学的绝大部分老师沟通起来非常容易。个别老师更愿意和我讲普通话,尤其是一些从外地来到莲花池中学的年轻老师,由于莲花池中学里四川籍的老师基本不讲普通话,而外地来的老师四川话又讲得不好,能够和他们交流的人并不多,最多也就是工作需要的时候说上几句,这让这些老师感觉比较孤单。当他们发现我可以用普通话和他们进行流利的交流时,很容易就和我熟悉起来。饭桌上是一个很容易交谈的地方,逐渐熟悉起来的老师们会向我吐露他们心中的烦躁和不满,有时候也会诉说他们对"新教育理念"的不屑一顾,当然还有对"博士"学历的羡慕和向往,而在办公室里,他们会一本正经地告诉我他们的教学方法和策略,对学生的管理方式,对待家长的态度——一切我表示好奇的东西。有的老师甚至会耐心地向我讲解一些早已被我遗忘的理科题目的解法——如果我想弄清楚的话。教务组的丁老师还将他的办公室钥匙给了我一把,告诉我他的办公室我可以随意进出,也可以随便打开他办公室的柜子翻看其中的资料。

"博士"的头衔赋予我一个非常有用的身份,学生们急切地希望从我这里获取各种有助于他们高考的信息和策略,在他们看来,能够读到"博士"的人一定是传说中的"学霸",也一定是知道应该如何学习的人。从进入莲花池中学的第一天起,就不断有各个年级的班主任要求我到他们班上给学生们传授学习经验,主要是帮助他们树立信心、介绍方法之类的内容。在莲花池中学期间,我在三个年级十多个班都进行了类似的"经验介绍和分享",并表示欢迎学生在课间时候随时来找我交流。因此,我很容易就和学生打成了一片,莲花池中学高三(24)班的班主任晓峰老师交给我一个在他看来很艰巨但我却乐在其中的任务:每天晚自习的时候,对班上的学生逐一进行心理辅导。辅导的过程其实很简单,每次和一个学生一起,在操场上漫无目的地走圈,一边走,一边听学生诉说他/她在学习上、生活上、心理上的疑难和困惑,而我则在需要的时候予以一定的指点。时间少的,可以一次走三五圈;时间长的,可以连续走上两个小时。

我还在人生中第二次走进了高考考点——高考那天,莲花池中学高三年级组的钟主任递给我一张"送考证",告诉我说只要我愿意去,就可以带领学生去高考考点,在考前给他们加加油、降降压,我心安理得地接受了这个任务。

而当学生们坐在考场里面的时候,我则与其他送考老师在休息室里休息,偶尔也和他们聊上几句。

高考结束之后,我继续留在莲花池中学高一高二年级实习,也参加了高三年级的毕业典礼和"散伙饭",有时还被几个高三学生单独约出去咨询关于填报高考志愿的问题。直至 7 月初,我离开莲花池中学,返回自己的工作单位。

莲花池中学的师生很感谢我能够在学校有这么一段实习经历,高三(24)班的班主任晓峰老师说,我和学生们的交流可以帮助他班上多出几个能考上"重本"的学生。

实习工作新鲜、充实而紧张。由于莲花池中学并没有给我提供住所,我每天得在早上大约 7:00 的时候到校,以免错过早读课;中午在学校食堂和老师们一起吃饭,然后在办公室和没有午休习惯的老师交谈;下午下课之后时常和一些不需要守晚自习的老师到外面的小餐馆里聚一聚,聊聊天,等他们回家之后,我就回到学校去找学生进行"心理辅导"。晚上 10:30 晚自习结束之后,我再赶回住处。这样紧凑的安排使我很难在平时抽出专门的时间进行记录。偶尔我可以在中午时候进行记录,但更多的时候是在周日下午,当所有学生和教师都休息的时候,我则抓紧时间写下觉得有用的信息。因此我的大部分笔记是根据自己的回忆和反思写成的,这也导致我的笔记存在一些遗漏之处。

由于时间所限,我的田野调查总共只有两个多月时间,其间,我获得的第一手资料包括:共随堂听课 42 节,记录听课笔记约 25000 字;参与各年级组备课会议 4 次,记录笔记约 4500 字;访谈学校领导 3 人,教师 23 人,记录访谈笔记约 13000 字;访谈学生 68 人,记录访谈笔记约 14000 字;访谈学生家长 8 人,记录访谈笔记约 3200 字;陪同高三(24)班的班主任带领学生参加"二模"考试和高考。

在之后的两年中,我又利用出差机会两次在莲花池中学进行停留,重点对高一、高二年级的"应试主义"进行了补充调查和研究。在对我的笔记进行整理和分析的时候,我通过电话、邮件和 QQ 聊天软件等方式,和莲花池中学的一些老师以及业已毕业进入大学的学生进行了多次沟通,补充了一些我认为必要的材料。

在分析这些材料的时候,我借用了马克思关于"异化"的概念。因为"应试主义"显然是一种"异化"的教育形态。马克思不是像黑格尔那样唯心主义地谈"绝对精神"的异化,也不是像费尔巴哈那样脱离社会历史的抽象的"人"的异化,马克思认为,人不可能凭空地被异化,所有的异化,都和"劳动"这一元素有关,也就是说,人是在劳动的过程中被异化的。这种异化表现为劳动产品被占有生产资料的剥削者所剥夺,因此工人创造的劳动产品越多,被剥夺的也就越多,压迫自己的力量也就越强大,对于工人来说,这个时候劳动产品就成为异己的、统治自己的力量。当代学者在阐述马克思主义哲学的意义的时候,他们最重视的是马克思对资本主义的批判,而异化则是这一批判中的核心概念,异化理论也因此在马克思主义哲学当中"扮演着基础性的、核心的地位和作用"①。

如果把马克思的异化劳动理论和我在莲花池中学的观察所得相类比,可以发现:要求老师和学生追求更高的考分,就如同资本家发给工人更高的工资一样,都是希望师生/工人能够把更多的时间和精力投入教学或劳动当中去。在莲花池中学,"更高的考试分数"是一个力量强大的、从外在强加给师生双方的现实目的,这一目的对师生双方均施以强制性的力量,迫使他们从事着并非自觉自愿的教与学活动,甚至不惜扭曲教学活动的方式——比如说很多老师都愿意采用满堂灌输的方式上课——来适应这种外在的强制。和工人异化劳动一样,教师和学生在异化的教育当中花费的时间和精力越多,被分数这一外在强制力量控制得就越深,异化的程度就越高。

马克思本人对"异化劳动"曾经进行过激烈的批判:"劳动的异化性质明显地表现在,只要肉体的强制或其他强制一停止,人们就会像逃避瘟疫那样逃避劳动。"②莲花池中学也存在着类似的现象。教师们对教学的探索基本都源自于高考的需要,因此他们研究和关注的重点是考点、题型,而非教学的理念与艺术;我在莲花池中学接触过的所有学生学习的动力也并不在于自己对学习有兴趣或者说有学习的意愿,而是因为外来的压力,如教师和家长的逼迫、社会观念的引导、升学的机会、考试的排名、荣誉称号的获得等,至少在他们和我交谈的过程中,我没有听出他们"发自内心"的学习意愿。即便是一些看似"自觉自愿"地学习的学生,他们的学习行为也是在这些看不见的外在压力之下"被迫"产生的,并不是真正意义上的自觉自愿。在高考结束之后,由于外来的压力停止,他们便再也不会翻开课本,无论他们考没考上,学习都不再存在,即如马克思所说的"像逃避瘟疫那样逃避"开了。因此,正如异化劳动让工人失去了对劳动的兴趣一样,当教师失去了对教学的热情,学生失去了对学习的兴趣,那么这种教育就是异化的教育,也会导致这种教育活动中的师生双方都被异化。劳动异化和教育异化的区别之处在于,资本家天然具有压迫和剥削工人的阶级属性,从而使劳动在资本主义生产方式中必然被异化,而教师虽不具备压迫学生的天性,但来自高考的压力却替代了这一天性,成为教育被异化的原动力。因而有学者尖锐地指出:当考试这一评价手段"被赋予超过目的的意义时(例如以考试'跳农门'、'定终身'等等),当为了显出差异而又素质测评体

① 俞吾金.再论异化理论在马克思哲学中的地位和作用[J].哲学研究,2009(12):10.
② 马克思,恩格斯.马克思恩格斯选集:第1卷[C].北京:人民出版社,1995:44.

系尚不系统和完善时,当家长及社会各界以'考分论成败'来褒贬学校、教师和学生时,异化便开始产生了"①。

此外,我还参考了福柯的"规训"概念。福柯用"规训"这个概念来指称一种特殊的权力形式,也就是权力干预和监视肉体的训练手段。这种干预和监视,在教育当中就意味着把教师和学生都当成被加工和被塑造的"对象"。规训将人零敲碎打地进行处理,从教学观念、教学技术、学习的时间、空间、方法等各个方面分门别类地进行控制,而不再是将人作为一个真正完整意义上的人来对待。福柯对学校规训学生的描述就非常典型:"保持笔直的身体,稍稍向左自然地侧身前倾,肘部放在桌上,只要不遮住视线,可以用手支着下颚。在桌下,左腿应比右腿稍微靠前。在身体与桌子之间应有二指宽的距离。这不仅是为了书写更灵活,而且没有比养成腹部压着桌子的习惯更有害健康的了。左臂肘部以下应放在桌子上,右臂应与身体保持三指宽的距离,与桌子保持五指左右的距离,放在桌子上时动作要轻。教师应安排好学生写字时的姿势,使之保持不变,当学生改变姿势时应用信号或其它方法予以纠正。"②在学生的学习过程中,时时刻刻都伴随着在教师的监督下对上述内容进行的反复训练。当规训成为学校一种重要的组织和运作手段的时候,那么学校教育实际上就成了一种"规训教育",教育过程也随之演化为一种规训的过程③。

在莲花池中学,随处可见规训的影子:对某一类型的题目,不主张学生自主思考、创新解题,而是一定要将某种固定的解题套路进行反复操练,直至完全熟练为止;对作文题材,不建议学生奇妙构思、彰显个性,而是热衷于提供"范文"或者"模板",让学生"依葫芦画瓢",诸如此类。我还可以肯定的是,这样的规训绝不会是莲花池中学这一所学校的个案,而是在几乎所有中学教育当中都普遍存在的"共性"。这些规训措施的目的只有一个,即更加快捷和高效地提高学生的考试分数。因此,"效率"这一经济逻辑成为分析"应试主义"的一条重要线索。当然,"应试主义"对效率的追求是片面的,它只看重分数的提高,即学生发展的"层次性",但不看重甚至抵制"全面发展",即抑制学生发展的"多样性"。

我还思考了"公平"这一概念。引入这一概念不仅是因为"公平"和"效率"密切相连,更是因为自1977年高考恢复以来,虽然在试图打破"应试主义"的怪圈上做出了努力,但改革的主旋律却不仅仅是针对"应试主义",更多的反而

---

① 冉铁星.扬弃"异化":变换"转轨"的思维角度[J].现代教育论丛,1997(3):15.

② 米歇尔·福柯.规训与惩罚[M].刘北成,杨远婴,译.北京:三联书店,1999:172.

③ 曹悦群,宋巍.福柯规训教育思想研究:基于谱系学方法转向与规训概念的创生[J].外国教育研究,2012(12):19.

是在追求"公平"。"公平"一直是高考改革的核心价值理念。长期以来,"分数面前人人平等"被赋予了"维护社会公平"的政治功能。那么,一套政治逻辑为什么会成为衡量教育评价选拔手段的指标,而为什么又只有分数能够成为这一指标的象征?当分数成为教育的追求的时候,"应试主义"体现出了经济学中的效率逻辑,但为什么在教育过程中,很难发现教育自身的逻辑?我在研究中对上述这些问题也进行了思考。

综上,本书的分析框架如下:

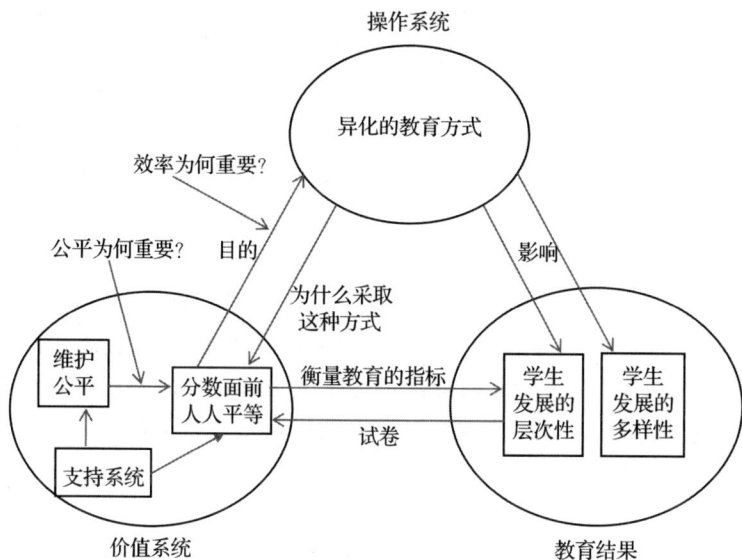

图 1-1 分析框架图

在我看来,本书具有如下意义:

第一,教育是一个充满了冲突的场域。"应试主义"中突出地体现出了很多矛盾冲突,师生之间的冲突就是一个明显体现。通常社会学中所讲的冲突,主要指不同阶层或不同立场的人,出自于维护各自不同利益的需要而产生的利益冲突,但是,"应试主义"中表现出来的冲突无法用阶层或利益差别来得到解释。无论是学校、教师还是学生,虽然具有权力和等级上的差异,但在利益追求上是一致的,即在高考中考取更高的分数,只不过各自的表述略有不同,在学校层面被表述为升学率,在学生那里被表述为"上线""录取"等。本书抛开阶层差异的视角,用规训的概念对"应试主义"中各个行为主体的行为选择方式进行分析,据此探究"应试主义"中到底存在哪些规训手段,存在哪些进行规训和被规训的个体和行为,以及规训手段背后的行为逻辑是什么,这将有助于我们对"应试主义"现象有更为全面的了解。

第二,本书跳出了"高考指挥棒"的分析框架,以"公平"和"效率"一对概念为抓手,来分析"应试主义"何以具有顽强的生命力。高考在当下之所以面临着千夫所指的局面,就在于它和社会上各个阶层乃至绝大部分个人之间都存在着千丝万缕的利益纠葛,分析其中的逻辑关系能够在一定程度上为高考改革提供智力支持。无论是"素质教育"还是"新课程改革",其推行都困难重重,甚至"应试主义"的参与者还表现出了对"应试主义"的认同、坚持和依赖,一个重要的原因就是"应试主义"似乎具有一个强大的自我完善机制,导致任何改革理念都很难深入"应试主义"内部。那么,"应试主义"何以可以抵御改革理念的入侵,与各个行为主体之间存在什么样的利益关系,这些利益关系对改革的推进有什么影响? 本书分析"应试主义"的运行逻辑,能够在一定程度上为上述问题提供一些回答。

第三,"应试主义"一方面面临着诸如"导致学生高分低能"的种种指责,另一方面却又得到了各个参与主体的依赖和认同,在这看似矛盾的背后,实际上是学校在对学生的培养当中,在多样性和层次性之间做出的选择。这种选择绝非偶然,而是和中国社会的传统文化观念相关,也和当前的社会现实相关,是老师、学生、家长乃至学校、教育部门等"经济人"做出的"理性"选择。本书从"应试主义"对学生的多样性和层次性之间的关系的处理方式入手,分析在"应试主义"当中,"层次性"如何被逐步强化,"多样性"如何被逐步削弱,及其背后的观念支持,从而为回答"在'应试主义'当中,教育的价值是如何被削减的"这一问题,提供一些洞见。

第二章

"应试主义"的产生与演变

第一节　科举时期的"应试主义"

中国是考试大国,有着悠久的考试传统,也有漫长的"应试主义"历史。已经很难考证"应试主义"究竟形成于何年何月,但从文献资料来看,自隋唐创立科举制度开始,经过宋代科举制度的改革,再到明清时期科举制度的鼎盛和衰亡,一直都伴随着考生们的"应试"需求,"应试教育"也无处不在。例如张亚群的研究显示,"受科举入仕驱动,从唐代开始,学校教育就开始产生应试之学的弊端"[①]。不过已有关于科举时期的"应试"的研究并未区分"应试教育"和"应试主义"两个概念。因此,当时的"应试教育"究竟是不是在一个合理、可控的范围之内,是否已经上升到了"应试主义"的程度,是值得进一步分析的。

科举制度的观念基础是"取士"的观念。所谓"取士",就是公开地从社会中选贤举能。这一观念最早可以追溯到远古三代通行的"乡举里选,选贤任能"的做法。例如汉代的"察举"和魏晋南北朝时期的"九品中正制"。儒家思想是取士思想的主要渊源,孔子就一直提倡"举贤才"。由于儒家思想一直是中国封建统治的思想基础,在其基础之上产生的"取士"观念便具有了强大的生命力。与"取士"观念相对的是"养士"[②],不同于孟尝君的"养士",指通过教育来培养人才。中国早在奴隶社会就已经有了学校的存在。在官学方面,五帝时代就已经产生了名为"成均"的大学,西周时又有了辟雍、泮宫、序、庠等一系列学校机构;到了封建社会,太学、国子学兴起,辅以官邸学、洪都门学、崇文馆、弘文馆、四门学等。在私学方面,孔子创办私学掀开了私人办学的帷幕,宋代私立书院则达到了私学发展史上的一个高峰。可以说,学校教育在中国的

---

① 张亚群.科举制下通识教育传统的演变及其启示[J].华中师范大学学报(人文社会科学版),2009(7):129.

② 陈洪捷.取士:科举制度的观念基础[J].北京大学教育评论,2003(3):108-112.

起源是很早的,学校教育的形式也是多样的。

但是,"养士"的成本太高,周期太长,且面临着中国封建社会教育自身存在的三个弱点:一是每逢战乱,学校教育便遭到严重破坏,教育的连续性根本无法保持;二是无论官学还是私学,办学规模的随意性都较强,学生人数时增时减,不利于教学的展开;三是全国没有一个统一的"教学大纲",教学内容很难统一。因此,"取士"更多的时候占据了主导地位。随着科举制度的确立,考试开始成为"取士"的主流,而学校教育虽然也一直延续了下来,但在绝大多数时候都以科举制度的附庸的形式存在。这和如今的基础教育附属于高考、被高考所控制的局面多少有些类似。学校教育的附庸身份为"应试"现象的产生提供了温床。而随着"应试"需求的不断扩大以及"应试"手段的极端化,科举时期的"应试"从一开始就没有停留在正常的"应试教育"的范畴之内,而是呈现出"应试主义"的色彩。

据《唐六典·尚书礼部》记载:"凡进士先贴经,然后试杂文及策。文取华实兼举,策须义理惬当者为通。"①然而到了天宝年间,进士贴经不及格者,可以用诗赋相抵,称之为"内赎贴"②,这导致诗赋在科举考试当中日益受到重视,而贴经则遭到冷遇。广大考生"不读正经""不寻史传"的情况在唐高宗时期就已经很普遍了③,而到了武则天当政的时候,"当时公卿百辟无不以文章达,因循日久,寝以成风"④。唐玄宗当政时,考生为了应考,往往在选修正经的时候趋易避难,例如国子监祭酒杨玚曾上奏曰:"今之明经,习《左传》者十二三,若此久行,臣恐左氏之学,废无日矣……又周礼、仪礼及公羊、谷梁殆将废绝。"⑤这样的学习风气导致的结果便是学生们"莫修经艺,先圣之道,湮郁不传"⑥。这种情况在宋元时期愈演愈烈,欧阳修曾上书称,"学者不根经术,不本道理,但能诵诗赋"⑦;苏东坡也曾感慨,"天下学者寅夜竞习诗赋举业",如果有谁去学习经义,甚至会招致"士以为耻"的局面。⑧ 绍兴年间,"士习周礼、

① 李林甫,等.唐六典[M].陈仲夫,点校.北京:中华书局,1992:109.
② 李纯蛟.科举时代的应试教育[M].成都:巴蜀书社,2004:23.
③ 宋敏求.唐大诏令集[M].北京:商务印书馆,1959:549.
④ 杜佑.通典[M].北京:中华书局,1984:84.
⑤ 刘昫,等.旧唐书[M].北京:中华书局:1997:4820.
⑥ 宋敏求.唐大诏令集[M].北京:商务印书馆,1959:106.
⑦ 曾枣庄.全宋文[M].上海:上海辞书出版社:2006:185.
⑧ 李纯蛟.科举时代的应试教育[M].成都:巴蜀书社,2004:28-29.

礼记,较他经十无一二"①。明代,随着八股取士的兴起,"学校生儒多尚文艺"②。到了清朝,"士子读书……不根柢讲求……圣贤精义全无发明……经济实学,乃向来士子多不留心"③。自隋唐到明清的这些文献记述,明显地体现了当时学生专门针对科举考试的一种投机性的学习内容选择,用今天的话来说,就是"考什么,学什么"。由于科举考试看重诗赋,在贴经上可以掉以轻心;由于科举考试只考一经,不用五经全读。如果说仅仅是科考之前的"不读五经""不寻史传"还可以理解的话,那么"先圣之道,湮郁不传""左氏之学,废无日矣"则显然不会是考前短期的"应试"可以解释的。可以说,这样的"针对性学习行为"贯穿在绝大多数考生的"十年寒窗苦读"当中,也贯穿了整个科举考试历史。因此,"考什么,学什么"的现象早就已经对广大考生的学习行为造成"异化"了。

仅仅是做到了内容上的"针对性学习",显然还不足以帮助考生金榜题名。一些文献对当时考生们的学习方式也进行了记载。例如朱熹曾说:"治经者不复读其经之本文与夫先儒之传注,但取近时科举中选之文讽诵摹效"④,宋太宗曾在诏书中批评"进士举人只务雕刻之工"⑤。元代考生为了中举,也专事"剽窃,不根经史"⑥。到了明朝,考生们争相记诵八股文,不愿意学习经义内容,明仁宗曾面谕礼部说,"今郡县岁贡生率记陈言"⑦,顾炎武也曾说,当时的考生在学习期间,基本上不读本经,而只是"窃取他人之文记之"⑧。到了清朝,这样的情况有增无减,学生喜欢"猎取诡异之词",在考前强记,这样就可以在考试的时候"敷衍成篇"⑨了。从这些文献记载中可以看出,科举时期的考生都知道,模仿历年中举之文,可以帮助自己获得应试的经验和技巧,这样的

① 脱脱,等. 宋史[M]. 北京:中华书局,1977:3630.
② 明实录:第三十七册[M]. "中央研究院"历史语言研究所,校勘. 上海:上海古籍书店,1983:3589.
③ 钦定大清会典则例:卷六六[M]//永瑢,纪昀. 文渊阁四库全书:史部三八. 影印版. 台北:商务印书馆,1986:178-179.
④ 朱熹. 晦庵先生朱文公文集:学校贡举私议[M]//朱子全书. 上海:上海古籍出版社,2002:3360.
⑤ 徐松. 宋会要辑稿:第五册[M]. 北京:中华书局,1957:4263.
⑥ 王恽. 秋涧集:卷三十五[M]//永瑢,纪昀. 文渊阁四库全书:集部一三九. 影印版. 台北:商务印书馆,1986:455.
⑦ 明实录:第九册[M]. "中央研究院"历史语言研究所,校勘. 上海:上海古籍书店,1983:131.
⑧ 顾炎武. 日知录 日知录之余[M]. 严文儒,戴扬本,校点. 上海:上海世纪出版股份有限公司,2012:647.
⑨ 皇朝文献通考:卷五二[M]//永瑢,纪昀. 文渊阁四库全书:史部三九一. 影印版. 台北:商务印书馆,1986:309.

学习方式比专心研读经义来得更加有效。为了满足考生这种模仿陈文的需求，学校的教学也"谨其出入，节其游戏，教以钞节经史，剽窃时刻，以夜继昼，习赋诗论策，以取科名而已"①，以至于"为师者多记诵之学"②。到了清朝，更是"师以是教，弟以是学，举子以是为揣摩"③。可见，这种"率记陈言""只务雕刻"的学习方式，并不仅是考生们的学习方式，同时还是当时教书先生的教学方法，他们很清楚这样一种教学对学生科场中举的价值所在，因此，即便这最终导致"师道不立而士习日偷"④的局面，也顾不得这许多了。《红楼梦》中写道，贾宝玉一直认为"时文八股一道，因平素深恶此道，原非圣贤之制撰，焉能阐发圣贤之微奥，不过作后人饵名钓禄之阶"。但即便如此，"贾政当日起身时选了百十篇命他读的"⑤。虽然是小说中的描述，但多少也反映了当时即便是在名门望族，"最是教子有方"之家，依然免不了让自己的家族子弟"只务雕刻""以取科名"的社会现实。

从唐代开始，科举考试题目的命题规则就开始被考生揣摩、研究。例如唐代科举考试中的贴经，即要求考生将所掩经文句子两端的文字填写出来，类似于今日的填空题和默写题，这种命题方式大多遵循"取年头月日，孤经绝句"⑥的规律，因此有的考生平时就将这些内容搜集起来，并编写成诗词歌诀的形式，以方便自己熟背之后应考，这被称为"贴括"。再比如"问义"，主要是考查考生阅读和理解经义的能力，很多考生便把历年考试当中的问义抄录下来，编写在一起，这叫作"义条"，应考之前只需要对"义条"进行死记硬背即可。至于"策问"，主要考查学生运用经义解决国家民生问题的对策方略，由于题目多有旧例可循，有很多士人编写了类似于今日"答题套路"的"策学""策括"等，考生即便不读经史，缺乏治国主张和实干能力，但只要背熟了"策学""策括"，根据这些"范文"临场编写答案，也有机会拼凑成文，折桂高中。像这种不读经典，而是揣摩命题规律，乃至猜题、押题的现象，一直持续到了明清时期。蒲松龄在《聊斋志异·阿宝》有一段关于考生押题成功，从而得以高中的生动描述⑦：

① 司马光.司马温公集编年笺注：三[M].李之亮，笺注.成都：巴蜀书社，2008：559.
② 明实录：第十册[M]."中央研究院"历史语言研究所，校勘.上海：上海古籍书店，1983：2082.
③ 陈培桂.淡水厅志[M].台北：大通书局，1984：120.
④ 李长春.明熹宗七年督查院实录[M]."中央研究院"历史语言研究所，校勘.上海：上海古籍书店，1983：81.
⑤ 曹雪芹，高鹗.红楼梦[M].北京：人民文学出版社，1982：1007.
⑥ 刘昫，等.旧唐书[M].北京：中华书局；1997：4820.
⑦ 蒲松龄.聊斋志异：上[M].任笃行，辑校.济南：齐鲁书社，2000：342-346.

粤西孙子楚……性迂讷，人诳之，辄信为真……貌其呆状，相邮传作丑语，而名之"孙痴"。……值岁大比，入闱之前，诸少年玩弄之，共拟隐僻之题七，引生僻处与语，言："此某家关节，敬秘相授。"生信之，昼夜揣摩，制成七艺。众隐笑之。时典试者虑熟题有蹈袭弊，力反常经。题纸下，七艺皆符。生以是抢魁。

《阿宝》这则故事的主人公孙子楚以正面人物的形象出现，作者让他以这样一种方式"抢魁"，多少反映了当时一部分士人的真实想法：勤修苦读太过劳神，还不如搞点猜题、押题，既轻松，一旦押中的话还基本就可以确保得中了；没有真才实学也无所谓，哪怕如孙子楚一般"性迂讷"，缺乏基本的判断力，别人怎么说他就怎么信，乃至被周围的人讽为"孙痴"，也都无关紧要，只要最后能够"抢魁"，那就英雄不问出身，甚至也可以不问本领高低，一样是可喜可贺，值得弹冠相庆的。在《三言二拍》中，也有诸如龙女帮助书生获取科考题目，书生方得以中举的故事情节。① 即使我们不能否认"十年寒窗苦读"的考生依然大有人在，但猜题、押题乃至通过各种渠道获得考试题目，显然也成为科举时期考生们关心的一件大事。

由于各种应试资料对考生的帮助较大，早在唐朝，很多自抄私编的书籍和资料就在考生当中流传开来。这种情况在宋代更加普遍。岳珂的《愧郯录》中记载："自国家取士场屋，世以决科之学为先，故凡编类条目，摄载纲要之书，稍可以便检阅者，今充栋汗牛矣！"②可见，这样的复习资料在科举时期已经大行其道，与今日"应试主义"中考生大量借助习题集、试卷册来提高考试成绩简直如出一辙。只不过明朝以前的"考试资料"，多为手抄本，到了明宪宗时期，才开始出现刻本。不过由于"今士习浮靡，能刻正大古书以惠后学者少，所刻皆无益，令人可厌"③。这句话的意思是说当时社会上尊圣贤、做学问的风气不大好，一如《红楼梦》中所说："市井俗人喜看理治之书者甚少，爱适趣闲文者特多。"④因此印刷出来的多是一些"或讪谤君相，或贬人妻女""涂毒笔墨，坏人子弟"的"令人可厌"之书。这类书籍中，应试类的资料也占据了一定比例，其中最为出名的应该要算所谓的"十八房稿"了。据顾炎武的《日知录》所载：

会试用考试官二员总裁，同考试官十八员分阅五经，谓之十八房……

---

① 冯梦龙. 三言[M]. 长沙：岳麓书社，1989：288.

② 岳珂. 愧郯录：卷九 [EB/OL]. [2015-12-20]. http://ctext. org/wiki. pl？if＝en&chapter＝192120&remap＝gb.

③ 陆容. 菽园杂记[M]. 佚之，点校. 北京：中华书局：1985：129.

④ 曹雪芹，高鹗. 红楼梦[M]. 北京：人民文学出版社，1982：5.

戒庵漫笔曰:(江阴李诩著)余少时学举子业,并无刻本窗稿,有书贾在利考朋友家往来,抄得镫窗下课数十篇。每篇誊写二三十纸,到余家塾,拣其几篇,每篇酬钱或二文,或三文。忆荆川(唐顺之)中会元,其稿亦是无锡门人蔡瀛与一姻家同刻。方山(薛应旂)中会魁,其三试卷,余为从臾其常熟门人钱梦玉,以东湖书院活板印行。未闻有坊间板。今满目皆坊刻矣,亦世风华实之一验也①。

到了清朝,甚至还出现了官方选编的应试类书籍《钦定四书文》,导致学生们更不认真读书求实,而是拿着这份资料"改制义者或剽窃浮词"②。

这种情况也不是没有引起封建统治者的警觉,历朝历代官方都曾经对私相传抄应试类书籍的人予以惩处,其中清朝对私相印制类似资料查禁尤为严厉:凡坊间"有时务表策名色,概行严禁"③;"嗣后专习《礼记》生童,务须诵读全书,不得仍以删本自欺滋误。其现在坊间所刻删本《礼记》,饬令地方官出示销毁,已禁刷印者禁止贩卖"④;对于那些顶风作案的人,"如有公然售卖小本文策者,枷责严办,并责令外巡绰官严密查察,有犯必惩。傥士子尚有不知检束,怀挟徼幸者,即着斥革究办。其恃众逞强不服约束者,枷号示众"⑤。但即便是如此严厉的法案,仍然收效甚微。应试类书籍厌而不绝,禁而不止。其实这并不难理解。由于广大考生"应试"的需求是如此突出,这类书籍有着庞大的市场空间,要是能禁得住反而成了怪事。这就一如今天面对"应试主义",我们喊出了"减负"的口号,但多年过去,各种习题集、练习册依然层出不穷,越印越多,学生的学习负担不降反增,这都是一样的道理。

总的来看,在我国封建社会,由于科举考试是"致仕"的主要渠道,学校教育长期沦为科举考试的附庸。这一时期,无论是学校的教育还是考生自发的学习行为,都表现出浓烈的"片面应试"的色彩,即不追求博古通今,只学你科举考试要考的东西;也不愿诵读典籍,这样太耗时耗力,只需要模仿"时文"即可,这样来得多容易;当然也不会去钻研经义,有那时间还不如揣摩一下命题

---

① 顾炎武. 日知录 日知录之余[M]. 严文儒,戴扬本,校点. 上海:上海世纪出版股份有限公司,2012:642-643.

② 李纯蛟. 科举时代的应试教育[M]. 成都:巴蜀书社,2004:43-44.

③ 昆冈. 钦定大清会典事例:卷一百六十八[EB/OL]. [2015-12-20]. http://ctext.org/wiki.pl? if=en&chapter=677199&remap=gb.

④ 昆冈. 钦定大清会典事例:卷一百九十五[EB/OL]. [2015-12-20]. http://ctext.org/wiki.pl? if=en&chapter=709961&remap=gb.

⑤ 盛康. 皇朝经世文续编:卷六十六[EB/OL]. [2015-12-20]. http://ctext.org/wiki.pl? if=en&chapter=94984&remap=gb.

思路，押一把今年的题会怎么出，这样既轻松，还刺激；而且也不去看"治理之书"，有点闲钱的话，把"十八房稿"买回来看看是正经。因此，科举制度不仅带来偏好考试的文化传统，也营造了"应试主义"的历史氛围；它满足了封建帝王"天下英雄，入吾彀中矣"的需求，也带给众多考生不读经史、致力"应试"的悲哀；这一时期不仅有"应试"和"应试教育"，还表现出明显的"应试主义"的特征。所以说，我国自古就是一个考试大国，但同时也是一个"应试主义"的大国。

第二节 近代以来的"应试主义"

1905年，科举制度被废止。清政府在当时内忧外患的国情下，希望以此促进更多的士民进入学校系统，借以"广开民智"，巩固其统治。在1898年，总理衙门和军机大臣会呈京师大学堂章程中，就已请求清政府在各地设立各级学校，其中在京师设立大学，省会设立中学，各州府县设立小学。辛亥革命之后，中等教育得到了快速发展。在中国各地纷纷创立新式学堂的时期，从高中升入大学的选拔性考试被引入中国的新式大学中。在1938年以前，民国高校参照国外模式实行单独招考，但自1938年起，就开始实行国立各院校统一招生。1940年，民国教育部进一步设立了永久性质的公立各院校统一招生委员会。从总体上看，民国时期高校招生考试的趋势是由单独招考向统一考试渐进发展。正是在这个阶段，由于中学毕业生人数多于高校计划招生人数，追求"升学"开始成为中等教育的一个显著特点。有学者指出，民国时期"中学教育偏重升学准备的倾向仍比较突出"[①]。

民国期间，"应试主义"的局面甚至比清末更加严重。在当时严峻的国内外形势的影响下，国家急需各行各业的专业人才来辅助统治，因此在教育上，国家对人才培养的内容、方式都做了明确而严格的规定。例如1933年12月国民党第四届中央执行委员会第三次全体会议中，《确立教育目标改革制度案》规定："中学为预备人才之地，应提高程度，充实内容，并采取绝对严格训练主义。"这一规定反映出了一种"国家主义立场"的教育思想，即将教育视作为国家准备人才的工具，国家需要用"绝对严格训练主义"代替教育自身的规律，这非常适合"应试主义"的教育模式，并使得当时的中等教育很快就异化为追求升学率的教育。在20世纪30年代，中学毕业生若要升学，必须经过学校毕业考试、统一会考以及升学考试三次大考，考试的数量多、密度大，往往使得学

---

① 熊明安.中国近现代教学改革史[M].重庆:重庆出版社,1999:106.

生疲于奔命,而学校不但开始任意增加必考科目的课时,还让老师帮助学生猜题押题,应考的"合格率"成为中学教育追求的目标。^① 甚至连蒋介石本人后来也对这一阶段的教育颇为不满。蒋介石认为,民国以来的教育是失败的教育,而教育失败则是他自己失败的根本原因。^② 民国教育的一个根本性的缺点,就是过分看重升学。蒋介石认为,升学主义"是小学和中学教育的根本缺点。小学的课程是为了升入中学作准备;中学的课程是为了升入大学作准备。中、小学课程没有帮助中、小学生教他们在家庭中怎样做子弟。更没有教那些不能升入中学和大学的中、小学生到社会去怎样求生活。只因大学入学考试重视某几个科目,所以从小学到中学都是把这几个科目做目标来努力教授和学习"^③。蒋介石的这番评述,或有为自己开脱责任之嫌,但"应试主义"在当时导致了中小学教育质量的落后,却也是实情。当然也不仅仅是在当时,即便是在现在,"应试主义"仍然可以说是"小学和中学教育的根本缺点"。

新中国成立初期,由于饱受战乱影响,教育事业遭到严重破坏,百废待举。高等学校甚至出现了生源不足、高中毕业生数量达不到大学计划招生人数需求的现象,因而在这段时间,开办工农速成中学成为高校招生的渠道之一。中学教育当中并不存在"片面追求升学率"的现象。但到了50年代后期,由于基础教育的发展,高中毕业生人数不足的现象得到了扭转,高中毕业生人数多于高校计划招生人数,高考竞争再度出现,再一次引发了中学教育片面追求升学率的问题。有学者指出,在这个阶段的发展历程中,中等教育"最严重的弊端便是'片面追求升学率'"^④。

这一情况引起了毛泽东的不满。毛泽东对传统的考试制度一直颇为反感,他曾说:"现在学校课程太多,对学生压力太大。讲授又不甚得法。考试方法以学生为敌人,举行突然袭击"^⑤;"现行的学制年限太长,课程太多,教学方法有很多是不好的,考试方法也有很多是不好的"^⑥。客观地说,毛泽东的教育思想对传统"学而优则仕"的观念造成了不小的冲击,为当时"应试主义"的降温确实起到了作用。参加生产劳动、在实践中学习,一度取代了多学知识、在考试中获取高分的需求。

在劳动教育观、实践教育观思想的影响下,毛泽东于1968年发动了知识

---

① 李华兴. 民国教育史[M]. 上海:上海教育出版社,1997:629.

② 熊明安. 中华民国教育史[M]. 重庆:重庆出版社,1990:226.

③ 熊明安. 中华民国教育史[M]. 重庆:重庆出版社,1990:228.

④ 郑若玲. 考试与社会之关系研究:以科举、高考为例[D]. 厦门:厦门大学,2006:198.

⑤ 毛泽东. 毛泽东文集:第8卷[M]. 北京:人民出版社,1999:376.

⑥ 中央教育科学研究所. 中华人民共和国教育大事记(1949—1982)[M]. 北京:教育科学出版社,1983:366.

青年的"上山下乡"运动,这场运动对基础教育阶段的学生进行了分流。在当时,原本高中教育的规模就比较小,甚至不能满足高等学校的招生需求,"高中毕业生一直到1958年都不能满足高等学校招生的数额,到1959年,高等学校招生同高中毕业生相比,也只是1∶1.23"①,随着"上山下乡"运动的开展,大学的生源被进一步削弱,因此教师和学生进行"应试"就显得意义不大了。后来"文化大革命"爆发,高考制度被取消,政治资本战胜文化资本成为学生进入高等学校的条件,就上大学而言,贫下中农出身的学生比知识分子家庭的学生更具优势,因此在这一阶段,"应试主义"失去了存在的土壤和基础,基本上销声匿迹。这段历史也告诉我们,考试只是"应试主义"的必要条件而非充分条件,如果考试仅仅旨在"评价"而淡化了"选拔"功能,那就会削弱学生对"应试"的需求。这种情况一直持续到"文革"结束,直到高考制度得以恢复。

当前我国的"应试主义",是随着统一高考制度的恢复而走进人们的视野的。高考恢复后,知识重新战胜"出身"成为大学录取新生的首要条件。上山下乡的"知识青年"和当年的应届高中毕业生一起参加高考,这使得参考人数远多于高校计划招生人数,中学的升学竞争变得异常激烈,这就导致越来越多的学校开始置学生的全面发展于不顾,不断地采取一些简单化的、机械化的方式进行升学竞争,这种情况一直持续至今。

根据李镇西老师的叙述,在他刚参加工作(1982年)的时候,"片面追求升学率"的阴影就已经笼罩着当时的课堂教学。李镇西老师还特别注解说,当时所谓的"片面追求升学率"相当于今日的我们说的"应试教育"②,也就是本书所说的"应试主义"。那个时候,还是在统一高考制度恢复初期。由此可见,几乎是随着统一高考制度的恢复,"应试主义"现象就随之出现并普遍化了。莲花池中学的绍伟老师的印象也差不多,认为"应试主义"应该诞生于1980年前后。不过绍伟老师更加细致地为我回忆了自80年代开始的"应试主义"的发展状况。他回忆说,最开始的时候可供学生训练的题目并不多,主要是课本上的练习题。但这阻挡不了"题海战术"的普及。90年代初的时候,很多学校普遍采用的一种做法就是让学生把考过一次的卷子抄写在家庭作业本上再做一次或多次,以达到反复练习、巩固效果的目的。因此,"抄卷子"成为当时很多中小学生的"必修课",也是当时基础教育中的一大景观。随着复印技术的进步和复印机在中小学校的普及,抄写卷子的方式被复印的试卷代替,市场上也出现了形形色色、浩如烟海的试题材料,学生不用再把大量时间花在抄写试卷

① 张奚若. 目前国民教育方面的情况和问题:在第一届全国人民代表大会第三次会议上的发言[J]. 人民教育,1956(7):9.
② 李镇西. 语文:让心灵自由飞翔——我的语文教育观[J]. 课程·教材·教法,2015(4):4.

上,但练题量却日渐增多,学习负担也不降反增。这样,今日之"应试主义"的形态也就逐渐形成了。

在一次和绍伟老师吃饭的时候,我认识了泸州市某重点小学的晓兰老师。她对我研究的这个问题很感兴趣,并提醒我说:在从 80 年代至今的"应试主义"发展过程当中,对"标准答案"的声讨是绝对值得书写一笔的。我赞同并采纳了她的这个建议。因为"应试"与"标准答案"似乎天然就绑定在一起,正因为答案是"标准"的,所以"应试"才是有目的、有方向的。阅卷人喜欢这样的答案,那么学生就尽量向这个答案靠拢。这样,"应试主义"便获得了生存的空间,教育演变为教师帮助学生获得"标准答案"的训练过程。人们反感"标准答案",这是可以理解的,但中国人总是爱走极端,有人呼吁要取消一切标准答案,这好像又有点矫枉过正。其实标准答案早在科举考试当中就已经出现了,但一直以来都没有引起较大的反对。比如说科举考"贴经",人家原文就是这样,你写错了就是错了,没啥可喊冤的。我们今日的试卷中也有大量这样的记忆性题目,例如默写唐诗宋词、拼写单词短语之类,至于数学、物理、化学等,题目的答案更是只有一个,想不"标准"都不行。但在 90 年代末期,一个关于标准答案的案例却引起了人们的热议。晓兰老师向我简要介绍了一下这个案例:

> 一次考试当中,有一道题目问:雪化了是什么? 有一个学生因为回答"雪化了是春天",结果被老师打了个"×",老师告诉他说标准答案应该是"雪化了是水"。

这个案例流传甚广,以至于几乎没有人去考证其真实性,大家都相信这是真实的案例,都愿意用这个例子来对"标准答案"进行抨击:雪化了是水,这不过是从科学角度给出的答案,而雪化了是春天,则是从文学的角度给出的答案,而且是一个多么富有诗意的答案! 凭什么只有"水"才是正确的? 一时间,批判"标准答案"的声音此起彼伏,不少人指责说,"标准答案"是"应试主义"的产物,因为考试用对错来判断学生对知识的掌握情况,这就导致答案被标准化,从而固化了学生的思维,限制了学生的发展。这场关于标准答案的声讨以 2000 年高考作文题"答案是丰富多彩的"的出炉而告一段落,算是国家给出了一个明确的答复。此后对"标准答案"的批判虽然经久不衰,但也陆续出现了主张谨慎的声音。我曾在过去的一篇文章中写道:

> 即便是在人文艺术学科当中,"标准答案"也有很大的生存空间……即使是在一些完全没有"标准答案"可言的地方,也不是说只要学生参与了、对话了,就应该得到同样程度的认可……"话语权"或许没有贵贱之

分,但在"话语质量"却存在着高低之别。因而,对不同的观点、对话本身,也应有一定的标准和要求。既然如此,我们哪能简单地反对"标准"? 我们要反对的,仅仅是对"标准"的僵化、极端化操作而已。①

随着时间的推移,即便人们始终对"多元化"的答案寄寓了美好的期待,但对"标准化"的批判逐渐不再那么走极端了。但令人遗憾的是,那些僵化的、容易引起争议的"标准答案"虽然不再那么堂而皇之地出现在考试题目当中,但取而代之的是作文模板、答题套路等;学生的"知识结论"不再被单一化的"标准答案"所禁锢,但其思维方式仍然受到"套路"和"模板"的约束;"标准答案"在当前基础教育当中已经不显得那么刺眼,但"应试主义"却并未因此得到缓解,反而还有日渐增强的趋势。

第三节　当前"应试主义"的状况

一、"层次性"和"多样性"

在当前的"应试主义"当中,对升学率的片面追求成为常态,这显然和"教育要促进学生的全面发展"的初衷是相违背的。因为"全面发展"的教育,应该表现在横、纵两个向度上:在横向上,学生们在德、智、体、美、劳等各个方面都获得一定的发展,有一定的造诣,而且不同的学生在不同的方面还能各有所长,具有不同的兴趣、爱好、特长和发展方向,"术业有专攻",表现出因人而异的个性。众多学生的不同个性,则共同体现为学生发展的多样性。在纵向上,则是不同领域的发展程度,即一个人某个方面的能力、水平的提升,这一高低层次可以通过不同的指标体现出来,例如学历证书、考试分数等。因此,如果说一个人在横向上可以在很多方面都有所涉猎,在纵向上某些领域的发展水平也比较高,那么这是一个全面发展的人。

那么,高考如果想要选拔出全面发展的优秀人才,就应该对学生的层次性和多样性都进行衡量。在多样性上,应将不同的学生分配到适合他们的高校、领域和专业;在层次性上,应保证分配给各个高校的学生都是相应领域中发展层次较高、能力较强的学生。如果高考真的实现了对横、纵两个向度的合理衡量,那就做到了对人才的合理选拔和分配,因而一所学校的升学率越高,便说

① 周序.质疑与反思:大学教育应"后现代转向"? ——兼与李薇博士商榷[J].现代大学教育,2013(3):19.

明这所学校越好地促进了其学生的层次性和多样性的发展,升学率的高低也就可以较为客观地体现出这所学校的教育质量。

但是从实际的状况来看,高考并未能促进学生在层次性和多样性双方面的协调发展。这是因为一方面高考将横向维度窄化为不同的考试学科,这些学科是固定的,且排斥了道德、兴趣、意志、爱好等诸多内容,因而不能很好地体现出学生的个性差异;另一方面又将纵向维度简化为分数的高低,而非真实的能力(尽管高分未必低能,分数和能力之间存在着必然的关联,但至少这二者并不完全重叠,而是存在着明显的差别)。高考录取依据就仅仅是分数的高低而非专业是否适合,"层次性"被凸显,而学生的"个性""特色"被排除在录取指标之外。这样,高考便无法推动学校培养学生"多样性"发展的积极性。因此,在现实环境中,某所学校的升学率再高,也只能说明其学生在考查科目方面的"层次"越高,但其"个性""特色"的发展状况则不得而知,甚至往往被学校忽视,导致"多样性"丧失。这样,学校教育对"层次性"的单一追求便挤占了"多样性"的空间,学生的发展也从双向度变为单一向度。教育实践中的"育人"也因此不是指培养理想教育目标中的"完整的人",而是指"能够通过高考的人"。

> 像我们这种学校的高中生,就算"素质"再高,考不上大学,将来也只能出去给人打打工,或者回乡下去卖个菜之类的。而你一个大学生,就算你是靠死记硬背考上大学的,你出来也会高人一头啊!

这是莲花池中学的晓芳教师在一次闲聊的时候跟我说过的话,我能听出她的无奈之情。莲花池中学的绝大部分学生都是农村学生或者城市平民学生,家庭背景优越者极少,而在其他同一级别的学校中,也存在类似的学生"出身低"的局面。因此,高考对这些学生来说是唯一一条向上层社会流动的途径。当学校选择性地忽视了"多样性"而集中精力来提高学生的分数"层次",显然有助于学生们通过高考这座独木桥的时候,这种教育方式便获得了认同。

二、升学率与政绩

学校对升学率的追求往往被冠以"为学生着想"的名义。不可否认,学校努力提高升学率,的确可以使更多的学生走入大学殿堂。如果我们假定上大学比不上大学对学生的发展来说更好,那么追求升学率客观上的确能起到一些"为学生好"的效果。但事实显然不会是这么简单。一所学校的升学率,不仅关系学生的未来去向,同时也关系学校能否获得高额的教育拨款,能否招揽优秀生源,能否提升自身地位的核心指标,近年来,随着市场介入教育领域,升学率和学校利益之间的关系日趋紧密。市场以利润作为调节行为的杠杆,而带来利润的最有效方式即满足顾客的需求。在教育中,作为"顾客"的学生,其最大的需求就是升学,较高的高考分数则是其升学的保障。而学校的利润——优质生源和经费拨款——几乎就是绑定在一起的,如果一所学校无法满足学生的这一需求,那么就没有了"市场声誉",在失去优质生源的同时,学校各级领导的"政绩"也会受到影响。升学率不仅是决定学校领导能否留任、能否获得升迁的关键因素,也关系学校能否获得足够的财政拨款。从这个意义上说,学校表面上是一个教学机构,实际上却一直从事着用学生的分数交换自身利益的市场行为。因此,如何以最有效的方式来追求升学率,不仅关系学生的明天,同时也关系校领导和学校的未来。

泸州市另一所高中门口,张贴着这样一份招生宣传广告:

> 高中做精,我校重本上线率突破40%,本科上线率突破80%,七届高中2100余名应届生已有11人考入北京大学、清华大学、香港中文大学。高升学率是我校的独特风景线。2011年高考中:
> 重本上线率再创新高。重本上线132人,重本上线率高达43.17%,敢与成锦等地名校媲美。
> 拔尖学生成批涌现。泸州市理科上600分有60人,我校占据15人;泸州市文科上580分有29人,我校占据9人。
> 大面积高质量彰显气度。本科上线257人,本科上线率达85.10%,再创历史新高。其中二本以上上线234人,上线率高达77.48%。

在泸州市,这一升学率已经算是相当高的了,也为它吸引了大批高分段的初中毕业生。而相比之下,莲花池中学等一些高考升学率稍逊的中学,就不得不在招生当中投入更多的精力,毕竟学生的成绩在高中三年具有较强的连贯性,能够招到成绩较高的初中生,那就相当于给看重升学率的高中吃了一颗定心丸。为此,在招生期间,各所学校奇招迭出,竭尽所能。晓芳老师曾参与莲花池中学的招生工作,她告诉我说:

> 其实只要学校的升学率高了,考上重点大学的人多了,那么好的生源就自然来了,下一届也就能够考好了。但是我们学校因为前两年在高考中考得不是很好,所以这几年的生源也差了,在招生的时候就必须和其他学校竞争,甚至有时候为了争抢一两个学生,两所学校招生的老师之间起了冲突,差点打起来。

相比上述为了争夺一两个学生,学校之间险些就大打出手的情况,2015年清华、北大两所学校在四川的招生工作小组为了争夺高考状元而在微博上互相诋毁、互相拆台的事件,就不免相形见绌。高考状元在大学当中未必一定能够鹤立鸡群,尤其是在清华北大这种高校,甚至还有"泯然众人"的可能,但优秀的初中生源对于高中来说,却是升学率的保证,是提升"上线名额"的希望所在。既然学校需要吸引优秀生源,而优秀生源倾向于选择高考升学率高的学校,所以学校自然会努力提高自身的升学率,甚至将提高升学率作为其最重要的办学目标,以达到学生和家长心目中"好学校"的标准。

不仅学校之间会互相比较升学率,升学率的高低也被视作地区教育发展质量的指标,为了获得更好的生源和更多的经费,地区与地区之间也会互相比较升学率。因此,学校教育工作的逻辑同样适用于一个地区的教育事业,学校内部的全部工作围绕"应试"运转,对一个地区而言也是如此,从而,"应试"不仅是学生为追逐个人利益而出现的现象,而且是每所学校、每个地区为了自身利益而不得不采取的有组织、有计划、有指标、有体系的行为。升学率也因此成为地方教育领导不得不考虑的政绩工程。由此,升学的压力又被复制到了地区层面。所以说,"升学主义"是"应试"压力自下而上一级一级不断复制的结果,是不同层级政绩工程的集中体现。但是,当学校和地区承受的升学压力过大的时候,又会自上而下地对教师和学生施以更大的压力,从而使升学率在实践中陷入一个恶性循环的怪圈之中。

在市场的驱动下,有的地方甚至专门下发红头文件抓应试,在文件中提出"凡是能够提高成绩的措施就要使,凡是能够提高升学率的方法就要用"①,诸如此类例子,不一而足。正是因为如此,才造成大量高中学生"两耳不闻窗外事,一心只读圣贤书"的局面。这样一来,"应试"就已经不再是考生的个人行为,而是成为一项有组织、有体系的"系统工程"。而当每个地区、每所学校都将全副精力用来提高学生的考试成绩,以此来促进升学率的提升的时候,学生其他方面的综合发展自然被忽视,从而导致了今日之"应试主义"的局面。

三、歌声、口号和标语

在莲花池中学,每天晚自习前的5~10分钟,从高三年级教室里传出的阵阵不太动听的歌声成为学校内一道独特的风景线。高三(24)班的班主任晓峰老师介绍说,唱歌制度是两三年前的某届高三年级组的老师想出来的让学生发泄情绪、调节紧张气氛的办法,后来就被历届高三年级采用。这项制度虽然没有明文规定,但却已经约定俗成地具有了一定程度的强制性,其目的一方面在于舒缓学生过大的心理压力,另一方面也随时提醒学生时间的紧迫和高考

---

① 洪信良.红头文件抓应试,很荒唐很无奈[N/OL].钱江晚报,2009-12-08(A15).
http://opinion.people.com.cn/GB/10322626.html.

的重要，避免学生过度放松，从而使学生能够松紧结合，张弛有度，保证在每堂课的学习当中都能够有最大化的时间和精力的投入，以保障学习效果。在高三每间教室的多媒体设备内，都存着二三十首学生们喜欢的流行歌曲，其中甚至包括了多首一直被学校视为洪水猛兽的爱情歌曲。这些歌曲成为学生们发泄情绪的工具。不管学生们平时是否喜欢唱歌，到了唱歌的时间都得起立，跟着教室前面的显示屏上的歌词一起唱。即便是不会唱，喊也必须喊出声音来——哪怕这些歌声并不动听，甚至还经常出现跑调的情况。绍伟老师也对这一制度表示赞同。他说：

> 唱歌是我们的一项制度，一般在高三年级的下学期开始执行。目的是通过这种方式让学习紧张的学生得到放松。学生才刚吃饱饭，不让他们发泄一下，整个晚自习脑袋都是晕的，就一点效率都没有。

与唱歌制度功能相仿的还有"喊口号"制度。每天晚上唱完歌之后的三五分钟，是莲花池中学的高三学生们集体喊"口号"的时间。口号制度的目的除了频繁刺激学生的心理，让学生们意识到时间紧、任务重，从而最大限度地集中时间和精力之外，同时也有让学生发泄情绪、舒缓压力的作用。下面是莲花池中学高三(18)班每天晚上喊的口号：

> 蓄锐三载，厉兵秣马。
>
> 六月怒放，蟾宫折桂。
>
> 为报父母恩，我奋斗。
>
> 为闯未来路，我执着。
>
> 为无愧于青春，我拼搏。
>
> 我深信，天道酬勤。
>
> 我坚定，决不放弃。
>
> 决心，不变。
>
> 信念，不移。
>
> 誓言，不渝。
>
> 我坚信，六月阳光下。
>
> 梦想绚丽如虹。
>
> 我自信地张开翅膀。
>
> 九万里冲天翔翔！

已经学习了一整天的高三学生，他们的歌声和口号是如此响亮，当这些歌声和口号传到了高一、高二年级的教室里，看守晚自习的老师们便开始借此对高一和高二学生进行"思想教育"。阿英是高一（四）班的英语老师，她告诉我说：

> 需要让学生们从高一起就感受到这种压力和紧迫感，等到了高三，他们就能适应了。要是不随时叮嘱他们，等到了高三，适应不过来的话，成绩会受到影响。所以当听到高三学生喊口号的时候，我就会借这个机会给我班上的学生"打气"。

唱歌制度和口号制度有一个共同的目的，即让学生发泄自己的情绪。情绪发泄可以提高工作效率，这在霍桑实验中已经进行了说明。霍桑实验当中，通过"谈话"，工人将自己的抱怨、抵触等不良情绪宣泄出来，从而感到心情舒畅、干劲倍增，工作效率得以大大提高。社会心理学家将这一现象称为"霍桑效应"。与工人的工作类似，"升学"给学生情感上带来了巨大的压力，因此如果不通过某种途径进行宣泄，只是让学生压抑、克制，这只能说明压力从"显性层面"转移到了"隐性层面"，但对学习的影响却一直存在，并导致学习效率的下降。

当高三的学生们唱完歌、喊完口号，开始专心致志地上晚自习的时候，我总爱走出教室，到高三年级的走廊里徘徊。走廊里张贴着大大小小的标语，我对这些标语的内容很感兴趣，例如：

> 我们用青春的名义宣誓：十年寒窗苦读，承载师恩培养，心系父母希望。今日背水一战，摒弃懦弱的退缩，抛下无益的彷徨。我们笃定执着，远离浮躁与散漫，驰骋狂风与骇浪。坚定自信自强，挖掘内心的潜能，扬启通往大学梦想的远航。
> 今朝只管埋头干，明日笑看彼岸花。
> 心无旁骛，拼搏到底。
> 最后冲刺，创造奇迹。
> 临战泄惰，功亏一篑。
> 高考状态，固化方法，不求完美，只争高分，重在实效；限定时间，高效完成，不评不议，评后反思，不懂再问。
> 作业考试化，考试高考化。

上述标语无一例外都是些与"高考""分数"有关的内容，而传统诸如"书山有路勤为径，学海无涯苦作舟"之类，则难觅踪迹。莲花池中学的老师们认为，这些随处可见的标语，可以随时激发高三学生的热情，提醒学生专心学习。并且，考虑到标语张贴时间过长，会让学生产生疲劳、倦怠的情况，学校会定期更换标语的内容,并且视标语内容的"紧迫性、严重性"程度依次排序贴出,从而让学生心理上形成一种"时间越来越紧张,努力越来越重要"的感觉。

当然,学校如此大费周章地张贴和更换标语,其用心显然不是仅仅为了满足高三年级的需要。莲花池中学各个年级的教室安排是很有讲究的,高三年级总是安排在教学楼的一层和二层,高一高二年级则安排在三层以上。这样,每当高一高二年级的学生走向教室的时候,都必须从高三年级的"领地"经过,这个时候,大大小小的标语总能映入学生们的眼帘,这样就能使学生从高一开始就日复一日、年复一年地感受到高考的重要性和紧迫性,从而随时提醒自己努力学习。于是,"为高考而战"逐渐就内化为学生内心最深处的一种共识。

四、周考、月考与晚自习考

文理分科之后,莲花池中学的学生就需要面对日益频繁的考试,不仅有我们熟知的周考、月考,甚至有时候连晚自习的时间也被用来组织考试。老师们的经验是,频繁对学生进行考试,既能让学生感受到考试的气氛,帮助他们随时调动出应考状态,训练各种题目的解题方法,提升熟练程度,也能让老师对学生的知识掌握情况做到心中有数。

频繁考试的现象还在一定程度上被学校的规章制度强化。例如在莲花池中学,自 2002 年引入学校管理的 ISO 9001 质量认证体系之后,教学的"阶段性效果"就成为衡量"最终效果"的一个重要指标。ISO 9001 质量认证体系最初主要被用于贸易领域,这一体系包含八个原则:以顾客为关注焦点、重视领导作用、全员参与、重视过程和方法、讲究管理的系统方法、持续改进、基于事实的决策方法以及互利关系。在这八个原则中,"讲究管理的系统方法"原则对系统的"层次性"进行了强调。例如,如果把高中三年的教学看作是一个系统,那么一个学年就可以被看成是一个子系统,如果把一个学年的教学看作是一个系统,那么一个星期或一个月就可以被看成是一个子系统,如果把一个星期或一个月的教学看作是一个系统,那么每天的教学就可以被看成是一个子系统,以此类推。每个子系统在整个大系统中都具有自身的地位和作用,因而,每个子系统有自己的具体目标,这个具体目标需要学校进行有效的调适和控制。这一用于贸易领域的质量认证体系虽然得到了一些教育界人士的积极响应[1],但究竟如何在教育实践中运用贸易领域的质量认证体系,却还没有一个统一的模板,基本上还处于各校自己探索经验的阶段。身处"应试主义"中的学校,探索所得的一个具有普遍性的经验是,教、练、考要螺旋使用,循序推进。比如说高考要考查 20 个知识点,那么这些知识点不仅要让学生学会,还

① 任雷鸣,赵永乐.教育系统应尽快开展 ISO 认证工作[J].江苏高教,2002(3):126.

需要熟练，并且能够变通。因此，就需要教一个知识点，练一个知识点，再通过考试来巩固一个知识点，以免学生遗忘。于是，大大小小的考试便接踵而至。在莲花池中学的老师们看来，这一管理体系的引进确实让他们的教学有了一个较为清晰的安排，也让学生对考试的题型和氛围有了更加清晰的感受。

但在理论界，这种教一步、考一步的做法却容易引起自然主义学派的反对。郭思乐从他的"生本"教育理念出发，认为学校教育应该遵循"静待花开"的思想，即教育中不能采取周考、月考等追求一时的"效果"的措施，而要像植物的自然生长一样耐心地等待开花的那一天，只有不斤斤计较一时的分数，才能在较长的时间段里得到更好的分数。他还举了一个例子："某二类高中的一个 63 人的实验班（非重点班）的数学考试平均分 146 分（满分 150 分），超出了当地一类高中 34 分，原因只在于执教者把短视的有效转变为服从和尊重学生的兴趣，把核心性的学习还给了学生。"[1]所谓"把核心性的学习还给了学生"，即《普通高中数学课程标准》所倡导的"倡导自主探索、动手实践、合作交流、阅读自学等学习数学的方式"的一种体现。

教育是一个让人社会化的过程，获取知识、遵守规范、服从合理的安排，是社会化过程之必需；而"静待花开"是一种"法自然"的思路，具有脱离规范和安排、返璞归真的意蕴，这和使人社会化的目的本身就是相违背的。这一点我们且姑置不论。即便是从现实的情况来看，郭思乐所说的这种通过"静待"还能最终"花开"的案例，也并不多见。恰恰相反，我们听到得更多的是诸如 2004 年的"南京高考之痛"，山东实行"素质教育"的某沿海城市"高考二本以上录取人数还不如另一个地级市中一个县的录取人数，导致高考结束以后教育部门领导班子'大换血'"[2]等"素质教育"方式与提高升学率的目标相排斥、相冲突的案例。为什么在这个问题上，理想总是很丰满，而现实则往往很骨感？因为在"应试主义"当中，学生之间存在着客观的升学竞争。表面上，高中学生是在为分数的高低而竞争，但实际上，他们竞争的是自己在所有参考学生中的成绩排名。这种竞争与竞技体育的竞争不同。如果两个学生比赛跑步，他们只需要跑出自己的最快速度就行了，领先者不用一边跑一边回头去看自己到底领先了多远。但在"应试主义"的竞争中则不然：学生需要随时随地了解自己和同班同学之间的差距，老师要随时比较本班学生与其他班学生之间的优劣，学校也要时刻衡量自己的学生在全市、全省所有学生中的成绩地位，一旦发现和他人的分数存在差距，学校便会如临大敌，就会要求教师对教学的重点、进度

---

① 郭思乐.静待花开的智慧：教育是效果之道还是结果之道——关于有效教学的讨论[J].教育研究,2011(2):19.

② 钱林晓,王一涛.应试教育条件下的学生学习行为模型[J].教育与经济,2006(1):58.

和策略进行调整。学校的这一要求符合行为经济学的相关研究结论。在行为经济学看来，"人们常常对一个行动后果与某一参照点的相对差异很敏感"①，其他学校、其他学生的成绩就是这么一个让人敏感的相对差异，以至于它随时左右着学校和老师的行为选择。"静待花开"的教学思想或许彰显出了"以生为本"的教学意蕴，但没有一个老师敢保证，高考那一天就是自己所教的学生能够"花开"的那一天，就是他们的能力和素质可以转换为高考分数的那一天。这也使得"静待花开"的思想在实践中陷入一种可望而不可即的地步。即便有个别地方取得了成功，也会被其他教师视作"偶然"而不敢甚至不屑于轻易尝试。

至于学校制定的关于频繁考试和奖惩措施的规章制度，更是让"静待花开"的思想失去了生存空间，也拒绝了学生"厚积薄发"的可能。在莲花池中学制定的高考奖励方案中，学校要求教师随时评价学生的成绩，并以此作为教师奖励依据的思想也有所体现。在这份方案中，"高考奖励分为'市一诊'、'市二诊'、'市一模'和高考四次进行，完成相应目标任务进行奖励；若年级没有完成相应目标任务，不计发奖金"。这一规定将奖金数额按不同的考试时段分开，因此，老师们不仅需要保证高考的时候学生能够获得高分，也需要保证他们在"市一诊""市二诊""市一模"等考试中不落后他人。因此，监控每个月、每周甚至每天的教学目标完成情况，就成为每个老师最迫切的任务。几乎没有谁敢于容许自己的学生的成绩落后别人一大截了再慢慢追，因而无论是"月考""周考"还是"晚自习考"，始终都是家常便饭。

总的来说，在"应试主义"的大环境中，"静待花开"的思想难觅容身之地，而通过周考、月考、晚自习考这一频繁考试的制度安排，可以便于学校随时监测学生学习的情况，便于教师随时调整教学进度和方法。"静待花开"的教育思想虽在理论上可能让学生的考试分数"后来居上"，但无从证明，让人难以放心，而频繁考试的方式，则可以不断地让学生"感受高考气氛""调节考试状态""找出差距"，因而得以普遍采用。

① 卢现祥,朱巧玲.新制度经济学[M].北京:北京大学出版社,2007:107.

第三章

异化的公平："应试主义"的根源

第一节 "素质教育"为何要拿"高考公平"开刀

我们在提及"应试"或者"应试主义"的时候,总是无可避免地会想到高考"指挥棒"的问题。每当我向莲花池中学的老师们询问"你觉得为什么会存在应试主义"的时候,他们总是齐刷刷地回答我说,"因为有高考啊"。但有意思的是,当我接着问他们"你觉得高考应该如何改革"的时候,他们的回答却是"应该改得更公平一些"。

晓峰老师是莲花池中学一名有着多年教学经验的老教师,当我向他请教他对当前高考以纸笔测试为主的看法的时候,他回答说:

> 如果要选拔出最适合大学需要的人才,那就不应该采用纸笔测试,而应该是逐一面试。但每年参加高考的考生都那么多,考官也就不会是少数,难保其中个别考生、考官之间不会进行暗箱操作。中国是个关系社会,面试录取的不一定就是能力最强的,也许是关系最硬的。

如果说晓峰老师是因为有较多的生活阅历,所以对拉关系、走后门等不公平现象较为反感的话,那么年轻的晓芳老师对高考中的综合素质评价、校长实名推荐制、档案袋评价等新的评价模式的看法就更让我感到意外了:

> 那些新的考试理念、评价理念,看起来都很好,我们在大学的时候也是这么学的,刚工作的时候也曾经热血沸腾过一阵,但到了实践中却发现完全不是这样,这些理念也许很好,但是一旦到了我们的文化中就行不通。那些改革专家们并没有好好考虑我们的国情。

我又询问了莲花池中学的其他好几位老师,得到的答复基本上都大同小异。总的来说,他们都比较反对在高考中采用主观性强的评价方式,如面试、成长记录袋评价等，而是对纸笔考试较为认同。这样一来，"应试主义"就可以归咎于高考的"指挥棒"效应，即便这可能不是解释"应试主义"的唯一原因，但至少也是一个重要的、绕不过去的原因，但他们同时却并不指望高考改革能够在促进"素质教育"方面有多大作为，而是希望高考能够变得更加公平，更多地依靠纸笔测试的方式来进行。这种看似矛盾的心态促使我打算梳理一下恢复高考之后历次高考改革的脉络，或许从中我们能够找出"应试主义"和"高考公平"之间存在的某种联系。

1977 年以来的关于高考的历次改革，覆盖范围上至中央、下至地方，类型多样次数频多，我的梳理显然不可能将大大小小的所有改革均囊括在内，但应该包括了其中最主要的、影响范围最大的改革措施。

一、高考内容改革

在高考内容改革方面，恢复高考当年，高考科目沿用文科、理科分开考试的方式，根据教育部《关于 1977 年高等学校招生工作的意见》，文科考试科目为政治、语文、数学、史地，理科考试科目则包括了政治、语文、数学、理化。另外，报考外语专业的学生还要加试外语。从 1978 年之后，外语成为文、理两科的必考科目，而且文科史地分开，理科理化分开。1982 年，生物也纳入高考科目，这样就初步形成了当前高中高考课程的格局。从 80 年代末到 90 年代，高考科目设置处于调整期，各个地方都出现了不同的方案，包括上海的"3+1"方案，海南、湖南、云南的"三南"方案，广东的"3+X"方案，大多数省市采用的"3+2"方案等。广东的"3+X"方案最初指的是语数外三科加上政史地理化生当中的任意一科或几科，后来演化为语数外三科加上文科综合或理科综合。这种"3+小综合"的形式也逐渐成为主流，语数外各 150 分，文科综合及理科综合各 300 分的形式也延续了较长时间。十八届三中全会上，《中共中央关于全面深化改革若干重大问题的决定》公布，其中"高考不分文理科"成为高考科目改革的一个新动向。2014 年，北京市教育委员会拟定并正式公布了《北京 2014—2016 年高考高招改革框架方案（征求意见稿）》，提出：2016 年北京高考语文卷分值将由原来的总分 150 分增加至 180 分，而英语卷分值则从原来的150 分减至 100 分，打破了语、数、外三科分值长期等同的状态。

综合素质评价是高考内容改革当中一个较为引人关注的领域。1999 年国务院《关于深化教育改革，全面推进素质教育的决定》提出："按照有助于高等学校选拔人才、中小学实施素质教育和扩大高等学校办学自主权的原则，积极推进高考制度改革。进行每年举办两次高等学校招生考试的试点。高考科目设置和内容的改革应进一步突出对能力和综合素质的考查。"2001 年颁布的《基础教育课程改革纲要（试行）》中对高考改革则有这样一段描述："高等学校招生考试制度改革,应与基础教育课程改革相衔接。要按照有助于高等学校选拔人才、有助于中学实施素质教育、有助于扩大高等学校办学自主权的原则,加强对学生能力和素质的考查,改革高等学校招生考试内容,探索提供多次机会、双向选择、综合评价的考试和选拔方式。"2002 年《教育部关于积极推进中小学评价与考试制度改革的通知》又提出要在基础教育的各个学段实施综合素质评价。2003 年出台的《普通高中课程方案(实验)》则明确而具体地提出要"建立发展性评价体系。改进学生学业成绩与成长记录相结合的综合评价方式"。2004 年起,普通高中新课程实验开始在实验省市的高一新生中实施并向全国逐渐推广,2007 年,海南、江苏、浙江、天津、安徽、福建、辽宁等地的高考改革方案都无一例外地将综合素质评价纳入高考的录取指标当中,综合评价结果以及相应材料会存放到考生的档案当中,供高校录取时参考。①

二、高考技术改革

在高考技术改革方面,1982 年,教育部发布了《关于开展高考研究的通报》,倡导"理论与实践统一""古为今用、洋为中用"的高考研究指导思想,并提出了"考试怎样分类,各考哪些科目,各科目的计分比重与计算方法""命题、评分怎样考查考生能力""使用选择题的可能性与范围""新技术在招生统计、录取与改进制卷技术中的运用"等技术性的研究问题。

在借鉴国外经验的基础上,选择题在高考当中得到了使用,首先是单选题,然后多选题、填图题等各种题型均出现在了高考试卷当中。各种题型所占比例也从依据经验逐渐走向科学判断。1989 年开始发布的《考试说明》每年都会对各个学科考试的题型和试卷结构进行调整和规划,对各种题型所占比例也有明确的说明。2004 年之后,随着高中新课程的实施,每年发布的《高考试题分析》开始向社会公布所有试题的难度系数,供师生参考。

1985 年,广东省开始试行标准化考试,1989 年教育部发布了《普通高等学校招生全国统一考试标准化规划》,提出"以教育测量学、教育统计学为指导,利用计算机等手段,严格控制考试误差,使考试更科学、更准确地测量考生的知识能力水平"。这样,试卷的信度、效度、难度、区分度等数据指标开始得到重视。

1985 年,广东省在试行标准化考试的同时,还进行了使用光电阅读器配以微电脑进行评分,1987 年的电脑阅卷实验获得了成功。通过电脑进行网上阅卷,是"以计算机网络技术和电子扫描技术为依托,以控制主观题评分误差、

---

① 李铮. 实施高中新课程省份高考改革方案比较[EB/OL]. [2016-03-18]. http://edu. people.com.cn/GB/116076/10034359.html.

实现考试公平性原则为最终目的,把多年来人工阅卷积累起来的丰富经验和现代高新技术相结合,教师不是对考生的原始答卷直接评分,而是在计算机网络上对电子化了的考生答卷评分"①。2003 年,广东、福建两省都取得了高考所有科目计算机网上辅助评卷试验的成功②,目前,网上阅卷已经在全国范围内普遍采用。

随着网上阅卷的普及,网上录取也取得了长足的发展。早在 20 世纪 90 年代初,教育部就已经开始酝酿网上录取的改革措施,并于 1996 年在广西和天津进行了试点。1999 年,教育部开始大力推行网上录取试点工作,至 2000 年,已经有 21 个省市参加了网上录取试验,远程网上录取新生超过 30 万人③。2001 年,全国范围内都已经实现了网上录取。

三、管理制度改革

高校自主招生考试是当前的一个热点问题,但自主招生考试并非近几年才出现的新事物,而是早在科举制被废除的时候就已经从西方引入中国了,在当时被称作大学堂单独招考。在民国期间,高校单独招生和联合招生都长期存在④,因而在民国期间,大学在招生方面是相对自由和自主的。樊本富的研究发现,"1912 年中华民国建立以来……各大学和高等专门学校在招考形式上沿袭旧制,招生考试的管理和实施权大都集中于学校。各级各类高等学校都自设招考处或招生委员会等招生组织机构,命题、考试、阅卷、录取等均由学校自行办理;教育部没有制定一个全国通用的学生入学考试规程,仅制定有关招生原则进行协调和监督"⑤。张亚群的研究也显示,在民国初年,多数高校可以"从本校专业要求出发,设置相关考试科目……招考次数及考点设置往往也随录取情况而定"⑥。

当前我们所说的高校自主招生考试,主要是指从 2001 年教育部批准东南大学、南京航空航天大学、南京理工大学三所学校试行自主招考之后一度兴起的高校自主招生考试。试点高校根据统一考试成绩和自测情况进行综合评价之后对学生进行自主录取。2003 年,在总结三所试点院校经验的基础之上,教育部选取了清华、北大等 22 所重点大学,各拿出 5% 的名额,进行自主招生

① 马世晔. 网上阅卷的回顾与思考[J]. 考试研究,2004(7):24.
② 罗友花,刘铁明. 网上评卷研究述评[J]. 中国考试,2009(11):36.
③ 河北省教育考试院. 河北高考 30 年[M]. 北京:社会科学文献出版社,2007:225.
④ 高耀明. 民国时期高校招生制度述略[J]. 高等师范教育研究,1997(4):69-74.
⑤ 樊本富. 中国高校自主招生研究[M]. 武汉:华中师范大学出版社,2010:82.
⑥ 张亚群. 从单独招考到统一招考:民国时期高校招生考试变革的启示[J]. 中国教师,2005(6):24-25.

考试的试点。在此后的几年当中,试点院校的范围不断扩大,2004 年为 28 所,2005 年为 42 所,2006 年则增加到了 53 所。2009 年,清华大学、南京大学、中国科学技术大学、上海交通大学和西安交通大学宣布试行"五校联考",仅仅在一年之后,大学联考迅猛发展,出现了以北京大学为首的"北约"、清华大学为首的"华约"、北京理工大学为首的"卓越"和北京化工大学为首的"京都"等四大联盟,各个联盟都不约而同地采取了联合命题、统一考试、统一阅卷、共享成绩的模式,再结合各高校个性测试、面试进行综合录取。但 2012 年,南开大学、复旦大学宣布退出"北约",大学联考遭遇挫折。

与大学联考同样遭遇了由热到冷命运的还有春季高考改革。自天津于 1999 年"试水"春季高考以来,2000 年,北京、上海、安徽等省市纷纷举行春季高考。实施春季高考的目的是缓解夏季高考"一考定终身"的压力,给在夏季高考中落榜的学生第二次机会,但禁止应届考生参加。正因为如此,春季高考也被贴上了"落榜生高考"的标签,经常被看作差生才参加的高考、"破学校"招生的机会。春季高考试行多年来,名校、热门专业大都没有加入,难以对考生形成吸引力,反倒是随着夏季高考录取率的提高,春季高考的"生源量"越来越小,因此,北京、安徽、内蒙古等省份均先后停止了春季高考,而上海春季高考虽然仍在进行,但报名人数逐年下降,几乎是名存实亡。

异地高考问题是近两年非常引人关注的问题。它的前身可以追溯到科举时期的"冒籍"现象①,即由于科举时期不同地方都有一定数量的"举额分配",存在名额较少的州郡的士人会跑到名额较多的州郡参加科考,以增加自己的录取概率的情况。反观今日,由于户籍把考生牢牢绑定在其原籍所在地,当有的考生(主要是农民工子女)跟随外出就业的父母到外地上学的时候,就面临着要在非户籍所在地参加高考的问题,这就是所谓的异地高考。

迄今为止,除西藏以外,中国大陆的其他省市自治区均已出台了异地高考的相关政策方案。在这些方案当中,北京、上海等农民工数量最多、吸引关注度最高的地方,异地高考政策的门槛也最高,条件也最严。例如,北京市规定,农民工子女在京只能参加高等职业学校的考试录取,还必须满足如下条件:其父母持有有效的北京市居住证明,有合法稳定的住所,从事合法稳定的职业且已满 6 年,在京连续缴纳社保已满 6 年,农民工子女本人应具有本市学籍,且在京连续就读高中阶段教育满 3 年。上海市的政策看起来要"开明"一些:农民工子女如果在上海参加了中考,并且在上海接受了完整的 3 年高中阶段教育,同时其父母还达到了一定积分,就可以参加普通高等学校招生考试,而不是像北京那样只能报考高职。但关于其父母积分的规定却异常严苛,几乎没

① 刘希伟.清代科举冒籍研究[M].武汉:华中师范大学出版社,2012:327-332.

有农民工能达到规定的积分标准,因此很多在上海打工的农民工都表示对上海的异地高考政策很是失望。[1]

关于高考的命题方式,呈现出从统一命题向分散命题过渡的趋势。1977年,高考制度在中断多年后得以恢复,但当年的高考受客观条件的限制,实行的是分省命题;到了1978年,便开始实行全国统一命题,并一直持续到了1984年。1985年,上海市率先拉开高考分省命题的帷幕。此后,分省命题范围逐渐扩大到十余个省份。2006年4月,教育部印发了《普通高等学校招生全国统一考试分省命题工作暂行管理办法》,为分省命题提供了政策上的指导和依据。

为什么全国统一命题在实行了这么多年之后,忽然要改成分省命题?一种普遍的看法是,由于全国各地教育质量和教育内容都存在着较大的差异,而"统一命题"用的是一套统一的标准和内容来对学生进行衡量和选拔,这不仅有违公平,还导致教育过程无法彰显地方特色,有制造流水线产品的嫌疑。要改变这一局面,就需要实行一种多元化的命题方式。需要明确的是,"多元"本身并不是目的,"多元"背后蕴含的价值和理念,例如让不同学生的特长、才能和个性都有机会得到展现,这才是"分省命题"真正的追求所在,这和"素质教育"的理念是不谋而合的。《普通高等学校招生全国统一考试分省命题工作暂行管理办法》第三条规定:"分省命题工作按照有助于高等学校选拔人才、有助于中等学校实施素质教育和有助于扩大高校办学自主权的原则实施。"于是,"分省命题"的思路就和批判"片面应试"、倡导"素质教育"的精神结合在了一起。

保送生制度和中学校长实名推荐制为部分学生提供了一个免于高考直接上大学的机会。恢复高考之初,所有考生都是凭分录取,1978年,为了打破常规的选才方式,《关于一九七八年高等学校招生工作的意见》中提出:"在各省、市、自治区举办的高中应届毕业生和在校生的学科学习竞赛中,成绩特别优秀的青年,结合其他学科在原校的学习情况,经政审、体检合格,可不参加统一高考,根据意愿分配入学。"从1984年开始,北京师范大学、山东矿业学院开始试点招收保送生;1985年试点院校迅速扩展到了43所;从1988年开始,以《普通高等学校招收保送生的暂行规定》的出台为标志,保送生制度成为一项正式的高考录取制度,其初衷是"为了避免优秀学生因在高考中发挥欠佳而上不了大学"[2]。到了2001年,教育部又出台了《关于2001年普通高等学校招收保送生工作的通知》,对保送生制度采取"压缩规模、严格标准、严格管理"的调整

① 郭振伟.随迁子女异地高考问题研究:以上海市为例[D].厦门:厦门大学,2015:67.
② 晏扬.弊大于利的保送生制度何不取消[N].中国青年报,2012-05-29(2).

方案。

　　近些年炒得沸沸扬扬的中学校长实名推荐制,因为发起者北京大学一直被视为中国高等教育的"形象代言人",所以更是引人关注。2010年,北京大学开始尝试在向社会公示的前提下,各中学校长实名向北大推荐优秀学生的高考录取方案。由于北大认为2010年的试点效果良好,次年,北京大学招生办公室又发布了《2011年"中学校长实名推荐制"实施方案》,该方案指出,2011年北京大学"中学校长实名推荐制"将在全国范围内实行。自方案公布之日起,全国各省、市、自治区的中学均可报名申请。根据北京大学的说法,"中学校长实名推荐制"是为了选拔出"综合素质全面、学科成绩突出、志向远大、具备发展潜能、社会责任感强"的学生。到了2015年,北京大学的自主招生计划里废除了中学校长实名推荐制,取而代之的是"博雅人才培养计划",实名推荐制只是昙花一现。

　　高考加分政策在公平方面的争议程度,则介于"裸考"和"保送"之间。如果以1978年《关于一九七八年高等学校招生工作的意见》中提出的"对教育基础薄弱及农村地区考生,以及报考煤炭、石油、地质等艰苦专业考生,实行适当放宽录取"这一规定为起点,各式各样的加分政策就在此起彼伏、"你方唱罢我登场"当中一直伴随着我们走到了今天。在恢复高考之后的最初十来年时间里,既有针对三好生、学生干部、优秀运动员、全国性比赛获奖者等鼓励竞争的加分政策,也有针对少数民族学生、退役义务兵、华侨子女、烈士子女的照顾性加分政策,而且这些政策几乎年年变动,在不同的省份也各有特色。直到1987年的《普通高等学校招生暂行条例》将加分对象明确限定为十大类别,加分政策才趋于稳定。2000年以后,加分政策又出现了新一轮的调整。2001年,出现了加分投档和降分投档两种类型;2005年,自谋职业的城镇退役士兵和在服役期间荣立三等功以上的退役军人,开始成为加分对象;2006年,全国青少年科技创新大赛、国际奥林匹克竞赛等重要的国内、国际性竞赛获奖者也可享受加分照顾;2007年,加分项目进一步扩展,诸如省级优秀学生、思想品德方面有突出事迹者也均被纳入加分范围。

四、理念诉求与现实尴尬

　　如果我们从上述改革的核心理念及其政策文本来进行分析的话,可以看出,"维护公平"和"重视学生的综合素质"是上述改革的两条主要线索。

　　例如,1977年恢复高考,打破了上大学看"出身"的局面,这被看作是"社会公平与公正的重建"①。1985年开始在广东省试行,1989年在全国推行的

---

① 戴家干.高考改革与教育公平公正[J].中国高等教育,2006(12):7.

标准化考试改革还把光学符号阅读器、计算机等先进技术引入高考评分,因而"使客观题的阅卷快速准确,主观题的评分误差也得到了有效控制,较好地体现了考试的公平性"①。春季高考改革在一定程度上解决了"一考定终身"的问题,给予了考生第二次机会和权利,有利于消除恶性竞争,有人认为这"说明了高考正在向着更为公平、有效的方向前进"②。异地高考政策的出台则更是为了保障《教育法》所规定的"受教育者在入学、升学等方面依法享有平等权利"。加分政策中的照顾性加分政策,则是为了给身处弱势地位的学生群体提供一定程度的补偿,是"结果公平"的体现。总的来说,学者们对上述改革措施中蕴含的"公平"理念,总体上是持肯定态度的。

另一方面,在高考内容改革方面,从"3+1"到"3+2"再到"3+X",乃至最后的"不分文理高考",意在逐步拓宽学生的知识面,减少学科之间的隔阂,培养综合能力;2014年北京市出台的高考语文加分、英语降分的政策,根据《框架方案》的说法,也是为了"适应高中新课程改革的需要,积极引导基础教育坚持育人为本,减轻学生过重课业负担,推进素质教育"。在管理制度方面,自主招生考试的尝试则是以选拔具有创新思维的高素质人才为目标,网上也有人将其概括为选拔"偏才""怪才"。至于通过分省命题的方式赋予高校更多的招生自主权,目的在于为高校提供真正意义上的"人才",而要培养真正的"人才",则依赖于"素质教育"的推行,因而,保障"素质教育"的有效实施可以看作是"分省命题"工作的落脚点所在。保送生制度、校长实名推荐制度则是意在让优秀人才有一个免试上大学的机会,当然也是为了让高素质的学生无须承担高考发挥失常的风险。加分政策中的各种鼓励竞争的加分政策,自然也可以为在某方面有突出才能者提供一定程度的保障。

然而,正如莲花池中学的老师对"高考公平"一边倒地重视一样,大大小小的调查表明,人民群众似乎对上述着眼于"综合素质"的改革措施不感兴趣,反过来,他们依然拿着"公平"这一尺度对这些措施进行衡量。

2009年5月,《中国青年报》就"将综合评价纳入高校招生的考核范围"进行民意调查,在调查的2693人当中,有75.3%的人认为将综合评价纳入高校招生的考核范围可以更加全面地考核学生能力、改变唯分数论的高考评价体系、有利于创新人才的培养、促进学生的全面发展;同时,也有67.1%的人担心将综合评价纳入高校招生的考核范围之后不能保证公正透明,67.0%的人认为综合评价中的人为操弄不可避免,53.8%认为这对教育资源贫乏地区的

①　臧铁军.1977—2007,高考改革焦点回眸[N].中国教育报,2007-06-06(5).
②　刘静.科举制度的平等精神及其对高考改革的启示[J].山西师大学报(社会科学版),2002(1):21.

学生更加不公平,还有不少人担心这一改革会让农村孩子吃亏。①

2009 年 7 月,《中国青年报》就"保送生"制度进行民意调查,在调查的 10848 人当中,有 90.5％的人认为"在社会诚信和监管体系不健全的情况下,保送生制度容易滋生腐败";89.1％的人认为"'保优'已经异化为'保权'或'保钱'";82.2％的人认为"保送生大多都是'关系生'";84.8％的人赞成取消保送生制度。②

2009 年 11 月,《中国青年报》刊登了新浪网对早已宣传得沸沸扬扬且即将正式出台的"中学校长实名推荐制"进行的民意调查的结果,在 13000 多名接受调查的网友当中,有 69.9％的网友认为"实名推荐制对多数人不公平",也有人担忧农村和西部贫困地区的孩子会"永远被排除在这一选拔渠道之外",还有网友感慨"信校长不如信考分","这样的改革,会改掉分数面前人人平等,'革'出利益输送渠道"。③ 有些学者也表示担心:"校长也是一个普通人,有那么多的社会网、人情网,他会不会推人唯亲呢? 他能否抵制亲朋好友以及上头的压力呢?"④

2009 年 11 月,《中国青年报》对自主招生政策的舆情调查显示,有 69.7％的人认为自主招生首先要保证公平公正,提高公信力,43.8％的人希望高考改革应该谨慎前行,避免伤及教育公平。⑤

2012 年,山东省出台政策允许非户籍考生 2014 年就地高考,被舆论看作"符合教育公平的要求,具有示范意义"的"破冰之旅"⑥,同时也进一步引发了关于异地高考的大讨论,讨论的焦点集中在要让异地高考政策在"解忧"与"公平"之间求一个共同的"解",不能只是为了满足流动人口的需求而伤害到城市学生的利益,造成另一种不公平。

我对莲花池中学部分学生及其家长的调查也得出了类似的结论。正在上高一的小兵说:"还是凭分录取吧,如果要靠什么推荐、面试之类的,肯定那些有关系的就把机会都占了,我又不是什么'官二代'、'富二代',没有办法的。"

---

① 王聪聪,黄荷.欣喜过后是担心,民调显示新课改高考让人喜忧交集[N].中国青年报,2009-05-13(2).

② 王聪聪,吴拓宇.为什么 82.2％的人认为保送生多是"关系生"[N].中国青年报,2009-07-14(2).

③ 谢洋.校长实名推荐? 七成网友反对[N].中国青年报,2009-11-12(2).

④ 郑丽.给"中学校长实名推荐制"一个尝试空间:从浙江省镇海中学看"实名推荐"[J].宁波教育学院学报,2010(2):30.

⑤ 王聪聪.民众关注自主招生 66.7％的人担忧权钱交易不可避免[N].中国青年报,2009-11-24(2).

⑥ 李凌,万玉凤.异地高考期待更多"一小步"[N].中国教育报,2012-03-06(2).

高二的小娟也持同样的观点："分数是硬的,其他都是软的,还是分数最有说服力。"

我又询问了两位学生的家长,其中一位家长对我说:

> 像我们这种家庭,只能指望他好好学习,考个好成绩,然后上个好大学。现在我们就希望他这次高考分数还可以……如果像你说的那样,那就会乱套,比如说某个学校的录取名额只有一个,现在两个考生分数差不多,一个擅长体育,一个擅长音乐,你说原本比较分数一下子就比出高低了,但是现在两个不同方面的特长根本就没法比,如果最后分数低一点那个上了,另一个肯定会怀疑到底是自己综合素质低,还是人家用了什么手段。因为你说这两个不同方面的特长,其实没法比,对吧?……肯定会怀疑啊,现在这种事多了,是个人都会怀疑。……还是分数最实在。

另一位家长则认为:

> (靠面试或者推荐录取)是万万不行的,本来高考就已经让人怨声载道了,还要这么搞还让不让人活啊!……现在凭成绩录取,大家还可以说是公平竞争,就光比一个分数,就已经让学生拼得那么累,家长也跟着担心焦虑……如果还要搞什么面试、推荐,那学生要拼的就不只是分数,还要拼关系,拼钱多钱少,最后考上的就只有那些有钱的和有权的,我们干脆不要读书了。

可见,即便"当前中国基础教育最大的问题仍旧是'应试教育'"[①],但人们对解决这个"最大问题"并不是那么关心,有时候人往往就是那么奇怪,有些事情嘴上这么说,但真正涉及切身利益的时候就不这么做了。提到"应试教育"人们总是一片唾弃,但真出台一些旨在选拔偏才、怪才、高素质高能力人才措施的时候,大家却不关心"素质"了,而是一个劲儿地追问:这样公平吗? 于是,对公平的追求掩盖了对能力、素质的向往,保障公平成为现实当中人民群众最真切的呼唤和期盼。这样我们或许就可以理解,为什么在"应试主义"日益严重的情况下,教育部考试中心主任戴家干同志依然会明确地提出:公平是"高考改革的核心价值理念"[②];当然我们也就理解为什么在满堂灌输、题海战术长期盛行的环境中,郑若玲等学者依然在不断呼吁"高考改革必须凸显公

① 周颖."县中模式"的特点及成因研究[D].北京:北京师范大学,2009:3.
② 戴家干.坚持公平公正 深化高考改革[J].求是,2011(2):57.

平"①。我们甚至可以体会到,当上海师范大学的张民选教授说:"作为高考,人们赋予它多少要求? 在公平的口号下,它被赋予了多少职能? 似乎中国的教育就在这里了,唯一的一个问题解决了就一切都好,解决不了,这个社会就没有希望。"②他的这番话背后是怎样的一番无奈。

第二节　究竟什么是高考公平

既然高考公平如此重要,甚至可以说是集万千宠爱于一身,那我们就迫不及待地想要知道:究竟何谓高考公平? 这是一种怎样的公平? 遗憾的是,关于这一问题,学术界长期都是众说纷纭,难有定论,甚至还存在着很多自相矛盾的观点。

一、"补偿优先"还是"能力优先"

国外关于高等教育入学公正的研究当中,一直存在着"补偿原则"和"能力原则"之争。罗尔斯则是"补偿原则"的倡导者。他认为:"没有一个人应得他在自然天赋的分配中所占的优势,正如没有一个人应得他在社会中的最初有利出发点一样——这看来是我们所考虑的判断中的一个确定之点。"③这就是说,如果一个人生下来就比别人耳聪目明、体格健壮,因而能争取到比别人更多的利益,那么这部分"更多的利益"就不是他应得的——不是别人不努力,而是你生下来就占据优势,这对别人来说当然是不公平的了! 所以罗尔斯反对天赋带来的利益分配。沿着同样的逻辑,我们也可以说,一个人如果生在一个"富二代"或者"官二代"的家庭当中,他是没有理由利用家庭的金钱或者权力为自己争取利益的;一个城市出生的孩子,不应该享受到比农村学生更多更好的资源……在这个观点上,罗尔斯并不是孤独的舞者。美国《独立宣言》的起草者托马斯·杰弗逊曾说:"无论他们(指非洲人——笔者注)的智力程度怎样,他们的权利都不能以此为据。因为,纵然牛顿在理解力上优于他人,他并不能因此就成为他人财产或人身的主人。"④这句话的意思其实很直白:牛顿的理解力比别人强,那他是不是就可以得到更多的利益呢,是不是就可以把原

---

① 郑若玲. 高考改革必须凸显公平[J]. 教育研究,2005(3):36-37.
② 刘杰. 考试公正与教育公平[J]. 教育与职业,2005(22):69.
③ 约翰·罗尔斯. 正义论[M]. 何怀宏,何包钢,廖申白,译. 北京:中国社会科学出版社,1988:104.
④ 彼得·辛格. 实践伦理学[M]. 刘莘,译. 北京:东方出版社,2005:32.

本应分配给一些理解力弱的人的财产划归到牛顿的名下呢？显然不是这样的。由联合国教科文组织编写的《学会生存》一书也表达了同样的意思,书中提出了一个反问:"有些人在社会文化方面具有优越的条件,善于语言和抽象思维的表达。甚至还有一些人具有超过平均水平的智商。从人道主义和道德的观点来看,这些人比他们的同伴更应该值得培养吗?"[①]换言之,如果我们给天赋较高的学生施以较多的或者较好的教育,那就是不人道的、不道德的。近年来的研究也都证实了诸如天赋、出身等因素在高等教育入学当中可以发挥较大的影响力,例如,菲尔兹指出,"不同的性别、社会背景、城市和农村地区、种族、语言和宗教的个人在教育参与程度方面是不同的",这些因素会对接受高等教育人群的分布造成影响[②];塞罗斯基认为,某些社会背景会限制个人进入大学的机会,降低了大学新生的平均能力,使其高等教育也受到不利影响[③];麦斯和克里尔研究了基尼系数和教育的入学率之间的相关度,得出结论认为二者之间存在很强的负相关关系,教育入学率高的国家入学的分布也相对平等(基尼系数较低),而教育入学率低的国家分布则相对不平等(基尼系数较高)[④];吉门耐兹专门研究了哥伦比亚的高等教育入学,认为学生入学的机会并不仅仅由其个人能力决定,来自高收入家庭的学生挤占了原本应该属于低收入家庭学生的一部分高等教育名额[⑤],诸如此类。

如果说我们不应该凭借天赋的优势获得利益但确实有人借此获得利益了,如果说我们不应该因为出身占有而享受更多的资源但的确有人占有了,那就是有违公平的。如果上述这些"不应该"发生的正不可避免地在发生着,比如穷人的孩子只能严格遵守"就近入学",而富人的孩子则可以利用钱权交易来择校;比如说城市学生享受着比农村学生更好的教育条件和更多的教育拨款,那么就要对那些与生俱来就处于弱势地位的人进行补偿:他们一生下来就

---

① 联合国教科文组织国际教育发展委员会. 学会生存:教育世界的今天和明天[M]. 华东师范大学比较教育研究所,译. 北京:教育科学出版社,1996:106.

② Gary S. Fields. Education and Income Distribution in Developing Countries:A Review of the Literature[EB/OL]. [2015-12-31]. http://digitalcommons.ilr.cornell.edu/cgi/viewcontent.cgi? article=1487&context=articles.

③ Selowsky M. On the Measurement of Education's Contribution to Growth[J]. The Quarterly Journal of Economics,1969,83(3):449-463.

④ Psacharopoulos, G. Earnings Functions[J/OL]. (2014-07-19)[2016-01-11]. http://ac.els-cdn.com/B9780080333793500425/3-s2.0-B9780080333793500425-main.pdf? _tid=bb7bf 530-b858-11e5-8357-00000aab0f6b&acdnat=1452512874_7bdcaee4dd396d03bd79109ea5337948.

⑤ Jimenez E. Pricing Policy in the Social Sectors:Cost Recovery for Health and Education in Developing Countries[M]. Baltimore, Md.:Johns Hopkins University Press,1987.

处于不公平的地位,所以需要通过补偿让他们重新回到"同一起跑线上"。只有那些通过认真探索、刻苦勤奋的努力获得的利益,才是正当的。这就是罗尔斯的"补偿原则"的含义。为了实现这种"补偿",罗尔斯提出了"差别原则",将社会资源进行有差别的分配来作为补偿天赋差异导致的不公平的手段。他说:"差别原则实际上代表这样一种安排:即把自然才能的分配看作一种共同的资产,一种共享的分配的利益(无论这一分配摊到每个人身上的结果是什么)。那些先天有利的人,不论他们是谁,只能在改善那些不利者的状况的条件下从他们的幸运中得利。在天赋上占优势者不能仅仅因为他们天分较高而得益,而只能通过抵消训练和教育费用和用他们的天赋帮助较不利者得益。没有一个人能说他的较高天赋是他应得的,也没有一种优点配得到一个社会中较有利的出发点。"①

将罗尔斯的"补偿原则"加之于高等教育入学考试,即主张对经济、文化和教育落后地区提供某种形式的补偿和矫正,以使这些处境最不利者享有与其他群体基本相同的入学权利。② 按照这一原则,要实现高考公平,就应该在高考中对弱势群体进行倾向性的照顾。

哈耶克则在一定程度上肯定了天赋为个人带来收益的正当性。他说:"一些人在学术研究或科学探索方面显示出了卓越的能力,所以不论其家庭财力如何,都应当赋予他们以继续从事这方面研究的机会,因为这可能会有益于整个社会。"然而,哈耶克的这种观点并不彻底,因为他紧接着又说:"我们应当竭尽全力为所有的人增加机会,然而,我们在做这种努力的时候应当充分认识到,为所有的人增加机会,有可能会只有利于那些能够较好地利用这些机会的人,而且常常会在努力的初期增加不平等的现象。"③从哈耶克的这番言论中我们可以看出他的一种小心翼翼的态度:既要给天赋较好的人更多的机会,又担心这会导致不公平的问题。

诺齐克的观点就显得更为鲜明。诺齐克认为,任何人,包括那些出身和处境最不利的人,都没有权力要求分割他人拥有的教育资源。他说:"由于我对自己持有自我所有权,处于自然劣势中的人就不能对我或我的天赋提出正当的要求。一切旨在对自由市场的交换实行强制性干预的措施都有违于此。"④

① 约翰·罗尔斯. 正义论[M]. 何怀宏,何包钢,廖申白,译. 北京:中国社会科学出版社,1988:102.

② 李立峰. 中国高校招生考试中的区域公平研究[M]. 上海:华东师范大学出版社,2007:38.

③ 弗里德利希·冯·哈耶克. 自有秩序原理:下[M]. 邓正来,译. 北京:三联书店,1997:175.

④ 威尔·金里卡. 当代政治哲学:上[M]. 刘莘,译. 上海:三联书店,2004:203.

也就是说，无论是资质天赋也好，家庭出身地位也罢，都是我"自己持有的"，不是靠坑蒙拐骗等非法手段获得的"自我所有权"，是公正的。正是因为这样，所以说"无论从道德的观点看人们的天资是不是任意的，他们对它们都是有资格的，从而对来自它们的东西也是有资格的。……我们没有发现任何有说服力的论证能（有助于）证明，由天资方面的差别所导致的持有方面的差别应该加以消除或降低到最小程度"①。诺齐克的这一观点和经济学家布坎南的想法不谋而合。布坎南认为："几乎没有人会说，经济比赛固有的不公正是因为某些人运气好，某些人选择得好，或某些人比别人努力。在私有财产和契约的法律构架里由市场制度作用所限制的经济比赛中的不公正往往归咎于天赋的分配，在作出选择之前，在运气光临经济赌博以前，在开始努力以前，人们首先是带着天赋进入比赛的。"②诺齐克和布坎南的观点带有自由至上的倾向，在他们看来，程序公平是第一位的，在这个前提下，结果公平固然理想，但如果结果不公平，那也不是一件丢脸的事情，因为这是程序公平的一种自然结果，这是和罗尔斯主张"结果公平"明显是针锋相对的。

如果将"能力原则"加之于高考，那就意味着最公平的高考就是让最有能力的人接受高等教育。这个能力可以是天赋所致，可以是家庭出身优势，也可能是后天努力。但不管怎样，高校在录取学生的时候不需要考虑照顾弱势群体，因为这反而是对其他群体的不公平。只要我的录取程序是公正的，那么我就按照这个程序将能力强大的学生挑选出来就行了。如果你告诉我说你是因为天赋差距和出身寒门而未能获得更高的能力，那我只能向你表达遗憾，但却不会因同情而录取你，因为这违背了程序公平。

二、"统一"还是"独立"

在我国，一直存在着高考的"统""独"之争。

主"统"派认为，统一高考可以维护公开、公平、公正。孙东东提出，高考一旦废"统"，就可能会因权力的下放带来托关系、走后门的裙带风气，"文革"期间实行推荐上大学而带来的弊端就是很好的例证。孙东东还介绍了一个俄罗斯高层次考察团的评价，说他们对我国的统一高考制度"十分赞赏"③。刘海峰和郑若玲认为，统一高考还可以促进中学教育质量的提升。一方面，由于在

---

① 罗伯特·诺齐克. 无政府、国家和乌托邦[M]. 姚大志, 译. 北京：中国社会科学出版社, 2008：271-272.

② 詹姆斯·M. 布坎南. 自由、市场和国家：20 世纪 80 年代的政治经济学[M]. 吴良健, 桑伍, 曾获, 译. 北京：北京经济学院出版社, 1988：130-131.

③ 孙东东. 走出高考认识误区　推进高考实质性改革[J]. 湖北招生考试, 2004(10 下)：5.

"应试主义"中存在"考什么,教什么"的情况,"通过高考的科目设置和命题设计,国家可以将政治理论和思想意志贯彻到中学教育中去。比如在政治科考试中包括时事内容,便可以引导考生关心时事。因此,高考对实施教育方针、规范办学方向,具有重要的导向作用"①。郑若玲生动地描绘说:"高考指挥棒所发挥的积极作用与其所产生的消极影响一样……只要因势利导,考试这根指挥棒就不会'瞎指挥'。"②樊本富则强调了统一高考的规模效益和促进社会流动的功能。因为"在现阶段我国生产力还不发达的情况下,大规模统一考试效益高,可以节约大量人力物力,还能保证考试试题的质量";"统一高考崇尚的考试分数面前人人平等的思想,在一定程度上有利于社会阶层的合理、公平流动"③。中国人民大学的顾海兵则是主"独"派的代表。他曾忧心忡忡地表示:"统一高考制度一日不改,中国的创新基础一日不可能厚实,中国的核心竞争力一日不可能强大!"④

有意思的是,无论是主张"统一高考",还是主张废除"统一高考"的人,都将自己的观点建立在"维护公平"的名义之下。例如,厦门大学的刘海峰曾以20世纪90年代初台北市教育局尝试废除统考的改革则带来的失败教训为例,对"统考"在维护公平当中所起的作用进行了反向论证:

> 1992年初,台北市教育局决定在1992年9月开始提前全面实施初中生自愿就学方案,以就近入学代替高中联合招生考试,台湾地区"教育部"也表示"乐观其成",结果却掀起轩然大波。许多专家学者旗帜鲜明地表示反对。台湾"救救下一代行动联盟"、大学教育改革促进会等多家团体联合声明表示反对提前实施此方案。对大学教师、教育行政人员、中学教师、学生家长以及学生的问卷调查显示,有55%的受访者仍然不愿废除高中联考。尽管实行此方案可能舒缓升学压力、促进教学正常化,但有57%的人认为初中的成绩决定升学,教师打成绩会影响升学机会,会造成家长送礼及人情、特权介入等现象。其他民意调查也显示有七成以上的受访者认为"自愿就学方案"会使教师权力过大,无法真正做到公平。最后台北市教育局只好取消全面试办方案。⑤

① 刘海峰.以考促学:高等教育考试的功能与影响[J].厦门大学学报(哲学社会科学版),2002(2):6.
② 郑若玲.试析高考的指挥棒作用[J].厦门大学学报(哲学社会科学版),2002(2):9.
③ 樊本富.统一与自主:高考改革之争[J].西南交通大学学报(社会科学版),2005(2):105.
④ 顾海兵.高考与统一高考之辩:兼与孙东东教授商榷[J].湖北招生考试,2005(4):16.
⑤ 刘海峰.传统文化与高校招生考试改革[J].上海高教研究,1995(3):42-43.

顾海兵则在一系列的文章中对"统考维护公平"的观点进行了批驳。他认为,首先,"高考权力下放必然带来托关系、走后门的裙带风气"这种观点不能成立,因为这一逻辑属于一种"有罪推定",即是说既然这个事情没做,那就说明做了一定就会犯错。但是"在市场经济、法制社会中,我们强调的是无罪设定。没有试验怎么就能推定高校一定会胡来呢?"[①]其次,"统一"也不等于"公平"。统一高考不考虑学生的城乡差异、学校差异,"把吃肉的和吃菜的一起进行赛跑,你吃肉我吃菜,然后咱俩用一个尺度衡量"[②],这显然和"公平"是相违背的。再次,在"统一"之名下,其实暗藏着违背公平理念的设租行为,因而不得不面对三个质疑:"既是网上录取,何必有劳各位高校老师之大驾,分赴各地招生?既是由高分而低分依次录取,何必设 120%的提档控额?既是一项智力考试,何必偏要给非智力因素加分?"[③]顾海兵的这三点批判在逻辑性和严谨性上还值得推敲。比如说,有人会在高校录取的时候拉关系、走后门,这早已不是什么新闻;"把吃肉的和吃菜的一起进行赛跑",似乎无论"统一"还是"独立"都有可能存在;至于各高校纷纷派出招生小组、设置提档控额等之类,针对的是"凭分录取"而并不是"统一命题"。但不论如何,顾海兵从维护公平的角度出发而反对统一命题,这一立场是非常鲜明的。在他看来,相较于统一高考,单独招考才是更公平的。

三、"差别对待"还是"机会均等"

在高等教育入学机会上试行"差别对待",是全球范围内的一个普遍做法。

在美国,黑人、印第安人和少数民族的高等教育入学机会一直面临着"公平与否"的拷问。美国的"肯定性行动计划"在招生上实行特别招生计划,增加少数民族学生的入学机会,因而得到一些学者的好评。例如,德沃金认为,"肯定性行动计划"实行人人平等的原则,有利于民族间的融合,优待政策在追求学生的多样性和社会公正这两个目标方面作用巨大。[④]

英国 1967 年的《卜劳顿报告》提出了"积极差别待遇"的概念,将教育机会均等的内涵由入学机会均等扩大,使来自"社会—经济"不利地位的学生有得到补偿文化教育不足的机会。在此基础上提出的"教育优先区",以特别补助和优厚待遇的形式,优先改善物质、经济和文化贫乏地区的教育环境,由此,英

① 顾海兵.透视中国高等教育的不公平[J].复旦教育论坛,2005(5):51.
② 顾海兵.高考与统一高考之辩:兼与孙东东教授商榷[J].湖北招生考试,2005(4):10.
③ 顾海兵.中国高考制度批判:计划经济式的考试可以休矣![J].中国改革,2001(10):13.
④ 罗纳德·德沃金.至上的美德——平等的理论与实践[M].冯克利,译.南京:江苏人民出版社,2003:446-471.

国大学在招生过程中对文化和教育不利地区的学生提供了积极性的补助政策。

我国台湾地区对"原住民"的高等教育入学也一直实行稳定持久的优待政策,根据台湾地区"教育部"的数据,1953年台湾大学将边疆生和"原住民"的录取标准降低为150分,而花莲、台东两县报考师范学院的学生可以保送入学。另有研究指出,近年来,台湾开始实施提倡多元价值、承认族群差异的多元文化教育理念,为不同族群文化团体或弱势族群的学生提供教育机会均等的理想。①

上述主张和措施都反映了一种在高等教育录取中实行"配额制"的思想,即弱势群体人群如果仅仅依靠自身能力很难竞争过其他人,因此干脆给他们一定的入学配额,即便高考分数低于其他人,但只要所处的特定人群中还有录取名额,那么也可以"低分入学"。我国长期实行的少数民族学生高考加分政策,也是这种思想的体现。

"差别对待"是罗尔斯的"补偿原则"在实践中的一个具体体现。因为某些特定人群在天赋、出身方面都不占据优势,所以补偿给他们高等教育的入学机会,虽然这种补偿不可能带来真正意义上的结果公平,但毕竟聊胜于无,也算是一种安慰了。

但并不是所有学者都赞同"配额制"的思想。有人认为,美国的"肯定性行动计划"中实行为保障少数民族入学的配额制度有违公平,主要原因包括:"肯定性行动计划"违背了《公民权利法》所倡导的人人平等的原则,是对白人的"反向歧视";"肯定性行动计划"限制了白人的工作机会,使大学难以选拔到优秀人才;"肯定性行动计划"是一项以种族画线的措施,并不能反映每个人的具体需要;"肯定性行动计划"不能消除种族隔阂,在帮助少数民族的同时实际上又在种族等级制度上羞辱了他们。因而,"肯定性行动计划"的历史使命已经完成。② 很多人认为,高考公平指的应该是"机会均等",即诺齐克主张的"程序公平",让所有人不分天赋、种族、阶层等,都平等地争取入学名额,这才是公平的体现。为了实现"机会均等",有人提出了大学入学的五点原则性建议,即公平的入学制度必须透明化,使用的评量方法必须值得信赖且有效,必须能让大学能够从学术成就与潜能等方面来挑选学生,尽量降低申请障碍,必须在每

---

① 张源泉. 多元文化教育之合理性探讨[D]. 台北:台湾师范大学,2001:30.

② Carol M. Swain. Race Versus Class: The New Affirmative Action Debate [M]. Lanham:University Press of America,1996.

个方面都要专业,而且应有适切的机制与流程。[1] 而在对弱势群体的照顾方面,也尽量消除"配额制"的不利影响,而是改用经济补偿的方式帮助弱势群体支付学费,例如让政府给进入民办高校的在职学生提供直接的学费补助,以免他们无法承担学费;[2]以及在高等教育当中引入灵活的价格体系,减少学生中的高收入群体在读期间获得的补助,从而提高补助分布的公平性。目前来说,英国、澳大利亚、南非、新西兰等国在这方面做得比较成功。[3]

总的来说,关于什么是高考公平,人们的理解各异。在理念上,有人主张差别原则,有人强调能力优先;在体制上,有人说要统一命题,有人要求单独命题;在具体措施上,有的地方搞差别对待,也有人希望机会均等。可见,"公平"虽然是大家一致的愿望和诉求,但因为其具体内涵不一,所以无论是在理解上还是实践操作层面都表现出纷繁芜杂的局面。

第三节　分数面前人人平等:高考公平的异化

究竟什么是高考公平,这个问题虽然还没有一个统一而明确的答案,但人们显然已经等不及了,大家都迫切地需要有一个公平的高考。社会关于高考公平的呼声是如此强烈,以至于我们不能继续慢条斯理地探索着高考公平的内涵而迟迟不付诸实践。这就需要有一种能够被大家普遍认可、普遍接受的公平观,即便这种公平观未必准确、未必恰当,但至少得先有了,然后再慢慢修订也不迟。

一、为什么考试制度可以战胜推荐制度?

回答"人们需要的到底是一种什么样的高考公平"这一问题之前,还需要回答另一个问题,即为什么是考试公平而非推荐公平? 因为高考的目的是选拔人才,而考试和推荐自古就是两种最主要的人才选拔方式。从直觉上看,推荐显然比考试能够更加全面地衡量一个人的各方面素质。比如说,我们可以对一个人的学识、品质、道德素养、特长爱好进行综合判断之后来决定是否推

[1] Department for Education and Skill. Fair Admission to Higher Education: Draft Recommendations for Consultation[EB/OL]. (2004-05-28)[2015-12-31]. http://webarchive.nationalarchives.gov.uk/20130401151715/http://education.gov.uk/publications/eorderingdownload/main%20paper.pdf.

[2] Psacharopoulos G. Returns to Education: a Further international update and implications[J]. The Journal of Human Resources. 1985,20(4):583-604.

[3] 李文胜. 中国高等教育入学机会的公平性研究[M]. 北京:北京大学出版社,2008:168.

荐,而考试最多只能对一个人的知识水平进行衡量。孰优孰劣似乎显而易见。正如何怀宏先生所说:"人对人的好处是常能看到人的全部:不仅文章、学问,还有德行、才干;也不仅一时表现,还有平日作为,乃至于家世根底。"①

但现实却总是很无奈。前面曾经说到,我国封建社会盛行"取士"而淡化"养士",以"取士"为目的的选拔人才,在我国封建社会中主要有两种类型:一种是荐举,例如察举制、九品中正制等,考查的是所荐对象各方面的综合素质,尤其是道德素质;另一种是考试制度,以科举为代表,完全凭文章好坏来决定取舍。自隋唐时期创立科举制度之后,"从唐代的杨瑒、沈既济,宋代的范仲淹、苏颂、司马光、蔡京,到明太祖朱元璋、清代的舒赫德,以及早期改良派冯桂芬、王韬、郑观应等人,不是提议恢复乡举里选或学校直接取士,就是将荐举付诸实施。其结果总是行不通"②。时至今日,诸如根据学生的综合素质评价结果进行录取、中学校长实名推荐制、保送生制度等推荐上大学的方式,在实践中也招来一片反对之声。从人们对"推荐选才"的态度来看,历史和现实倒是惊人地一致。

为什么会这样呢?因为我国自古就是一个"人情社会",人情之间的亲疏冷暖呈现出"差序格局"③,照顾近邻而忽视远客是一件自然而然的事情。同时我国还是一个"关系社会",金钱、权力、社会地位等也有着强大的运作空间。"瞻前顾后,有许多的关碍处"。这样一种社会文化传统使"关系""人情"对人才选拔的结果有着很强的影响。首先,一个有资格进行"荐举"的官员毕竟了解有限,很难广泛考察人才,有时候不得不通过私人关系,请他人介绍人才,这就容易滋生出弄虚作假者。④ 其次,错综复杂的人情、私交、权势也阻碍着官员一如既往出自公心而非私心地推荐人才,有时候也不得不推荐一些至亲好友或者权贵官员的子女。东汉王符在《潜夫论》中对"荐举"有一段精彩的描述:"群僚举士者,或以顽鲁应茂材,以桀逆应至孝,以贪饕应廉吏,以狡猾应方正,以谀谄应直言,以轻薄应敦厚,以空虚应有道,以嚣暗应明经,以残酷应宽博,以怯弱应武猛,以顽愚应治剧。名实不相副,求贡不相称,富者乘其财力,贵者阻其势要,以钱多为贤,以刚强为上。凡在位所以多非其人,而官听所以数乱荒也。"⑤汉代末年一度流行着如下一段民谣:"举秀才不知书,察孝廉父

① 何怀宏.选举社会及其终结:秦汉至晚清历史的一种社会学阐释[M].北京:三联书店,1998:93.

② 刘海峰.科举制与科举学[M].贵阳:贵州教育出版社,2004:104-105.

③ 费孝通.乡土中国[M].北京:北京出版社,2005:29-40.

④ 刘海峰,李兵.中国科举史[M].上海:东方出版中心,2004:35-37.

⑤ 王符.潜夫论[M].汪继培,笺.上海:上海古籍出版社,1978:75.

别居,寒素清白浊如泥,高第良将怯如鸡。"①可见在关系、人情的干扰下,荐举制并不能选出真正优秀的人才。在隋唐时期,科举制度创立未久,统治者为了考查人才的道德、修养等通过考试难以衡量的品质,在科举的同时仍保留有荐举成分,"允许通榜公荐、纳省卷,结果却造成弄虚作假和请托之风盛行"②。因而到了宋朝的时候,荐举就被全面废止,实行糊名、誊录、锁院制度,以杜绝弄虚作假。

之后科举虽偶有暂停,但旋即恢复,成为隋唐之后我国封建社会人才选拔的主流方式。比如在北宋中叶,有人主张废除科举取士制度,而采取直接从学校取士以代替科举的办法,重点考查学子的德行而非考试成绩,以改变广大学子一味"应试",不读经史的弊病,但科举考试一经暂停,便"出现免试入学者多为当官子弟的情况"③。明朝的朱元璋也曾经对通过科举考试选拔出来的人才表示了不满,认为"所取多后生少年,能以所学措诸行事者寡,乃但令有司察举贤才,而罢科举不用"④。但在荐举制实行 10 年之后,朱元璋意识到荐举制度本身存在的问题,在对荐举和科举两种人才选拔方式进行综合比较衡量之后,认为考试选才还是比荐举更有效,他说:"谕有司各举才能……往往以庸才充贡……所举者多名实不称,徒应故事而已。"⑤从而恢复科举。因此可以说,科举制度纵然有多重弊端,但却是历史在维护选拔公平的诉求下做出的一种勉为其难的选择。费正清曾对此评价说:"在一个我们看来特别注重私人关系的社会里,中国的科举考试却是惊人地大公无私的。每当国势鼎盛,科举制度有效施行时,总是尽一切努力消除科场中的徇私舞弊。"⑥时至今日,"推荐"制度带来的拉关系、走后门现象依然是屡禁不绝。郑若玲形容保送生制度是"送官不送民"⑦,还有人质问"保送生制度还要存在多久"⑧? 这都或多或少地体现了通过保送制度推荐学生上大学的方式不得民心,因为能够最终得以"保送"的,未必就是成绩最优秀、综合素质最强的学生,很可能是"官二代"、"富二

① 抱朴子外篇[M]. 张松辉,张景,译注. 北京:中华书局,2013:295.
② 欧颖. 教育选拔考试的功能性缺陷及其启思:基于对科举发展的历史审视[J]. 教育科学,2011(4):8.
③ 刘海峰. 高考改革:公平为首还是效率优先[J]. 高等教育研究,2011(5):5.
④ 张廷玉,等. 明史[M]. 北京:中华书局,1997:463.
⑤ 明实录:第六册[M]. "中央研究院"历史语言研究所,校勘. 上海:上海古籍书店,1983:2122-2123.
⑥ 费正清. 美国与中国[M]. 孙瑞芹,陈泽宪,译. 北京:商务印书馆,1971:41.
⑦ 郑若玲. 高考公平的忧思与求索[J]. 北京大学教育评论,2010(2):20.
⑧ 陈杰人. 保送生制度还要存在多久[N/OL]. 中国青年报,2000-08-30[2015-12-27]. ht-tp://www.people.com.cn/GB/channel1/12/20000830/208724.html.

代"、"关系户二代"以及学校的教职工子女。在保送的过程中,社会资本和经济资本战胜了学生个人的真实能力水平。"中学校长实名推荐制"也好不到哪里去,就连一些获得了"实名推荐"资格的校长也把这种推荐上大学的机会当成"走过场",因为用这样一种非常规的标准选拔人才,在当前的背景下"非不能也,不敢也"[①]。一句"不敢"背后包含了多少的无奈。因为一旦推荐的是偏才、怪才,哪怕是全面发展的高素质人才,也可能招来弄虚作假、徇私舞弊的怀疑——为什么推荐的就是他呢?为什么不推荐另一个人呢?难道这其中有猫腻?为了躲开这样的怀疑,校长们就只能是"走过场"。《中国青年报》曾报道说:"从推荐情况看,各校仍然是以学习成绩为主要依据,并没有体现北大'不拘一格降人才'的初衷。"[②]还有学者研究发现:"校长在推荐标准缺乏可操作性、缺少'偏才'明确定义的情况下面临着社会各界巨大的舆论压力,为了'保险'起见,成绩好的学生被推荐也就顺理成章了,分数自然就成了能够说服公众的理由,造成了'唯分数论'现象的出现。"[③]

推荐制度之所以在历史上一直不讨好,在当前社会也频频招来反对之声,就是因为它无法避免"关系""人情"的影响,"重人情面子与讲裙带关系构成其独特的文化景观,至今未变。契约社会按契约与规矩办事,简单易行;人情社会则讲求'和为贵',人情与关系常常超越规制成为办事的'幕后主宰','人情'不仅重于'国法',甚至'大于天','世事洞明皆学问,人情练达即文章'成为一种褒义的人生哲学"[④]。在人才选拔当中,这样一种人生哲学必然无法保障其公平性。当考生无法通过自己的真才实学进行公平竞争的时候,人才选拔的结果则必然不可能是"择优录取"。相比之下,考试中虽然同样存在着弄虚作假、以次充优的现象,但毕竟它有了一系列维护公平的措施,使人情因素对人才选拔的干扰降到了最低。例如唐代科举考试的"阅试之日,皆严设兵卫,荐棘围之,搜索衣服,讥诃出入,以防假滥焉"[⑤];明朝将科举考试的专用考场贡院进行了规范化和制度化,明朝的贡院面积广大、结构严谨、制度严密,其格局和规制集中体现了防止作弊和追求"至公"的用心,[⑥]以至于当时有人评论说:

---

① 汤寒锋. 校长推荐上北京大学认真走"过场"[N]. 重庆晚报,2009-11-22(4).

② 朱丹,潘志贤. 校长实名推荐缘何成了集体推荐:郑州一中校长关于中学校长实名推荐制的思考[N]. 中国青年报,2010-02-08(1).

③ 冯帮,柯尚军. 中学校长实名推荐制面临的困境及出路[J]. 上海教育科研,2014(9):19.

④ 郑若玲,等. 苦旅何以得纾解:高考改革困境与突破[M]. 南京:江苏教育出版社,2011:205.

⑤ 杜佑. 通典[M]. 北京:中华书局,1984:84.

⑥ 刘海峰. 科举学导论[M]. 武汉:华中师范大学出版社,2005:290.

"我朝二百余年公道,赖有科场一事。"①而为了杜绝徇私舞弊的现象,有些当朝权贵甚至刻意不将其子女贡为进士,据《旧唐书》记载,"壬戌,全忠奏何中判官刘崇子匡图,今年进士登第,遽列高科,恐涉群议,请礼部落下"②。统治者对科举考试中的徇私舞弊行为也施以严厉的惩罚措施,在清朝的几场较大的科场案当中,多名身居高位的主考官员被处斩、流放、革职,③这些案例都体现了统治者维护考试公平的决心。因而,科举考试之所以能够成为中国封建社会主流的人才选拔方式,就在于它具有相对的公平性,而这种公平性则成为保障人才选拔质量的基础。科举制度虽然有种种弊端,但正因为它较之其他各种人才选拔方式而言具有更好的公平性,因此在对封建王朝的统治者笼络人心、网罗人才发挥了积极作用。正如"寓华最久知华最深"的美国传教士丁韪良所认为:虽然科举考试存在着多种缺陷,但是它在维持中国的统一以及将中国文明保持在一个令人尊敬的水平上所起的作用超过了其他任何的事物。④

高考也是一样。它试图通过纸笔测试,尽可能用最客观的指标对学生的能力进行评估,即便这一评估结果可能不准确,甚至导致了"高分低能"的批判,但它最大限度地规避了"关系""人情"的影响。通过送礼让推荐者证明"我的女儿综合素质是最强的"在实践中是具有可操作性的,但通过贿赂让阅卷人"给我儿子的数学卷子多打几分"则无疑难度要大得多。毕竟,找到具有推荐资格的校长易,找到阅卷老师难——人家搞的是封闭阅卷,你怎么可能轻易就打听到?让推荐者的主观判断带有一定的倾向易,而改变客观题目的对错或者改变系统中录入的成绩难。所以说,考试制度之所以战胜了推荐制度在当今社会持续沿用,就因为它较好地体现了"公平"这一最基本、最普遍的诉求。当然,即便如此,就和范仲淹、司马光、朱元璋、冯桂芬、郑观应等人一样,当今社会仍有不少学者对推荐制度情有独钟,对于这类观点,雷颐在《我看中国教育改革之社会症结》一文中写的一句话可谓是一针见血:"在恢复高考制度二十余年后的今天,一些人似乎更多地看到了考试制的各种弊病,因而患了'历史健忘症',忘记当年废除考试制必然带来的更大的弊病,甚至荒诞不经、费尽心机地要为当年的'推荐制'寻找某种'合理性',并想以此来补考试之弊,这的确是'吃错了药'。"⑤

①　王世贞.弇山堂别集[M].北京:中华书局,1985:1604.

②　刘昫,等.旧唐书[M].北京:中华书局:1997:806.

③　邓嗣禹.中国考试制度史[M].南京:考选委员会,1936:359-371.

④　W. A. P.Martin. A Cycle of Cathay, or China, South and North with Personal Reminiscences[M]. Edinburgh and London, 1896:42-43.

⑤　雷颐.我看中国教育改革之社会症结[J].中国青年研究,2000(2):5.

二、为什么高考公平变成了"分数面前人人平等"?

如果说在人才选拔的过程中,考试制度比推荐制度更公平,那么考试制度本身的公平性究竟体现在哪里呢? 2009 年《中国青年报》的一项调查显示,64.4%的人认为统一高考是能保证绝大多数人利益的最公平公正的制度;[①]同年《中国青年报》的另一项调查中,有 58.7%的人认为"高考加分政策严重破坏了教育公平",76.9%的人建议"取消一切可能滋生腐败的高考政策",这份调查报告由此提出一个观点,即"裸考"已成民心所向。[②] 从这些调查材料当中我们可以得出的一个结论:人们心目中的高考公平,其实就是取消各种推荐制度,取消各种加分制度,完全凭高考成绩来进行竞争,分数面前人人平等。

然而,分数面前人人平等的关键在于"平等"二字,"平等"的就是"公平"的吗? 美国学者萨托利认为,"平等表达了相同性概念……两个或更多的人或客体,只要在某些或所有方面处于同样的、相同的或相似的状态,那就可以说他们是平等的"[③]。换句话说,在高考当中,无论你的性别、种族、所处阶层、民族、社会关系网络等是什么样的,只要两个人考了同样的分数,第一个人能够被录取的话,第二个人也能被录取,这就是平等的。但"平等"的并不一定是"公平"的。"公平"作为一个含有价值判断的"规范性概念",比"平等"更抽象,更具道德意味、伦理性和历史性,[④]比如说,让老少边穷地区的考生和大城市的考生同台竞争,用同一个分数线进行"平等"的衡量,那就有违道德和伦理——人家接受的教育条件比你差得多,分数自然不会高到哪里去,这个时候对他进行一定程度的降分录取,就具备了道德意味,才是"公平"的。

但有意思的是,人们对这种蕴含着道德意蕴的公平并不感兴趣,而且尤为讽刺的是,对各种加分政策最感到反感的,偏偏就是那些处在社会底层,原本是最需要得到道德层面照顾的人。这究竟是为什么呢?

其实道理并不难理解。在一个关系社会、人情社会当中,社会诚信的欠缺往往导致人们对公权力怀有一种强烈的不信任感。在人们心目中,诸如三好生加分、特长生加分、思想道德先进个人加分当中常见的腐败现象,容易渗透到少数民族学生加分、贫困地区学生加分当中,因此能够得到这种"道德层面

① 王聪聪,吴拓宇. 为什么 82.2%的人认为保送生多是"关系生"[N]. 中国青年报,2009-07-14(2).

② 肖舒楠. 公众感受 2009:调查显示仅 11.2%受访者称教育公平[N]. 中国青年报,2009-12-15(2).

③ 乔·萨托利. 民主新论[M].冯克利,阎克文,译. 北京:东方出版社,1998:381.

④ 杨东平. 中国教育公平的理想与现实[M]. 北京:北京大学出版社,2006:4-5.

照顾"的人，很可能是权贵人士的子女，因而这种旨在促进公平的做法，却容易加剧不公平的现象。因此，还不如不要这种"具备道德性"的公平了，只要能把关系、人情和金钱排除在外就好。这样一来，"平等"就顺理成章地成为"公平"的代替品。

"分数面前人人平等"虽然不是真正意义上的"充满道德和伦理关怀"的公平，但当高考录取面临社会诚信的缺失的大环境的时候，最大限度地规避社会资本和经济资本对录取结果的干扰，就成为一个最基本最底线的要求。在人们心目中，一切凭分录取虽然无法避免教育质量差异带来的不公，但这种不公还有望通过个人努力来消除，所以我们有时还能看到诸如山沟里走出个大学生、小县城出了一个省状元之类的报道。而金钱、权力、关系、人情等因素带来的差别是个人无论如何努力都难以弥补的，比如"中学校长实名推荐制"，能够被推荐上大学的学生一定是大城市的重点中学的学生，如果你在小城镇里读高中，即便潜力巨大、智商顶尖，也没有被推荐的机会。又比如，高考招生录取中的钱权交易丑闻也多次被媒体曝光，甚至多次出现冒名顶替他人上大学的事件。或许未能曝光的这类丑闻更多。但要进行钱权交易，你得有钱或者有权才行，一穷二白的人是不可能像"官二代"和"富二代"那样利用自己的社会资本或者经济资本为自己谋取利益的。所以说，只有当"一切由分数说了算"的时候，才可能在较大程度上淡化社会资本和经济资本对录取结果的干扰。因此，"分数面前人人平等"也就理所当然地成为高考公平的象征。它虽然无法做到绝对公平，但起码比起其他指标来说要相对公平一些；它不是那么完美，但勉强还可以接受。所以，当2009年的高考出现了"浙江高考领导干部子女航模加分""重庆31名考生民族成分造假"等通过社会资本来为自己的高考加分的事件的时候，有超过七成的民众将其看作"2009年最损害教育公平事件"[1]。因此，奉行"分数至上"的统一高考制度，在教育部门的领导看来，依然"在我们国家还是行得通的，是一个非常公平的制度"[2]；在媒体的报道中，践行着"分数面前人人平等"的高考依然是"当代中国最成熟和最权威的人才选拔机制，迄今尚没有任何一种制度可以取而代之"[3]。

我在莲花池中学对其师生和家长进行的一系列访谈中也得出了类似的结

---

[1]　肖舒楠. 公众感受 2009：调查显示仅 11.2% 受访者称教育公平[N]. 中国青年报，2009-12-15(2).

[2]　教育部部长周济做客新华网回答网民问题[EB/OL]. 2007-03-08[2015-12-27]. http://www.moe.edu.cn/publicfiles/business/htmlfiles/moe/s3575/201004/83122.html.

[3]　刘武俊. 考试立法缺席[N/OL]. 中国青年报，2000-07-14[2015-12-27]. http://www.people.com.cn/GB/channel1/12/20000714/144949.html.

论。由于关系、人情等因素是干扰公平录取的障碍,他们认为,只有最大限度地强化"分数面前人人平等"这一标准,才能尽可能地保证公平。因此,纵然学术界对什么样的公平是理想的高考公平还存在不同看法,但实践中占据主流地位的却是一种朴素的平等思想,即一切由分数说了算,"分数面前人人平等"。而诸如对少数民族考生实行降分录取,对部分特长生实行高考加分等,都将对这几类特定人群照顾政策以"分数"的形式表现出来,而且照顾范围都在公众可以接受的范围之内,可以看作是对"分数面前人人平等"的微调。微调的目的不是打破这一标准,而是更好地坚持这一标准。但即便仅仅是"微调",从前文所引《中国青年报》关于 2009 年度教育公平问题的调查报告中可以看出,也会引起其他利益主体的不满。可见,在人们心目当中,"分数面前人人平等"俨然已经成了高考公平的象征——因为它刚性、单一且任何人在理论上都有机会达到,所以才能被人们认可。

首先,分数作为一个刚性标准,不容易被人的主观判断干扰。由于从封建社会的荐举制到当前高考录取的保送生制度中,都存在推良不推优、送官不送民、举亲不举疏等情况,人们对录取中的主观判断存在着强烈的不信任。一个刚性的标准纵然机械生硬,但比起诸如推荐信、成长记录袋等"质性评价"内容,以及完全靠考官主观判断的面试而言,不易受人情、关系左右,因而更容易让人接受。

其次,标准单一则容易被人理解,也方便量化比较。一切按照高考成绩来进行选拔,就再清晰明白不过。但如果再加上少数民族降分录取政策、特长生加分政策、竞赛获奖优先照顾等多种指标,即便有一个明确的权重和计算方式,也容易在考生和家长中造成一种不信任的情绪。莲花池中学一位学生家长的话很明白地表达了他的这种不信任:"标准搞得那么复杂,就是要把学生弄晕,反正最后怎么算都是他们那些当官的说了算,我们是没有说话的份的,这样那些当官的就好搞暗箱操作了。"

再次,从理论上说,考取高分是任何一个学生通过努力都有望达到的,因此也就给所有学生都提供了一种可能性。而诸如"校长实名推荐制""少数民族考生加分"之类的做法,则将受益群体限定在一个较小的范围之内,"校长实名推荐制"排除了非重点中学考生和农村考生被推荐的机会,少数民族考生加分政策则将汉族身份排斥在加分范围之外,这些政策面向的不是全体而是个别群体,无论是被推荐的资格,还是加分的照顾,都不是任何一个考生经过努力就能够达到的,因而面临着"不公平"的质疑。

尽管我们还可以继续对"理想的"高考公平、"真正的"高考公平做进一步的思考和探索,但实践中最被看重的却是一个"可接受的公平",即是否可以最大限度地排除关系、人情对录取的影响。有意思的是,人们对关系、人情等人为因素造成的不公平现象表现出相当的反感,但对阶层、地域、家境等客观因素造成的不公则不是那么排斥,表现出一种"虽然无奈但也接受"的心态。在我访谈的8位家长中,当我问他们"觉得高考不公平的问题表现在哪些地方"的时候,8位家长无一例外地对高考录取过程中的金钱和人情干扰现象进行痛斥,却并未提及诸如阶层、地域、家境等客观因素造成的不公平情况。而当我进一步询问"由于家庭经济原因,无法送孩子去更好的高中就读,使孩子在高考中竞争不过重点中学的学生,你觉得这种情况是否公平"的时候,家长们才开始表示"这样也不公平",但更多的是一种无奈和叹息,而不是像对于金钱和人情因素造成的不公平现象那么反感。其中一位家长这样描述道:

> 这有什么办法呢,我家就是这个样子,只要不遇到孩子考上了但是被当官的顶下来这种情况,就已经不错了。

因此,综合来看,"分数面前人人平等"这一指标虽然简单甚至机械,虽然没有解决起点公平的问题,但由于它最大限度地避免了金钱、人情等因素的干扰,并且提供了制度保障,相对容易让人接受,从而,"分数面前人人平等"被视作衡量高考公平与否的现实依据。[①] 在当代中国社会诚信缺失的情况下,维护"分数面前人人平等"就成为对社会公平的一种极端化诉求。而维护这种"可接受的公平",成为高考公平的一个重要任务。分数作为一个刚性的、可操作性强的指标,顺理成章地成为高考的录取标准。"分数面前人人平等"不仅是公平的象征,也是人民群众的意愿所在。从而,以"分数面前人人平等"为象征的高考公平就成为社会公平的重要组成部分,这也使得分数蕴含的意义远大于其本身承载的评价和选拔的意义。

然而不得不指出的是,当我们选择了"分数面前人人平等"的时候,"公平"当中所蕴含的道德和伦理关怀也就随之丧失了。因此这样的"公平",实际上是一种异化的"公平"。这种公平观导致的一个直接结果就是:高考分数被捧上神坛,它不仅是高校录取的依据,不仅是学生能力的象征,同时也是公平的体现,是社会正义的化身。因此,学校教育极力追求分数,就显得理所应当、有理有据;为了追求分数而忽略了学生的兴趣、爱好、道德、意志等方面的发展,也就显得情有可原、无可厚非。当高考公平的重要性被提升到衡量高考合理与否的最重要标准的时候,分数的意义也就被放大,于是,分数控制了教育,为分数而教的情况就自然会出现,这就导致了"应试主义"中普遍出现的将分数作为教育目的的局面。这样我们就可以理解,为什么"应试主义"表现出追求

---

① 周序. 高考公平研究:回顾与展望[J]. 国家教育行政学院学报,2011(9):66.

层次性而削弱多样性，而层次性又极其片面地体现为考试分数的提高这样一种局面，归根结底，都是我们追求高考公平但公平却在我们追求的过程中被异化的结果，而这一异化之所以产生，其根源不在于教育，而在于我们讲关系、讲人情的社会文化。所以准确地说，"应试主义"并不是一个教育问题，而是"表现在教育中的一个问题"。它的根源是讲关系、讲人情的传统文化导致社会诚信缺乏，这种诚信缺乏在社会生活的各个领域都有所体现，在公共卫生服务领域体现为医患关系矛盾和小病大治、医院售药牟利，在城市管理领域体现为"城管"和"拆迁队"被贴上了负面形象的标签，在人际关系领域则体现为"碰瓷"事件频发和"敢不敢扶摔倒的老人"的"良心拷问"，在教育领域则体现为人才选拔过程中的徇私舞弊——而导致了"应试主义"的"分数面前人人平等"只不过是人们为了修补这种诚信缺乏而采取的一个无可奈何的方案而已。

第四章

统一规训和差别对待：
"应试主义"中的师与生

"应试主义"是当代中国基础教育当中普遍存在的一种对教育目的和方式的实践认同。我把它称作"实践认同"，意味着无论老师还是学生，在观念上都不认为这是一种好的教育，但在实践上，却把它当作"不得不为之"的一种教育方式。师生双方面对"应试主义"的时候总是显得那么不情愿，因为"应试主义"中充满了各种各样的规训。有人用"千校一面"来形容中国的高中教育，说的实际上就是众多高中都按照"应试"的需求来对师生双方进行规训，以至于丧失了各自的特色。那么身处"应试主义"中的教师和学生，个性丧失也就是自然而然的事。例如不同的教师，不分年龄、性别、学历，都在一定程度上出现了教学方法趋同的情况；至于学生，则更是都以高考为学习的目标。

但我们还常常听人说，中国的基础教育是"精英教育"，学校里搞的是"抓两头促中间"或者"抓中间带两头"之类，这意味着所谓"精英学生""两头学生"或者"中间学生"能够得到老师更多的关照，透露出一种对学生加以"区别对待"的意味。到底是"统一"还是"区别"？究竟是把所有学生都规训成考试的机器，还是要把其中一部分学生培养成为"精英"？这看似矛盾的两个方面却在"应试主义"的教育模式当中得到了统一。

第一节 "应试"规训

其实规训并非天然就是一个彻底的贬义词。人的进化发展过程实际上也是对自身不断进行规训的过程。形形色色的规训方式背后往往可以体现出一定的价值观念、文化背景、行为习惯、种族信仰等方面的信息。因此，一个良好的规训过程，实际上是帮助人更好地社会化的过程。恰当的规训可以使人逐渐克服自身的陋习，向着更加理性、更加道德的方向进步。正是有了规则和秩序，并通过一定的规训手段来对人进行衡量和要求，才有了生产力的发展和文明的进步。因此当于伟和戴军说"教育中适当的规训是十分必要的，我们不能简单地将这种对'恶'的规训控制视为不民主以及对学生的压制与摧残"①的时候,我相信他们对规训意义的理解是非常深刻的。如果规训的目的是"教育性"的,那么这类规训措施就必然有某些可取之处,也在一定程度上有利于课堂教学的规范化和科学化。

但是在"应试主义"当中,规训表现出了两个新的特点:一是学生的全面发展这一目的让位于"促进学校升学率的提高",因此"应试主义"当中的规训背后,其目的显然是功利性的,而非教育性的;二是学生绝非"应试主义"当中被规训的唯一对象,莲花池中学的很多老师向我抱怨说,他们经常感到"处处被束缚",有的老师甚至形容说"高考带给自己的压力比带给学生的还大",这都充分说明教师在"应试主义"中同样处于被规训的地位。因而,"应试主义"中的规训包含了对教师和对学生的双重规训。教师和学生是"应试主义"中第一线的授受双方。从新任教师走上讲台的第一天起,他们就被置身于一个各套教育学教材、各种教育理论都未曾提及的"应试"场域之中,在这一场域内部,师范院校里教授的各种教育理念看起来毫无用武之地,他们必须尽快接受一套崭新的实践套路和模式,并内化到自己的教育观念当中。而高中学生是一个个充满朝气、生机和活力的个体,他们好动的身体、叛逆的思想和"应试主义"中的标准化、模式化流程显得格格不入。当他们被纳入"应试主义"的体系中时,反对、抗拒和冲突是常有的事。但对分数的渴求也使他们内心充满了矛盾和挣扎。从教师和学生在关于"应试主义"的观念、态度和行为方式的转变过程当中,我们可以看到"应试主义"的实施路径是如何一步一步被老师和学生接纳、认同和自觉践行的。

一、"应试主义"中的教师:戴着镣铐的舞者

1. 迷惘、醒悟与转型

阿英是莲花池中学第一个主动来找我聊天的高一老师。她从师范学校毕业还不到一年,在莲花池中学教高一。她面临的问题是,刚工作的时候还怀着满腔热情,希望能够把自己在师范学院学的那些教学原则、教学理念贯彻到工作当中,但是她很快就发现,自己学的那些东西根本就用不上。阿英是英语老师,她说,现在英语教学中最流行的是"交际英语教学法",这也是她在师范学院学习的教学方式,"交际英语教学法"要求教师充分调动学生进行口头会话的积极性和主动性,在反复交流表达中提高运用英语的能力。但是,她在实践这种教学方法的时候,却遇到了未曾想到的困难。阿英所教班级的学生大部

---

① 于伟,戴军.福柯教室中的微观权力理论述评[J].东北师大学报(哲学社会科学版),2005(2):143.

分都是住校生,其中又以农村生源居多。最开始阿英觉得农村来的学生应该会比较听话,"课应该会比较好上",但是随着时间的推移,阿英逐渐发现了问题:每每让学生读英语,学生总是没精打采;但凡让分小组对话,学生也总是应付了事;而当她给学生们纠正发音的时候,不少学生总是表现出一种不耐烦的情绪。阿英对学生们说:"你们不认真朗读,怎么可能学得好英语呢?"有学生顶嘴,说:"考试又不考口语,我练它干什么?"阿英一时无语可答,也陷入了对自己从师范学院带回的教学理念的深深疑惑。像阿英这样身处迷惘之中的老师,在莲花池中学并非个案,而在其他学校也绝非少数。遗憾的是,我在莲花池中学实习期间并没能在这个问题上帮到他们,我能做的只是在他们找我倾诉困惑的时候,做一个安静而又耐心的倾听者。

晓华是莲花池中学第一个拥有硕士学位的老师,这让他刚到学校的时候显得有些与众不同:学校里那些有资历、有威望的老师,包括自己的导师,最多也就是个本科文凭,晓华说,三年前他刚到学校工作的时候,同事们都不叫他"晓华",而喊他"华研"或者"华硕",一些刚结识的新同事还会拍着他的肩膀羡慕地说:"看不出来你这么年轻就已经是个研究生了!"一般情况下,莲花池中学的新任老师是没有机会接手任教"尖刀班"的,而是要从"平行班"带起。所谓"尖刀班",主要由成绩优异的学生和教职员工子女组成;而平行班里则主要是成绩排名靠后的学生。一般来说,莲花池中学新入取的教师只有在几年以后教出了成绩,得到了领导的认可,才有可能任教"尖刀班"。但或许正是因为"硕士研究生"这样一个与众不同的身份,莲花池中学的领导一反常态地在晓华入职的第一年就给他安排了一个"尖刀班"和一个"平行班",尤其希望他能够在"尖刀班"教出成绩。

学历上与众不同的"华硕",在工作上也与其他老师不同。他的本科和研究生都读的是中文系,在莲花池中学担任语文教学工作。他告诉我说,曾经,他会努力把他的语文课讲得很有趣味,学生也经常哈哈大笑;他也不像其他老师那样要求学生每周写"周记",而是允许甚至鼓励学生写诗,古体诗、现代诗,甚至是藏头诗都可以;从来不给学生留作业,更不会要求学生把考试卷子重做一遍;他会读学生喜欢读的书,无论是金庸的武侠小说,还是张爱玲的散文,甚至安妮宝贝的作品,都会拿来读,还和学生讨论得不亦乐乎。晓华告诉我,工作的第一个学期,学生们不但喜欢他,而且喜欢语文课,每当他从其他班教室门口路过,听到里面有语文老师在反复告诫学生"这个虚词是要考的,那个实词是要背的"的时候,他都会有一种优越感和成就感。

但是第一学期的期末考试对晓华来说是一次打击,他所教的"尖刀班"学生的语文成绩名列所有"尖刀班"的倒数第一,甚至被一个平行班超过。晓华说,其实这一情况在期中考试的时候已经隐约浮现了,当时他的导师还提醒他说"不要一味图让学生学得高兴,高兴不能当饭吃",但年轻的晓华并没有真正把这句话放在心上,甚至觉得这是其他老师对他的嫉妒。然而由于期末考试的失败,第二学期校领导就把他从"尖刀班"调离到平行班任教,他才真正意识到了问题的严重性,也感受到了工作以来的最大失落。

"我以前的想法也有些偏激了。"晓华对我说。因为"研究生身份"并没有为他带来多少朋友,其他老师对他更多的是有些"敬而远之"。在晓华看来,这并不全是学历问题,而是他的教学风格和成绩的问题。晓华对我说:

> 你想,当大家都这么教的时候,你要那么教;当大家都布置作业的时候,你不留作业;当大家都抓应试的时候,你要抓素质,你肯定就会被孤立。当时那种感觉很不好受,可是想着学生喜欢我的课,这种成就感在一定程度上填补了这种孤独。但是当我被调到平行班之后,连这唯一的成就感都没了。

所以在晓华从"尖刀班"调到平行班之后,他开始"醒悟"了,也逐渐开始像其他老师那样,要求学生每周写一篇800字的周记和一篇读书笔记,开始在课堂上反复讲考点、勾重点,开始让学生把每次考试卷中的错题重新做一遍,开始禁止学生阅读课外书……"总不能刚来半年就让领导对你彻底失望了啊,总要努力拿点成绩出来才行。"

> 这个转变的过程还是比较痛苦的。我也犹豫过甚至沮丧过很多次,毕竟这不是我的风格,我也不想把教学搞成这样,尤其是看着学生不想学的话,我就不想教,没有上课的激情。但是后来我们工会的刘老师跟我说,你不要看现在学生喜欢你的课,但是他们到了高三之后,分数拿不上去,他们还喜欢你吗?他们恨你都来不及。就是想到这点我才逐渐转变过来的。

晓华说,其实这个道理他不是不理解,而是一直不愿意去承认。"后来发现自己真的是太天真了。"

晓华告诉我说,他转变教学风格之后,以前他一直教的那个平行班的学生一下子有些接受不了,觉得晓华老师怎么变了,变得不随和了,也不亲热了,而且和其他老师一样这也要求那也限制的,最最受不了的就是作业开始多了,有的还跑到班主任那里去提意见,结果班主任告诉他们说就是要这样才对。

"他们说我变坏了,"晓华最后有些无奈地说,"可是我的坏,是为了他们分数的好,对我自己也好。"

阿英的困惑和晓华的"醒悟"反映了师范学校传授的教育理念和一线实践

之间的落差,这种落差具体表现在理念和实践的追求是不一样的,教学理念将全面发展的精神和尊重兴趣、尊重学生的思想传递给教师,但学校又把凝聚着市场、学生、家长和公众期望的升学主义取向加以落实,从而使年轻教师感到自己学到的教育理念、教学理念有无处用力之感,从而对理念本身的价值产生迷惘。在迷惘之后,便是对"分数"的价值产生认同的过程,并逐渐使自己的教学行为选择开始以分数为导向。在这个过程中,"应试主义"将教师的教学理想转变为对分数的追求,并将分数与其教学成就感和责任感联系起来,从而使教师产生了"要对学生的分数负责"的想法。由于所教学生分数高的教师都会被贴上一些身份标签,如"单科状元的老师""平均分排名全市第一"之类,甚至可能成为"高考命题组成员",这些标签无一例外地将"分数"或与分数相关的内容作为其身份标识,从而固化了教师对自己是否优秀的自我评判标准:只有能够有效提高学生分数的老师,才可能是好老师,也被看作是中学所需要的"专家型教师"。莲花池中学的丁老师告诉我说,即便是职称评审,学生的成绩也是其中很重要的一个因素。

> 我上回评正高,是四川省第一批正高级教师。除了要求有课题、有论文之类的,最关键的一个因素就是你的教学成绩。他们会把你接手的每一个班的学生的成绩都调出来,刚接手的时候是多少分,最后高考成绩是多少分,是提高了还是降低了,算得非常精确。如果你教的学生成绩没有提高,那论文再多、课题再多,也评不了。

丁老师给我看了一份四川省正高级教师的"评审条件",其中明文规定:

> 在条件均达到的情况下主要看近三年教育教学成绩,职评组到被评审人员所在学校教务处核对其所教学生在近三年的高考成绩并进行反复比较,确定推荐候选人。

带有"标签"性质的身份和职称的诱惑,不断促使中学教师向分数这个目标努力。因而,"应试主义"对教师的这种规训虽然不是以明文规定或者制度要求来体现,却已然能够使教师的自由意志被剥夺,使其本性陷于矛盾之中,从而"不断地使人疏离自己的本质和自己的世界"[1],它在改变着教师的行为方式的时候,同时也改变了教师看待教育的方式,"升学率"的压力将分数的重要性传播到"应试主义"当中的每一个环节,使教师的教学行为最终成为一种单一的为分数而教的行为。最近有位教研人员撰文总结了"理想"的高三历史

---

① 米歇尔·福柯. 疯癫与文明[M]. 刘北成,杨远婴,译. 北京:三联书店,2003:198.

教学方法:"教师可以从以下几点入手:审题方法系统化可分解——选择题审题方法、材料主观题审题方法等;具体指示分析与运用的系统方法——原因、影响、意义的分析法;特殊知识如经济结构、阶级结构等分解法;阶段特征揭示法(如五位一体)等;五大史观——不同史观的内涵与理解等,使学生的解题方法系统化。"①我曾就此询问了莲花池中学的一些历史老师,从老师们的回答来看,上述经验总结不能说不适用,更不能说不好,恰恰相反,有位历史老师还对我说:"这让她的教学进一步明确了方向。"但上述经验的推广,却把教师们的教学也规训到了"为高考而教"的路子上来,不这样教,成绩可能会受到影响,也会招来领导的不满。因此从表面看起来,教师是"应试主义"的实施者和卫道士,正是他们将"应试主义"中的标准化流程、超负荷的工作量强加给了学生,但在"应试主义"当中,教师事实上也是一个被规训者,这一规训过程是隐蔽的,不外显的,但却无时无刻不在调节着教师的教学行为方式。由于师范院校讲授的教育理念和教学方式与"应试主义"格格不入,新入职的教师会面临着理念与现实之间的挣扎,而这一挣扎过程,既是教师自己的思想斗争过程,也是教师被"应试主义"逐步规训的过程。

"应试主义"对教师的规训显然也不是仅仅依靠教师内心世界的自我转变来完成的,外部的监控更是必不可少的手段。福柯虽然没有专门对"应试主义"中的规训现象进行探讨,但我们依然可以在"应试主义"当中找到福柯所说的"层级监视""规范化裁决""检查"等三种外部监控手段的身影。

福柯认为,一切规训系统的核心都在于建立起一个惩罚的机制,规范是惩罚的标准,它既指明文规定,也包含了经验准则。一切教育行为都要放在"符合规范"和"不符合规范"的二元对立当中进行判断。根据判断的结果,对教师的一些不符合规范的观念或者行为进行"微观刑罚",这就是福柯所说的"规范化裁决"。"应试主义"的一个突出特点是,对教师进行"规范化裁决"的标准,主要不是学校制定的"明文规定",而是在长期"应试主义"的教育过程当中总结出来的,被认为有助于提高学生的考试成绩的一系列"经验准则",例如,满堂灌输可以增加学生的知识储量,死记硬背可以让学生在考前快速熟悉考点内容,题海战术可以帮助学生熟悉解题规律和技巧……这些准则成为学校对教师的课堂教学进行规范化裁决的依据。晓华因为执意贯彻"素质教育"理念而影响到了学生的考试成绩,最终学校以将他调离重点班级的方式来进行"处罚",这就是"规范化裁决"的一个典型体现。

规训必须借助监视来实施。在福柯看来,"监视的技术能够诱发出权力的

① 王乐平.高三历史复习的"预见性"教学策略与运用[J].中国教师,2015(5上):52.

效应"①,从而使规训成为可能。教师身体的"可见"是进行规训的前提。在莲花池中学,保证教师身体"可见"的措施包括了分管教学工作的副校长随机性的听课、年级组长在走廊当中的巡视、学生代表在"教学日志"中对教师教学的评语,诸如此类。这些措施使教师的日常教学始终保持在学校监视的目光之下。正如福柯所说:"只要有注视的目光就行了。一种监视的目光,每一个人在这种目光的压力之下,都会逐渐自觉地变成自己的监视者,这样就可以实现自我监禁。"②由于学校在长期的"应试主义"实践当中早已总结出了一系列能够有效提升学生考试分数的教学方式,这些教学方式成为学校规训教师的"经验准则",在"身体可见"这一前提下,学校作为监视者,可以根据"经验准则"对教师实际采用的教学方式可能取得的成效进行预判,像晓华这样的老师,因其教学方式不符合学校的"经验准则",因此晓华的导师才会提醒他"不要一味图让学生学得高兴,高兴不能当饭吃",而这些被规训的教师本人最终也不得不自觉地向符合"应试主义"需求的教学方式靠拢。

　　检查是规范化裁决和层级监视相结合的产物。在"应试主义"当中,大大小小的考试不仅用于对学生成绩水平进行评估和预测,同时也是衡量教师教学业绩的重要指标。而像试卷分析、高考总结报告之类的例行措施,则通过对教师本人对教学效果的书写和记录,使他们更加严密地处于学校的监督和分数的压迫之下。某些教师拥有的身份标签,如"毕业班教师""单科状元的老师""高考命题组成员"之类,由于可以给教师本人带来物质层面和精神层面的收益,在强化了分数价值的同时,也不断煽动着其他教师的观念和行为向其靠拢。这样一来,规训便成为一种"与自我实现和成就联系在一起的积极力量"③,成为一件理所应当、无可指责的事情。

　　2. "满堂灌输"何以大行其道

　　当被规训的教师都开始以分数作为自己选择教学行为的导向的时候,便出现了教学方法趋同的情况,诸如灌输、题海战术、要求学生死记硬背等情况在各所开展"应试主义"教育的学校里屡见不鲜。既然教学方法趋同,说明这些方法在提高学生的分数方面的效果得到了绝大部分教师的肯定。比如说,任教地理学科的小敏老师,就曾以"正午太阳高度角的计算"这一知识点为例,详细地对我剖析过,为什么在教学中进行"灌输"的效果好于进行"深入讲解"的效果。

①　米歇尔·福柯. 规训与惩罚[M]. 刘北成,杨远婴,译. 北京:三联书店,1999:194.
②　包亚明. 权力的眼睛:福柯访谈录[M]. 严锋,译. 上海:上海人民出版社,1997:158.
③　丹纳赫,斯奇拉托,韦伯. 理解福柯[M]. 刘瑾,译. 天津:百花文艺出版社,2002:59.

小敏老师:地理的考点大部分是一些细节性的知识点,内容多而零散。必须在有限的时间里把这些知识点都"讲到",而不是"讲透",否则课堂时间不够用,就会遗漏掉很多考点。

我:真的只需要点到即止就行了吗?

小敏老师:不是说所有内容都不"讲透",但是大部分内容是只需要"讲到"就行了的,把那些容易考的地方都灌输给学生,让他们回去背就行了。讲得太深了,离考点就远了。

小敏老师用"正午太阳高度角的计算"这一考点对通过"灌输"的方式进行"讲到"而不"讲透"何以最有效率进行了演示。

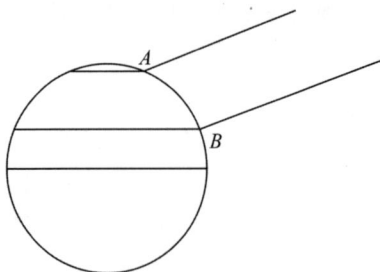

图 4-1

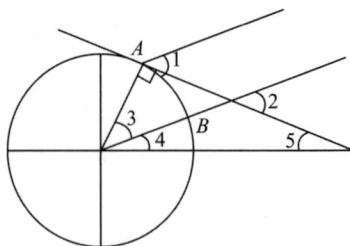

图 4-2

如图 4-1 所示,某日,正午太阳光直射 B 点,B 点的纬度为北纬 23°25′,A 点的纬度比 B 点高了 40°,求 A 点的正午太阳高度角。

小敏老师解释说,正午太阳高度角的计算是有公式的,即正午太阳高度角 $=90°-$|所求点纬度±直射点纬度|。其中,同半球相减,异半球相加。这一公式的推导过程如下:

首先将图 4-1 转化为图 4-2,则 A 点的正午太阳高度角即∠1。

∵∠1=∠2,∠2=∠4+∠5。

∴∠2=∠4+(180°-90°-∠3-∠4)

$=$∠4+(90°-∠3-∠4)

$=90°-$∠3

$=90°-$(A 点纬度-B 点纬度)

小敏老师说,图 4-1 中这是两个点在同半球的情况,如果两个点在异半球,也可以用这种方法自己算出来。甚至,掌握了这种方法,连公式都可以不用背。

但是,公式的推导属于让学生深入理解的"讲透"的过程,这一过程涉及的不仅仅是地理知识,也包括了平面几何的知识。这个知识点中涉及的平面几何知识虽然难度不大,但文科班的多数学生数理逻辑推理能力较差,并且对这一推导过程不感兴趣,因此,将这一推导过程"讲透",对学生并没有什么帮助,反而可能让学生对地理课产生反感。因此,采取"灌输"的方式,让学生通过死记硬背将这个公式记下来,然后再用不断的练题予以强化,"反而效果会更好",是更有效率的教学方式。至于为什么会有这样一个公式,考试不考,学生不需要掌握,老师也就不用去教了。

"效率"一词包含了两层含义,一是时间层面,二是效果层面。一般我们说一个老师教学很有效率,除了指他教得很快之外,也潜在地指他教得有效果,例如让学生获得对知识的感悟、获得了应用知识的能力,以及将知识纳入自己的认知结构体系当中等。因而,教学追求效率无可厚非。巴班斯基将教育过程最优化视作"教师有目的地选定一种建立教学过程的最佳方案,使能保证在规定时间内解决教养和教育学生的任务,并取得尽可能最大的效果"[①],充分体现了教学对"效率"的追求是正当的。然而在"应试主义"当中,小敏老师所说的"教育的效率",准确地说应该是一种"追求分数的效率",也即不追求"效果"的深度,而是只追求"效果"的广度和熟练程度,只要对学习内容的掌握能够达到高考题目的要求,那就算是达到了"效果",因此便应该将原本可用于挖掘"深度"的全部时间用来拓展"广度"和"熟练程度"。从"应试"的角度而言,这实际上是最有效率的提高分数的办法。同样来自地理课的一段课堂对话,就非常直接地体现了"灌输"在实际教学当中体现出的效率价值。

> 老师:四川盆地的地带性土壤是什么?
> 学生1:黄土。
> 学生2:黄壤。
> 老师:到底哪个?
> 学生:黄壤。
> 老师:对,是黄壤。我们讲过,四川盆地的地带性土壤是黄壤,黄土高原的才叫黄土,不要弄混了。
> 学生3:老师,黄土和黄壤有什么区别啊?
> 老师:你管有什么区别呢,反正你记住黄土跟黄壤不一样,考试不要答错就行了。看下一题……

这就是一个典型的灌输式教学的例子。教师的教学逻辑很简单,一是让学生死死记住答案,二是利用原本用于解释、"讲透"的时间来讲"下一题",从

---

① 尤·克·巴班斯基. 教学过程最优化:一般教学论方面[M]. 张定璋,等译. 北京:人民教育出版社,1984:2.

而提高效率。在这个过程中,教师选择的是"时间",也即注重的是知识传授的速度和广度,而深度仅仅只要符合"应试"的需求就行了,不需要去满足学生的兴趣和好奇。究竟黄土和黄壤之间有什么区别,这一问题由于不在高考的范围之内,那么学生对此的好奇和兴趣就自然会遭到无情的扼杀。

3. 是"教研组",还是"考研组"

教研组的全称是教学研究小组。教育部于 1952 年颁发的《中学暂行规程(草案)》中就曾经明确规定:"中学各学科设教学研究组。由各科教员分别组织之,以研究改进教学工作为目的。"其任务为讨论及制定各科教学进度,研究教学内容及教学方法。之后,教育部于 1957 年还颁发《中学教研组工作条例(草案)》,规定教研组工作的内容:学习有关中学的教育方针、政策和指示;研究教学大纲、教材和教学方法;结合教学工作钻研教育理论和专业科学知识;总结、交流教学和指导课外活动的经验。从上述文件对教研组的任务描述中看,教研组实际上是一个教师专业能力增进的重要平台,其工作重心在于研究教学,提高教师的教学业务能力。

但是教研组发展至今,并没能够有效地促进教师教学业务能力的提高,反而教研组存在着"教"和"研"都被异化甚至丧失的局面。[①] 这一问题普遍地出现在"应试主义"当中。

据莲花池中学的老师介绍,他们学校的老师在开教研组会的时候,基本上都不研究"如何教",而是研究"如何应考"。每年高考之前,教研组都会组织老师学习和研究考试大纲,一个考点一个考点地进行分析:哪些是刚考过的,刚考过的应该第二年就不会再考了;哪些是没考过的但又是比较重要的,这种考点第二年考的可能性有多大,如果考的话,估计会以什么形式来考。而这种情况并非莲花池中学所特有,绍伟老师说:"我们去其他学校交流的时候,没看到哪所学校不研究高考,一所学校研究得比一所学校狠。"一些关于"命题趋势"的研究成果,如《低碳经济的命题趋势研究》《2010 年高考作文预测》等,就很明显地体现了这一点。这类研究成果有的还公开发表在了国内学术刊物上,[②]成为广大中学教师追逐、研究的对象。

研究考纲并预测高考内容和方向的行为,有时候也被称为"猜题",是一种普遍化的现象。在一线老师看来,猜题是需要经验的,同时也是一种技术化的行为,有老师表示,"有经验的老师,猜得还是挺准的"。而老师当中的那些所谓的"猜题高手",甚至可以对每个考点的考试概率有一个比较精确的预判。

---

① 毛齐明. 教研组"教""研"的丧失与回归[J]. 中国教育学刊,2012(2):32-33.

② 张昊. 低碳经济的命题趋势研究[J]. 考试与招生,2010(5);李凌起. 2010 年高考作文预测[J]. 考试与招生,2010(5).

莲花池中学一位被返聘回校带高三历史的老师就介绍说："去年(2010年)高考文综的39题考了杭州和江南城市的历史,那么今年就不会考了,至少不会考大题了。"事实证明2011年的高考的确没有考这个知识点。也正是因为"猜题"需要经验,所以相对年轻老师一般不会有机会带高三的学生。有的教师还总结出了高考试卷当中最值得研究的五个方面内容:"(1)整体研究历年试题找出共性;(2)重点研究近五年试题寻找趋势;(3)对比研究同类试题找出变化;(4)分类研究不同试题寻找动态差异;(5)参照教材研究试题寻找原型。"①同时,由于数、理、化、生等学科的命题成员多数是大学教师,而大学教师在命题的时候往往喜欢选取这些学科最新的发展成果或热点领域方面的素材,利用自己的专业知识将这些复杂问题进行简化,使之符合高中教学的知识内容和难度,从而找到命题的切入口,分析大学教师的研究热点和命题思路,甚至邀请大学教师到教研组做报告,也成为教研组的工作内容之一。

我曾经参加过莲花池中学高一年级语文教研组的一次会议,经过允许,我把这次会议中的一段对话记录了下来。

教研组组长:这次会主要有两个议题,第一个问题是我们年级这次期中考试在全市排名第五名,学校给我们定的任务呢,是期末的时候排名前四。这次我们和第四名之间只有0.257分的差距,是很容易就赶上来的。那么这后半个学期怎么提高成绩,追赶排名,这是今天要讨论的第一个问题。第二个问题是我们现在的课文主要是散文,有些老师就问,散文该怎么教? 主要是年轻的老师在问,那么大家可以提提经验,提供点主意。

教师1:我参加了今年的全市统一阅卷,我们主要是在作文上丢分比较多。因为我们一直练的是议论文写作,但是高一主要是记叙文和散文,所以在今年的作文打分中,写记叙文和散文的有一些优势。

教师2:那下个学期我们有没有必要转向多强调一下记叙文的写作呢? 学校又要盯每个学期的成绩,又要高考拿成绩,我们不好弄啊。

教研组组长:这个我去问问年级组长,看看怎么说,我估计教学还是跟着教材教记叙文和散文,但是练写作还是议论文为主。

……

教研组组长:还有就是散文教学,小王老师那天跟我反映了一个情况,就是教散文到底教什么,他们几个老师有点不好把握,有点为了教课文而教课文的感觉,教完了就完了。

教师3:我觉得可以跟现代文阅读题目相结合,除了讲课文,也可以

---

① 高敬智.研究新课程高考理综卷 提高生物备考的有效性[J].考试与招生,2012(1):29.

讲怎么对散文进行赏析。

教师4：嗯，我觉得这个思路可以。讲课文的时候顺便就练一下高考的现代文阅读中的散文阅读。

教研组长：我觉得这个建议非常好，这样就显得比较实在，不然学生老说我们讲课文都是"虚"的，对考试没有用。

……

从上述对话当中可以看出，教师们关注的重点从高一起就一直放在"考试分数"上面，无论是每个学期期中考试的成绩，还是三年后高考的最终表现，都是教师们关心的问题。因此，教研组的研讨重心，不是如何改进教学，而是从高一起就围绕"考试"这一因素来运转，无论是和其他学校的成绩排名进行比较，还是"以高考阅读题"为参照系的平时课文教学，无不体现了这一特点。

相较于语文，数学学科的"教研"结论就显得更有针对性了。莲花池中学数学教研组的绍伟老师曾给我阅读过一份泸州市教科院印发的《高中数学学科教学意见（讨论稿）》，在这份《教学意见》中，"为高考而教"的思想体现得更加"直白"。我们来看其中的几段文字表述：

新课标卷大题有"重统计轻概率"的趋势，即重视统计思想观点的应用。理科大题以统计为背景，加概率和期望，有识表识图填表作图等要求，常常涉及线性回归和正态分布；文科大题与理科成姊妹题。概率小题基本都考古典概型（条件概率只考过一次，几何概型从没考过）。

近三年文理科试题的背景曲线都是椭圆，根据考纲看理科背景曲线椭圆的可能性较大，抛物线有点可能，文科背景曲线应该是圆或椭圆。

理科给方程定参数或求轨迹，第2问涉及直线与圆锥曲线的位置关系，多考范围和最值……

背景函数选择常常以 e 为底的指数型、对数型函数以及多项式函数或混合型为主，没有涉及三角类型的函数。

考查内容常以待定系数法入手，函数单调性的证明与讨论（含参数），导数的运用（二阶导函数，最值，极值，不等式证明）。

……

全国课标卷考试说明和近年来课标卷试题（尤其是近三年考题）是我们教学、复习备考的准绳和参照……各校教研组、备课组要以全国课标卷考试说明和近年来课标卷试题为指针，组织教师加强对全国课标卷考试说明和近年来课标卷试题的学习与研究，弄清具体要求，明晰高考方向，使新授课教学、备考复习更加具有指向性和针对性。

……

平时教学和考试中要加强对学生应试策略和技巧的训练。尤其要指导学生合理安排时间。

可见,在"应试主义"的体系中,教研组的功能在于设法提高学生的成绩而不是在于教研本身,来自于"应试主义"的需求使教研组在"教研"的过程中充分展现了其机智和灵活,它能够敏锐地捕捉到教学工作中存在的问题,能够有针对性地提出建议措施。不过需要注意的是,教研组的这些机智和灵活并不试图将其自身从被"应试主义"异化的漩涡中解脱出来,而是努力使自己的功能更加符合"应试"的需要。因而,"教研组"被异化为"考研组"。在"教研组"卓有成效的"教学研究"过程中,"教学研究"事实上已经迷失了自己的位置。

因此,如果我们把抛开教学的本职工作而去研究考点的行为称之为一种异化劳动,那么在努力考虑如何使自己的教学工作更符合应试需要的教师则成为异化劳动的向往者和追求者。这样,研究"应试"的老师,其劳动便属于"应试"而不属于他/她本身。研究"应试"不是他/她自己的需要,而是"应试"的需要。但这种需要无疑已经被老师接受甚至认同。一种具有较强普适性的、偏离教学本意的教学方式和研究方式,如此清晰地呈现在我们面前。因而,"应试主义"对教师的规训使整个教师队伍被异化,而当这一异化以教研组的形式来指导教学工作的开展的时候,反过来又对其中的个体进行了更为强大的规训。

二、"好学生"的培养

"应试主义"对学生的规训比对教师的规训要明显很多。如果说对教师的规训主要通过较为隐蔽的方式来体现,那么对学生的规训则是以各种外显的制度、措施来进行保障。"对个体进行分配、分类,在空间上固定他们,提取他们最大的时间和精力,训练他们的身体,对他们的连续行为进行编码,把他们保持在理想的能见度中,用监视机制包围他们,将他们登记注册,在他们之中建构一套累积、集中化的知识。"[①]这一描述恰如其分地将"应试主义"对学生的规训揭示了出来。

1. 分数化的理想

在"应试主义"当中,分数的价值高于一切,无论对教师,对学生还是对学校而言都是如此。虽然学校和教师可以被视作"理性的个体",可以通过理性判断来做出自己的行为选择,但学生却经常被视作"叛逆的个体",处于青春期的高中生更是如此。贬低分数、抗拒应试的学生并不鲜见。不可否认,分数既

---

① 乔治·瑞泽尔. 后现代社会理论[M]. 谢立中,译. 北京:华夏出版社,2003:79.

is学生所需,也是学生的痛苦之源。总体上看,目前中学教育当中让学生感到痛苦的地方,无论是规训严格、作业量大、考试频繁,还是排名的压力、心理负担重,无不直接或间接地与分数相关。当教师采取分数主导的行为模式的时候,便会和学生的自由、个性之间产生矛盾。这种矛盾集中表现在师生双方之间,以至于网络上有人戏称老师是学生天生的对头,但这一矛盾实际上植根于学生发展的多样性和"应试主义"仅仅为分数而教的单一性之间的不一致,教师只是矛盾当中一个方面的执行者和代言人。当矛盾产生时候,就必须通过教师的权力对学生的价值观念进行规训,使学生逐渐认同接受并积极践行"分数至上"的价值观念。让学生树立分数目标以及公布每次考试的分数和排名就成为一种有效的价值观念规训方式。

下面是莲花池中学高三年级某班教室里贴着的一张"我的理想":

表 4-1　"我的理想"表

姓名	理想	姓名	理想	姓名	理想
晓梦	重本线下 20 分	任婷	上重本线	马静	重本线
丁慧	上重本线	袁涛	二本线下 20 分	贾斌	二本线下 20 分
张涛	三本线上 20 分	王霞	二本线上 30 分	王涛	上二本线
关悦	上二本线	明雅	重本线	李良	三本
宁远	上三本线	张媛	超重本线	刘雯	重本线下 20 分
李斌	重本线上 40 分	卓凡	二本	丁宁	三本线上 40 分
董倩	超重本线	丁忠	重本线下 20 分	李湘	重本线下 20 分
刘芳	上三本线	孙萍	三本线上 45 分	刘梦	三本线上 30 分
小寒	三本线上 50 分	刘涛	重本线下 20 分	张远	重本线
大斌	三本线上 20 分	彭璐	上三本线	吴凡	重本线
周燕	重本线	李建	上重本线	洪月	重本线下 15 分
刘元	重本线下 10 分	王军	二本线上 10 分	张刚	重本线上 20 分
张盼	重本线	小丽	三本线上 50 分	王璇	二本线上 25 分
丁梦	重本线下 20 分	卓平	重本线下 10 分		
周冲	二本线上 20 分	王侠	重本线上 60 分		

这份"理想表"是文理分科的第一天,班主任让全班学生给自己制定的目标,然后让班上的宣传委员统一写在一张海报纸上,并一直贴在教室的墙上。表中虽名为"理想",实为"目标分数",因而,学生的理想被分数化,为分数而学

习的过程也就被包装成实现自身理想的过程。而将这张表贴在教室里面,便于学生观看,则可以随时提醒学生注意自己为自己制定的高考目标,以此来强化学生的分数意识。该班一名学生告诉我说:"我们老师一训人的时候就说:'你看看你离你自己的目标还有多远?'"这样,"分数第一"的思想在学生头脑中被反复强化,形成了一种持久的运作机制,以此来达到规训的目的。

"分数第一"的价值观念在大大小小的考试当中体现得最为明显。一般而言,诸如期中考试、期末考试和高三年级的月考、一诊、二模等考试都会涉及排名。高考本身是一场博弈,学生必须在排名上超过别人才能从博弈中胜出。排名就是博弈结果的一种外在表现。为了让学生提前熟悉和感受这种博弈带来的紧迫感,提升学生的学习动力,在学校或地区组织的大小考试中张贴或公布排名也就成了"应试主义"一种景观化的表现。排名制造出了分数带给学生的压力,在学生身上制造出了一个意念性质的控制源,成为全面干预学生肉体的方式。通过这种方式为学生制造压力和紧迫感,以使他们能够更加认真地学习,而所谓认真,就是收敛自身的个性,以及诸如开小差、不做作业、上课迟到等毛病,最大限度地使自身的行为方式与"应试主义"的运行模式相吻合。对学生而言,分数和排名对自己的影响远大于教师的训斥和各种规章制度的影响。莲花池中学的老师们告诉我,一般每个学期期中考试成绩出来之后那两个星期,学生的学习是比较自觉的,尤其是成绩靠后的那些同学,能看出来他们也感受到了分数的压力,会在那段时间稍微努力一点。但是时间一长,分数和排名的效果也会随之淡下去。期末考试之后就放假了,这个效果反而体现不出来。

定时而反复的考试,将学生的注意力紧紧锁定在分数和排名上面,不断强化着学生的分数意识。虽然国家三令五申不许公布学生的排名,但在高中,公布排名的现象却屡见不鲜。即便是有时候没有正式公布排名,老师们也会按学生分数高低自行排名,以了解学生的分数情况。而学生也总有打听到自己排名的途径。莲花池中学的晓峰老师认为,学生只是讨厌公布排名,但却很希望知道自己的排名。这可以看作是这种不断对分数意识、排名意识的强化的结果。这种强化同时也带给学生巨大的压力,诸如"考考考,老师的法宝,分分分,学生的命根"等口头禅广泛流传在学生之间。

通过价值观念的规训,学校将"分数第一"的意识灌输到学生的思想当中。在此基础之上,通过其他规训措施来努力提高学生的考试分数,就成为理所当然的事情。

2. 固定的学习时空

学生学习的主要时空都在学校。但是"学校"这一场域却通过一系列作息安排和空间限制,将学生的学习时空分割为一系列时间和空间片段。通过对每个时空片段进行监控,学校便达到了控制学生身体的目的,从而督促学生学习。

对于时间规训来说,它的一个基本思路就是通过将学生的身体安置在一个个特定的时间段,以便进行监督和管理。然而,仅仅是依靠学生的自觉和主动是远远不够的,"应试主义"需要的远远比这要复杂得多,在老师眼中,很多学生都没有时间观念,他们喜欢迟到,作业拖拉懒散,只有将一个与时间有关的"程序"装到学生的大脑当中,才能使学生跟得上"应试主义"的节奏。于是,时间管理就显得尤其重要,①与时间相关的各种制度就应运而生,作息时间表就是最明显的例子。下面是一张莲花池中学学生的作息时间表:

表 4-2　莲花池中学学生作息时间表(春季)

时间	活动
7:30—7:45	早读
7:50—8:30	第一节课
8:40—9:20	第二节课
9:30—10:10	第三节课
10:10—10:35	课间操
10:35—11:15	第四节课
11:25—12:05	第五节课
12:05—14:30	午饭、午休
14:30—15:10	第六节课
15:20—16:00	第七节课
16:10—16:50	第八节课
17:00—17:40	第九节课
17:40—19:00	晚餐
19:00—20:50	所有学生晚自习
21:00—22:00	住校生晚自习

从表 4-2 中的时间安排来看,学生从早上 7:30 到晚上 10:00 之间,除了午餐和晚餐之外,绝大部分时间都处于学习状态。虽然每隔 40 分钟就有一个课间时间,但由于拖堂或者教师清理作业等现象的普遍,学生在课间十分钟里并不总是能够得到休息。

下面是莲花池中学一份关于进出校园时间的规定:

---

① Thompson，Edward P. Time，Work-discipline，and Industrial Capitalism[J]. Past and Present，1967(38)：56-97.

莲花池中学学生出入校园管理实施细则

为了加强学校的常规管理,为学生建立一个良好的生活、学习秩序,为学生成长提供稳定、安全的换进,规范学生的行为习惯,特对学生进出校门时间作如下规定:

一、周一至周五

06:50—07:20 开校门,所有学生刷卡进入,住校生刷卡进校为违纪。(请假除外)

07:20—12:05 全校学生一律不许外出。(请假除外)

12:05—12:50 走读学生外出不刷卡,非特殊情况不得进校,住校生擅自外出后进校为违纪。

12:50—14:20 住校学生一律不准外出,两大门关闭,走读生不能进入校园。

14:20—14:50(夏季) 14:00—14:20(秋季) 所有学生刷卡进入,住校生刷卡进校为违纪。

14:50—18:30(夏季) 14:20—17:50(秋季) 所有学生一律不准外出。(请假除外)

18:30—19:30(夏季) 18:00—19:00(秋季) 走读生刷卡进校,住校生进校为违纪。(请假除外)

19:30—21:40(夏季) 19:00—21:10(秋季) 所有学生一律不准外出。

21:40—22:00(夏季) 21:00—21:20(秋季) 走读生外出不刷卡,高一、高二学生必须于22:00前离校。

22:00—22:30(夏季) 21:40—22:00(秋季) 高三走读学生外出刷卡。

二、周六(上午如在上课,则按周一至周五上午规定执行)

14:50—17:30(夏季) 14:00—17:00(秋季) 所有学生一律不准外出。(请假除外)

17:30—18:50 走读生离校不刷卡。

18:20以后 走读生不准进校。

三、星期天

21:40—22:00(夏季) 21:10—21:40(秋季) 高一、高二走读生离校不刷卡。

22:00—22:50(夏季) 21:40—22:00(秋季) 高三走读生外出刷卡。

备注

周一至周五住校生一律不准外出。

星期六 17:30—19:30,星期天 7:00—19:00   住校学生须持有效假
条刷卡进出校门。

我在和莲花池中学的老师谈到这份规定的时候,晓芳老师对我感叹说,规定当
中的复杂条款甚至让她都感到"不容易记清楚,但很有必要"。考虑到莲花池
中学的学生数量大,为了能够用一套统一的行为标准来规范所有学生,并将严
守时间的意识注入不同学生的大脑当中,规训的过程就必须依赖于强权的管
理。这个强权的拥有者还不能只是人类,必须借助于机器。刷卡进校和离校
的方式使得学生在"不合理"的时间进出校园在电脑系统中留下了记录,而教
师则只需要查询这些记录,就能对学生进行教训或惩戒。而其中关于双休日
的时间安排则无意中透露了一个"双休日有补课现象存在"的信息。

四川省教育厅于 2009 年 10 月出台了《关于贯彻〈四川省人民政府办公厅
关于规范办学行为　深入推进素质教育的意见〉的实施意见》,要求全省中小
学校规范教学行为,其中包括严格作息时间。在这个文件中有如下两条明文
规定:

1. 小学、初中、高中学生每天在校集中学习时间将分别不超过 6 小
时、7 小时、8 小时,每天睡眠时间分别不少于 10 小时、9 小时、8 小时。

2. 严禁学校以任何名目(包括家长委员会等)占用双休日、节假日、
寒暑假组织学生集体补课或上新课。

但是在实践中,没有哪一个学校会认真执行这项规定,当然也包括莲花池
中学在内。我粗略地估算了一下,莲花池中学走读生在校学习时间至少在 9
个小时以上,这还不包括他们回家之后完成作业的时间,而住校生在校学习的
时间则肯定超过了 10 个小时。双休日补课也不仅仅是莲花池中学的个别现
象,而是在泸州市、四川省乃至全国都是非常普遍的现象。

明文规定的时间安排对学生的日常生活进行了非常严格的限制,每个学
生都必须努力适应其严格要求,并且必须按时完成被时间表分割的每个时间
片段当中各自独立的任务。对于成绩较差的学生以及一些生性好动、活泼的
学生来说,适应一个硬性的时间安排尤为困难。在"应试主义"的大环境当中,
学生的身体必须努力去追赶时间,时间成为一个外在的、需要学生努力去占有
和征服的客体。时间表有着自身的信念和价值,它无疑是"应试主义"的核心,
它为不同的学生建构了统一的时间观念和生活方式,就这样,学生的身体被时
间异化。时间的强硬、严格而标准的性质,使学生很容易觉得自己的身体处在

时间的霸权统治之下。时间表的规定严格而仔细,使每个学生都能感受到它的存在。"应试主义"中的每个学生,都必须自觉地熟悉它和实践它,学习的过程被分解为一系列定时行为,这些行为被定格和储存到每个学生的身体和意志当中,而学校对教育的"效率"的追求,则在时间表的背后悄悄地体现了出来。"时间就是金钱",这句在工业生产领域内非常流行的话,在"应试主义"体系中被翻译成"时间就是分数"。"应试主义"的一个突出特点,就是想方设法地把学生的时间花在与高考分数有直接联系的活动上面。

空间规训是时间规训的延续。如果说时间规训是要让学生"在规定的时间做规定的事",那么空间规训则体现在让学生"在规定的时间出现在规定的地方"。前面提到的出入校园管理实施细则中其实已经体现出了部分空间规训的内容。而莲花池中学对备受学生欢迎的学校小卖部和学生住宿的寝室进行严格控制,则更为明显地体现了空间规训在学生生活各个领域的渗透。

莲花池中学的校园里有一个小卖部,经营各种零食、饮料。由于这是校园内唯一的一家小卖部,而平时学生轻易不能出校园,小卖部的生意一直很好。在一个周一上午的第三节课后,高一的晓冬老师让我替他监督去小卖部的学生,这个奇怪的任务一时让我有些不知所措。原来,很多学生喜欢从小卖部购买各种零食之后带回教室,一边上课一边吃,这既是对老师的不尊重,也影响自己专心听课。因此从 2011 年下半年开始,学校开始规定:只有午饭和晚餐时间允许学生前去购物,其他时间尽量不前去购物。为此,莲花池中学专门安排教师在各个课间时间在小卖部周围巡视,一旦发现学生前去购物,要么"撵回去",要么要求他们在上课铃响之前吃完了再回教室。

根据莲花池中学的学生作息时间安排,住校生晚上下晚自习的时间是22:00,莲花池中学规定,在此时间之前,宿舍楼不开门,防止学生提前回到寝室,而 22:30 之后宿舍楼锁门,防止学生迟迟不回寝室。从 22:30 开始,各班班主任每天轮流陪同宿舍楼生活老师共同查寝,查寝的任务是检查学生是否自觉回到了寝室,是否偷看与学习无关的课外书籍,并敦促学生准备休息。查寝安排在每周一至周五,以及周日晚上,一般到 11:30 才结束。尽管各班的老师们对此也是怨声载道,但学校领导认为,这样可以保证学生"在该学习的时候在教室学习,该休息的时候就回到寝室休息"。因此,学生的身体在固定的时间应该出现或不能出现在什么地方,也成为一项硬性的规定。通过空间规训对学生的身体进行监控,也在很大程度上避免了学生偷懒、贪玩的问题,他们能够有更多的精力用在学习上面。

3. 被规定的学习方法

学生之间存在着个体差异,在学习方法上也因人而异。但是个体化的学习方法并不适合"应试主义"的统一逻辑,因此,对学生的学习方法进行规训,则有利于教师的控制。有一天,我在高一年级语文组的办公室里随意地翻看学生的周记本的时候,其中一篇文章吸引了我。与其说这是一篇周记,不如说是该生向语文老师倾诉自己的委屈或者"状告"自己的历史老师,而"告状"的原因,则正是在于该生对老师控制的不满:

> 今天我感到很委屈,上历史课的时候,老师忽然停了下来,把我的书抓起来,一边向全班同学展示一边说:"你们看,我讲了那么多,这位同学就在书上勾了一句话!不好好听课不好好勾书,考试怎么考得好!"
>
> 其实,我根本就没有不好好听课,只是因为老师让勾的很多东西我自己都已经知道了,没有必要再勾了,我只把自己还不知道的地方勾了下来,所以才只勾了一句话。
>
> 可是无论我怎么辩解,老师都根本不管,而且自以为是,说:"你说你已经知道了,那就算现在知道了,你是不是一直都知道?到考试之前忘了怎么办?到时候万一忘了,你连该背书上哪些地方都不知道,怎么考得好?"我对老师感到很失望,到考试的时候我到底知不知道,只有我最清楚,他当老师的怎么知道?

对勾书、做笔记的内容和方式进行硬性的规定,实际上是对学生学习方法的一种控制。在这个过程中,教师的权威是不容置疑的,并且需要通过各种措施使学生顺从于自己的权威和自己制定的学习方式。因此,"应试主义"为全体学生的学习设定了一条"标准"的路径,所有学生都必须统一地按照这条路径进行学习,这种"循规蹈矩"一方面使得老师对学生的学习做到心中有数,另一方面也便于老师对全体学生的掌控。在对学生学习方法的规训当中,教师的权力直接作用于学生的身体,学生的身体——表现在其学习行为方面——成为被教师的权力操控的、塑造的对象,学生自己不再具有决定权,主体性丧失。因此,学生的学习行为和方法选择并非出自其主观意愿,而是教师权力的产物。需要说明的是,方法上的规训一般针对的是成绩中等及靠后的学生,而对于成绩较好的学生,老师在方法上都显得比较宽容,不会过多地干涉他们已经熟练掌握的学习方法。

为了能够尽可能早地把学生的学习方法导入"应试主义"的轨道中来,考后的总结就成为老师们采取的一种手段。每次重要的考试之后对自己的考试成绩和学习方法进行总结是高一、高二年级学生的"必修课",让学生撰写一份期中考试分析成为一种通行的做法,其目的是让学生根据成绩反思自己学习当中的问题和不足。从高一(4)班的期中考试分析来看,虽然每个学生的语言千差万别,但主要内容却惊人一致:基本上都是背得不够多、平时家庭作业不够认真,考前没有认真复习等几个方面的内容。阿英老师拿着一个学生的作

业本向我推荐说："这份期中考试分析算是写得比较清楚的。"经过允许,我把这份"期中考试分析"的内容摘录了下来:

> 这次半期考试,我语文只考了 91 分,比我想象的要差了很多,我本来希望考 110 分以上的。主要是基础题错得比较多,比如拼音、错别字和成语,这前三道题全部做错了。这说明平时在基础题上的训练不多,该背的没有背下来。另外,阅读题错得多,尤其是文言文阅读,我一直对虚词的用法不是很清楚,以后要多加注意。
>
> 数学也考得不好,只考了 82 分,我觉得是平时练题还练得不够多,比如有时候,数学的家庭作业我有些偷工减料,不想做的时候就空着不做,老师问我就说不会。我以后一定要改掉这种偷懒的毛病,认真完成家庭作业,争取在期末考试的时候提高到 100 分。
>
> 英语考得是相对比较好的一科,考了 121 分。但是错了几个不该错的地方。主要是单选里面,做错的那几个题的语法知识老师都是讲过的,但是复习的时候没有复习到。平时觉得英语学得还可以,有些骄傲了。在今后的学习中,我一定要端正自己的态度,不骄傲,不自满,认真学习。
>
> 政治考得不太好,主要是没有认真背,所以考得很不好,都没有及格。政治老师一直给我们强调要多背书,但是我有时候还是有些懒,不想背。
>
> ……

从这份"期中考试分析"当中,可以发现,在学生心目中,学得好的方法无非就是认真背、多练题,注意把握考点。而学生们在总结中对这类方法表现出的普遍共识,则体现出了方法规训的效果。学生提到的这些方法都是符合"应试主义"体系的方法,通过"自我总结"的形式,多背诵、多练题、考前强化突击等方法就不断在学生头脑中进行强化,从而使学生逐渐融入简单"应试"的体系中来。

对学习方法的规训并不是采取诸如摧毁、破坏或阻碍等否定性措施,而是通过教师的权威,提供一种技术性的、肯定性的力量。例如在上面那一则日记当中,"老师让勾下来的地方一定要勾下来"就是教师试图传达给学生的一种技术观念。这种规训本着对学生的分数负责而不是对学生本人负责的态度,采取批评、教化甚至惩罚等方式,逐步将学生导入教师所期望的方向,以此塑造出教师希望的顺从、专注而又训练有素的肉体——用福柯的话来说,叫作"听话的身体"。钟道然在《我不原谅——一个 90 后对中国教育的批评和反思》一书中对这种"听话的身体"的描述,应该是恰如其分的:

> 一听到"五四运动的历史意义"就下意识说唱出"是一次彻底地反对

帝国主义和彻底地反对封建主义的爱国运动……"一看到抽屉就想到排列组合,一看到椭圆立刻设立 xy……诸如此类。①

尽管这一描述颇具讽刺意味,但我们却不能否认其普遍存在这一客观事实,甚至不能否认这种"听话"对提高学生考试成绩的有效性。

4. 掏空的猫眼:防盗门提供的全景敞视

尽管各种口头的和成文的规训已经被加到了学生身上,但是"应试主义"仍不满足,学生并不总是那么容易对付,"应试主义"还需要别的监控方式,这个方式必须能够保证教师在"不在场"的情况下也能随时对学生进行监督,从而可以看到学生最真实的表现——如果班主任坐在讲台上,自习课的纪律总会比班主任不在场的时候更好。那么,这到底是一种什么方式呢?答案就在教室后面的防盗门上面。

自从莲花池中学每间教室里都安装了多媒体设备之后,每间教室的前后门都从单薄的木门换成了厚实的防盗门,以保护教学设施的安全。但是,后面一扇防盗门的猫眼是被掏空了的,只留下一个指头粗细的圆洞,从这个小洞里,可以从外面看到教室里的大部分地方。我曾经多次看到有些班级的班主任站在防盗门外监视教室里面的情况,但是对于教室里的学生来说,没有谁知道班主任会在什么时候监视自己。

班主任当然不是随时都在,但却随时都有可能在。这让一些学生在捣乱或者不专心的时候感到紧张。我无从考证是莲花池中学的哪位老师最先提出了这个天才般的设想——教室后面的防盗门上不安装猫眼,因此老师反倒是可以从猫眼外面对内窥见教室当中学生的种种表现。当这一方案被采纳,其规训意义就已经在学生当中渗透着了。刚上高一年级的小勇告诉我说,他在课上想开小差或者偷看课外书之前,总会下意识地回头看看后面的防盗门,试图确认门外是否有一只眼睛,但有一次,他刚回头,就被门外的班主任发现了,而他自己却没有看见班主任——那个洞太小了,必须把眼睛放在洞口才能看清楚。这使得学生们随时都处在福柯式的"全景敞视空间"当中,尽管监控权力的在握者——班主任——只是偶尔才会前去"视察"一下,而且一般只在自习课或者某个不太能管住学生的科任老师上课的时候,尽管绝大多数学生的开小差、分心等情况都不会被发现,但一旦被抓"现行"的,往往会被老师批评、惩戒,因此,防盗门上掏空的猫眼依然能够在学生群体中起到一定的警示作用。

---

① 钟道然. 我不原谅:一个 90 后对中国教育的批评和反思[M]. 北京:三联书店,2012:95.

5. 无奈的顺从

在"应试主义"强有力的规训面前,学生表现出逐步顺从的状态。但这种顺从,更多的是价值观念的认同和行为层面的顺从,其内心深处的压抑情绪,是无法通过每天的唱歌和喊口号得以完全发泄的。在对莲花池中学的学生进行访谈的时候,多个高三的学生都曾经找我倾诉他们在临考前的紧张和苦闷。

高三(24)班的小安曾经问我:"表面上,我坐在那里,眼睛也望着书本,但实际上,我完全不知道书上写的是些什么,我也不晓得我为什么会这样。我该怎么办?"

晓莉则对我说,她最近越来越多地在复习的时候分心,有时候去想象考上大学之后的美好生活,有时候去猜测高考落榜之后的悲哀,总之,她的脑子里充满了各种各样的幻想,以至于她完全无法专心复习。

小安和晓莉的问题并非只是属于个别情况,在每天晚自习和高三(24)班的学生们"散步"的时间里,我不断地接收到类似的消息,在和我散过步的40多名学生中,有一半的学生很明确地告诉我他/她经常生活在这幻想当中,另一半没有——也许他们也有,只是没有告诉我而已。

学生脑海中充斥的种种幻想可以理解为学生在"应试主义"的高强度压力下采取的一种应对策略。为了在近乎疯狂的应试规训中得以幸存,当身体不堪承受灌输、题海战术,或者高考的压力的时候,他们不得不将自己的精神和肉体撕裂,让自己的思想四处漂流,仅仅把肉体继续停留在"应试主义"的规训当中。这种撕裂的现象不可能真实地再现一个完整的学生,学生们在幻想中创造出了一个虚假的自我,用这个幻想来对抗"应试主义"的规训带给自己的种种身心压力,随着幻想持续下去,真实的自我则不断瓦解。

学生的身体和思想并不是永远都处在分离的状态,客观地说,学生每天大部分时间还是被用在了有意识的学习上面。但另一个问题随之而来:身体为什么会疲惫?眼睛累、头晕、瞌睡……学生们形容说:"我的眼皮在打架""我看着看着眼睛都花了""越算越头晕,越做越糊涂"。学生们对这些身体上的负面感觉非常讨厌,尤其是当他们想认真背书,想认真做题的时候。"我就自己拍自己一耳光""有时候我就掐一下自己的虎口,掐痛了,就觉得清醒一点,然后继续看书"。在学生们的这些言谈中,自己的身体被他们视作自我的客体,甚至于是阻碍自我继续学习的敌人。由于身体上的疲惫无法控制,学生将身体视作与自我相对立的存在,并将其外化在自我之外。疲惫侵袭身体,身体感受到疲惫,于是向那个想要继续学习的自我发起攻击,而自我为了抵挡这种不利于自身学习的疲惫便将自己的意志从身体中分离出去,通过用另外一种痛苦去袭击身体——例如拍自己耳光,掐自己的虎口,来对身体进行"报复",从而避免自我在身体的进攻面前全面崩溃。

压力是导致高三学生在学习中遭遇瓶颈的另一个因素。随着高考的日益临近,学生面临的压力日渐增大,对分数的焦虑、对高考结果不确定性的担忧,如果不转化为幻想,便可能缓慢而长期地对学生的思想形成煎熬。因而压力也是影响学习效果的重要因素。"压力过大——难以维持学习——考试分数低——感到痛苦——压力更大"。很多学生就在这个逻辑怪圈里反复地循环着,体验着一次又一次考试带给他们的痛苦。但在多次经历考试带来的痛苦之后,学生们发现,当自己不去考虑压力、不确定性等未来的事情时,痛苦的程度是最低的。于是学习开始成为一种习惯,为了养成这一习惯,很多学生会选择放弃自己的兴趣、爱好、特长,收敛自己的个性,以将学习培养成一种习惯。因而很多学生处于"只知道要学习,但不考虑为什么学习"的状态。"我已经学麻木了",莲花池中学的学生们经常用这句话来形容自己。"麻木"意味着学习的意义被"悬置"起来,而与之相伴的则是学生被"驯化"了,成为"应试系统"中自觉运转的一个部件。

老师们显然对这种"驯化"的身体感到很满意。晓芳老师告诉我说:

现在学生年级也大了,想得也比较多,高三的学生比高一高二有一个明显的转变,感觉他们比高一高二明显地懂事了、成熟了,这肯定有高考压力的因素。但是压力太大也是不行的。我经常告诉他们,只有在制订学习计划的时候要考虑高考的要求,但学习的过程中就不要去想高考,只想着我要把书背了,把题做出来,就行了。

三、牌桌、毕业典礼和散伙饭

2011 年 6 月 7 日,这是高考的第一天。

我从钟主任那里接过一张"送考证",这是我得以跟随莲花池中学的师生队伍进入高考考场的凭据。其实所谓送考,也没什么神秘可言:在预订时间到达考场,集合全班学生,讲几句激发斗志或者舒缓压力的话,再一一分发准考证,目送考生进入考室。一场考试结束之后,再集合,回收准考证,如此而已。我的工作就是帮助钟主任收发准考证,因为他担心有个别学生会比较懒散,万一把准考证遗忘了可不是闹着玩的。

临到了学生进入考室之前,我还略微担心我们这些送考的教师其实是比较无聊的,因为我知道我们不能进入考室,但也似乎没有别的什么事可干。考场为我们准备了一间单独的教室作为休息室,里面备有热水,这是我们每天上下午将要耗去三个小时的地方。然而当我跟着其他几个送考老师刚一走进休息室,那几个老师立马就活跃了起来。钟主任掏出一支烟点上,催促晓芳老师说:"快点,牌拿出来!"其他几个老师也"心领神会"地围坐在了一起,开始玩

"升级"，另外一桌的人则是在"斗地主"。望着我一脸愕然的表情，晓芳老师对我解释说：

> 我们高三的老师这段时间也被逼得很惨，压力也很大，早上起得比学生早，晚上睡得比学生晚，而且还上有老下有小，再这么下去人都快崩溃了。终于熬到了高考的这一天，难得学生考试的时候大家都没事，不趁此机会放松一下自己，那就"天理不容"了。你放心，我们也只是打打牌，不打钱的！

我坐在钟主任身边看他们"升级"，其他几位老师都兴致高昂、吆喝不断。我忽然觉得，这不只是一张没有赌博的牌桌，而是对长期被规训、被束缚的工作的一种反叛。日复一日、年复一年被"应试主义"规训的老师们，在表面的"驯化"的背后，掩藏着更大的反抗的意识。这种反抗会随着教学工作的结束集中爆发出来，考场内的牌桌只不过是冰山一角，在接下来的几天，我还和他们一起经历了半夜的烧烤，持续到凌晨的 K 歌……钟主任告诉我说："在这个时候一定不要再继续把自己当一个老师，而要当成一个'生活'着的人。因为高中的老师是没有自己的生活的。"钟主任所说的这种"生活"，或许可以更确切地说是"自由的生活"。高中老师的生活的确不自由，因为他们是一个个被"规训"的个体，他们在"应试主义"的压迫下早就已经淡忘了什么是自由，也早已不记得当初自己曾经怀揣着怎样的教育理想。

在 6 月 8 日下午高考最后一科结束之后，回到教室里的学生开始通过各种方式发泄自己心中积攒已久的情绪。我饶有兴趣地观看着学生们的"表演"：

教室前方久已不用的电视机被打开，播放着混沌不清的画面，即便没有人在看；座位的概念在这个时候已经不存在，学生们三五成群地围着交谈各种与高考无关的话题；两个女生嘻嘻哈哈地把各科老师的外貌形象逐一点评了一轮……而"表演"的高潮，则是他们把手里能找到的一切与高考有关的书本、资料还有揉成团的卷子，都抛到空中，捡起来，再抛出去，最后把作业本和卷子撕成碎片，来一场天女散花……这一幕和多年前《羊城晚报》曾经报道过的湖北仙桃市某中学高三考生集体撕书的事件何其相似！当时就有学者冷静地提醒我们说："撕书只是学生放松和自我发泄的一种方式而已，不要把它看成是'对知识的亵渎'；也不要仅仅因为有学生撕书就推断中国教育制度有严重问题。"[1]因为到这个时候，一切的规训就都已经失去了意义，班干部不会来管理教室里的卫生和纪律，被掏空的猫眼后面也不会有一双眼睛在监控学生的行

---

[1]　洪启旺. 高考后集体撕书没必要过度解读[N]. 羊城晚报，2010-06-12（A05）.

为。这时学生们却是异常繁忙的。虽然刚经受过高考的洗礼,但他们却显得精力充沛。高考之后的几天,他们一直在热烈地交流和讨论着毕业典礼和散伙饭的诸多事宜。我也被高三(24)班的几名班委干部请去"咨询经验",也就是毕业典礼该怎么办,散伙饭该怎么吃,诸如此类的问题。

莲花池中学的毕业典礼并没有什么特别之处,校领导和老师、学生代表各自发言,无外乎就是对毕业生们的殷切希望鼓励之类的言辞,当然也没有几个学生在听。学生们真正在意的是之后的合影环节,从教室里到操场上,学生们四处出击,将路过自己身边的老师一个又一个地拉去跟自己合影,从班主任到科任老师,从教过自己的老师到没有给自己上过课的老师……只有在这个时候,学生才会觉得,主导权被牢牢地抓在了自己的手里,也只有在这个时候,老师们在自己面前不会有任何权威,他们会听自己的一切摆布,无论是比画出剪刀手,还是摆个搞怪的造型,抑或是茄子、田七、冬瓜、番茄地乱喊一气,每当某个老师被自己摆布得哭笑不得乃至出声告饶的时候,学生们便嘻嘻哈哈地笑作一团,享受着难得的自由时光。

散伙饭是近些年来高中毕业班的一个固定节目。各班学生都会自己凑份子,在餐厅里包两三桌,一起吃最后的一顿饭。说是吃饭,不如说是喝啤酒来得恰当。尽管高三(24)班的班主任晓峰老师多次提醒学生们"少喝一点",但事实证明这是他三年来说过的最不被学生当回事的一句话。"关键是学生难得放松一回,我也不好太阻拦着他们。"晓峰老师对我说。几个玩高兴了的女生甚至当众喝起了"交杯酒",而学生们最得意的事情则是把老师们一一灌醉——事实上,没有几个老师不会被灌醉,因为老师们大多一人教两三个班,他们必须频繁地穿梭在各班的散伙饭之间,频繁地喝酒。

三年的严格规训的"效果",在一顿饭的时间里就烟消云散。因为"应试主义"的规训的价值并不在于让学生获得持续性的惯习和行为方式,而只是希望学生获得在为"应试"做准备期间的阶段性行为方式。所以当高考一结束,这些被规训出来的行为就都失去了价值,继续规训也就没有必要了。

第二节　统一之下的区别对待

在"应试主义"的统一规训之下,不同教师虽然教学方法趋同但教学质量仍有区别,不同学生虽然学习目的一致但考试分数仍有高低,因此在师生内部都出现了分层的情况。这种分层在"应试主义"中被学校加以利用,作为刺激教师努力程度、保障教学顺利开展以及提升学校升学率的工具。

一、教师地位:分数决定与经济诱惑

根据所教学生的成绩的高低,不同的教师在学校中会有不同的地位,这表现出以学生成绩高低为依据的教师层级差异。与学生的层级划分不同的是,这是一种隐性的成绩划分。一般而言,所教学生分数较高的教师会被贴上"名师""高三教师"等标签,从而使每年新生入学和文理分科的时候,各科教师之间存在明显的地位差异;各班班主任会倾向于和教学业绩较高的教师搭档,而教学业绩较低的教师则少有问津。同时,学校出于保障升学率的目的,会要求部分教学成绩突出的教师长期担任高三年级的教学任务,因而"高三教师"这一原本仅有年级意义的称谓也被赋予层级意义,使其成为高人一等的教师身份的象征。

但这一层级划分并不是固定不变的,教师教学业绩的变动可以使其进行纵向的层级流动,因而,教师争取向上流动的行为,便符合了学校追求升学率的初衷,这使得教师的层级划分便可以有效地促使每一个教师都为学校的升学率提升做出更大的贡献。为了保障这种层级划分的效果,通过经济方式来激励教师的努力,就成为很多学校在面对升学压力时做出的共同设计。这一设计的目的在于通过经济利益动员的方式实现对学校教育系统的有效整合,也因此激励教师将更多的时间和精力用在对学生成绩的提高上。我摘录了《莲花池中学 2010 级高考奖励分配方案》:

莲花池中学 2010 级高考奖励分配方案

为了充分调动教职工工作积极性,全力以赴做好高三毕业班工作,落实目标引领过程和全面质量管理的要求,根据泸州市教育局下达给我校的升学预测目标任务和我校生源状况,经研究,制订本方案。

一、指导思想和原则

1.指导思想:目标引领过程,既看过程,更重目标,重在激励,突出实效。

2.原则:

(1)应届学生目标任务数。"市一诊""市二诊""市一模"是以学校下达的阶段预测目标任务数为标准,高考目标任务数是以市教育局下达的预测目标任务数为标准,往届学生高考目标任务数是以学校下达目标任务数为标准。

(2)高考奖励分为"市一诊"、"市二诊"、"市一模"和高考四次进行,完成相应目标任务进行奖励;若年级没有完成相应目标任务,不计发奖金。但校长可直接奖励完成得好的班级和备课组。

（3）高三教师岗位津贴的系数由 1.2 变为 1，高三教师岗位津贴系数的 0.2 所构成的岗位津贴总和根据绩效分为"市一模"和高考两次发放。

（4）学校对高考奖励金额奖到高三年级。

（5）年级制订具体奖励方案，报学校同意，进行二次分配到班级、备课组。

班级、备课组制订具体奖励方案，报年级组同意，对奖金进行三次分配到个人。

二、奖金组成

（一）年级奖

1. 基本奖

（1）完成重点本科人数 28 人，奖金基数为 5 万元；完成三本人数 331 人，奖金基数为 45 万元。

（2）完成或超额完成 28 人重点本科任务，学校按重点本科人数另奖励 200 元/生。

（3）完成艺体生 50 人（其中艺术 45 人，体育 5 人）任务，奖金基数为 1 万元。

2. 超目标任务奖

（1）在三本任务数 331 人基础上，超 1～10 名，每名奖励 1000 元，超 11～20 名，每名奖励 2000 元，超 21～30 名，每名奖励 3000 元，超 31～40 名，每名奖励 4000 元，超 41 名及以上，每名奖励 5000 元。

（2）艺体生完成任务数的基础上超 1～10 名，每名奖励 300 元；超 11～20 名，每名奖励 400 元；超 21～30 名，每名奖励 500 元；超 31～40 名，每名奖励 600 元；超 40 名以上每名奖励 700 元。

3. 单学科奖

教师所教学生单科最高分在全市获第一、二、三名，语数外教师分别奖励 500 元、300 元、200 元。

（二）班级奖

1. 学生考入清华、北大，按每生奖励该班 1 万元。

2. 艺术、体育考生考入清华、北大，按每生奖励该班 5000 元（含艺体指导教师）。

3. 录取 1 名空军飞行员奖励该班 2000 元。

（三）其他教职工奖

1. 完成市教育局下达的预测目标任务数和学校总目标任务数 700 人及以上，学校再奖励高三年级 5 万元，其他教职工每人奖励 500 元。

2. 完成市教育局下达的预测目标任务数和学校总目标任务数 800 人

及以上,学校再奖励高三年级 10 万元,其他教职工每人奖励 1000 元。

三、奖金的发放

年级项目组按照分配方案制订奖金发放表交教务处和教科处审核,分管校长审查、校长审批。分"一诊""二诊""一模"及"高考"四次发放。

1. 市"一诊"奖励

年级总体完成"一诊"预测目标数,奖励年级高考基本奖金的 5%。若没有完成预测目标数,则基本奖金的 5% 的一半直接奖励到完成任务数的班级和有进步的班级。

2. 市"二诊"奖励

年级总体完成"二诊"预测目标数,奖励年级高考基本奖金的 10%。若没有完成预测目标数,则基本奖金的 10% 的一半直接奖励到完成任务数的班级和有进步的班级。

3. "市一模"奖励

年级总体完成市"一模"预测目标数,奖励年级高考基本奖金的 15%。若没有完成预测目标数,则基本奖金的 15% 的一半直接奖励到完成任务数的班级和有进步的班级。

4. "高考"奖励

(1)年级总体完成市教育局下达的预测目标数,奖励年级高考基本奖金的 70%。若没有完成预测目标数,则基本奖金的 70% 的一半直接奖励到完成任务数的班级。

(2)超目标任务奖。

(3)特优生奖。

5. 补习班按应届班奖励标准的 0.6 计奖

这份方案实际上是一份以考试成绩为衡量指标的教师评估奖励制度,在该方案"既看过程,更重目标"的指导思想统摄下,这一制度以学生考试成绩的高低来衡量教师的教学能力,并以经济利益动员的方式来实现"教学—评估—奖励—教学"机制的整合,从而将任教"高考科目"的教师放在突出位置,而其他学科教师则居于次要地位,这就为担任高考科目教学工作的教师占据其他科目的课时进行加课提供了便利。这样,担任高考科目教学的老师和担任非高考科目的教师之间就体现出了明显的层级差异,而这一差异使学校能够将更多的资源分配到高考考试科目上面。

通过这一奖励制度,学校可以将学校的师资力量进行有效整合,经济利益的驱动使所有高三年级的老师都将自身全部精力投入学生"应试"当中。从奖金数额的分配来看,奖金额度与高三年级的升学率关系最大。单科教学奖当中"教师所教学生单科最高分在全市获第一、二、三名,语数外教师分别奖励500元、300元、200元"的规定意在将高考的任务从班主任身上分担一部分到科任老师身上,从而保障所有学科教师的努力,使得单位时间内的教学"成效"更大。

任何奖励方案都可能带来一些利益冲突,因而每所学校也会对自己的奖励方案进行调整,调整的目的是更好地整合师资力量,以保证教师精力最大限度的投入。例如莲花池中学的上述方案中,"年级奖"所占比重最大,而"单学科奖"比重最小,即便是有学生考了单科全市第一,奖励金额也不高,这一规定就是在原有方案导致利益冲突之后修改而来。在2010年之前,莲花池中学的奖励方案的一个基本理念是"使每个老师的努力都达到最大化",因而单科教学奖金额数较高,不仅有全市前三名奖励,也有平均分奖励。但这在实践中导致了各学科教师纷纷布置过量的作业以"抢占"学生学习时间的情况,各学科教师在布置作业之前并没有一个统一的规划,而是尽可能多地布置作业,目的是希望学生把更多的时间花在自己所教的学科之上。然而由于学生的时间总量是有限的,因此当每一个学科的教师都试图占据学生更多的学习时间的时候,就产生了利益冲突。这种情况在全国范围内都普遍存在。湖北省一位语文老师的"经验之谈"就很好地描述了这种"冲突"的情况:

> 我们的语文教研组长曾反复告诫我们,要懂得"守住"我们的语文学习"阵地"(语文学习的时间)。因为我们语文组曾经尽量地少布置作业,甚至不布置作业,想让学生多读点课外书籍,但后来发现,学生并没有用这"节省"下来的时间去读课外书籍,而是把这我们想象中"节省"下来的时间去做其他学科的作业了。在这"血"的教训面前,语文组的老师再也不敢大意了。①

因此,为了避免教师之间的这种不良竞争,实现最大可能的师资力量整合,莲花池中学从2010年起将年级整体奖励的比重加大,取消了单科平均分奖励,削减了单科前三名的奖励金额,目的就是使各学科教师都能够以班主任为中心打"整体战",最终目的是有效地提高学生的高考总分,而不只是提高单科成绩。为了保障这种"整体战"的效果,莲花池中学对教师的教学进行了严密的监控。莲花池中学在2011年高考前一个月颁布了两条针对高三年级教学相关工作的规定:一是所有学科教师都不许再讲课了,只能监督学生自习;二是所有学科都不允许再布置作业,而要让学生自主练习。这些措施的目的

---

① 周颖."县中"模式的特点及成因研究[D].北京:北京师范大学,2009:71.

就是避免教师内部的竞争。

"整体战"并未弱化教师之间的层级划分,只是使教师之间的层级关系体现得较为隐蔽。在"整体战"的思想下,各班班主任有权对所有年级的各学科科任老师进行挑选,使其与自己搭档进行高三年级的教学,这样,出于提高个人教学成绩目的而过分抢占其他学科时间的老师在"整体战"中被边缘化,而合作意识强的教师则提升到较高的层级当中,因而可以获得更多的担任高三年级教学工作的机会。因此"高三教师"这一身份依然具有层级意义。这种层级划分的资源配置方式十分符合市场体制之下的学校作为一个经济人对资源配置进行理性化选择的原则。既然升学率是学校的追求目标,那么通过经济激励来强化教师进行纵向层级流动的积极性,使教师更好地围绕整体利益进行工作,便成为一个"理性"的选择。

二、班级层次:此分层并非彼分层

我们过去一直倡导"分层教学"。我国古代教育家早就表达过关于"分层教学"的思想。孔子曾说:"中人以上,可以语上也;中人以下,不可以语上也。"王阳明也曾说:"我辈致知,只是各随分限所及。今日良知见在如此,只随今日所知扩充到底;明日良知又有开悟,便从明日所知扩充到底。如此方是精一功夫。与人论学,亦须随人分限所及。"之所以提倡"分层教学",是为了"君子之教,因人而进之",让不同层级的学生获得与他们的能力和水平相适应的教学。为了保护在学业水平上处于低层次的学生的自尊心,韩国等国目前已经不再采用有鲜明等级色彩的快班、慢班或是重点班、普通班之类的分类方式,甚至都不说一班、二班、三班,而是改用红班、蓝班、绿班等更为人性化的提法。

在"应试主义"当中,也存在着将学生"分层"对待的情况。然而,"应试主义"中的分层,虽然也在一定程度上实现了"因材施教",但其根本目的并不在于让不同的学生获得适合自己的水平程度的教育,也不是保护学生的自尊,而是在于最快速、最高效地提高学生的考试成绩,从而提高学校的升学率。因此,同样是分层,动机不同则性质迥异。为了最大限度地提升升学率,学校就必须通过一系列制度设计对如下两方面的内容进行保障:一是能够最大可能地占据学生的时间,二是尽可能高地提高单位时间的效率。今日的学校教育虽然延续了"分层教学"这一传统,但古代先贤们提出分层,是为了获得一种理想化的教育形态,而"应试主义"中的分层,则是教育功利化的集中体现,是为了追求升学率而采取的抉择。我们从这一分层当中看到的不是对理想教学的憧憬,而是功利化的教育目的和对分数的片面的、极致的追求。

在莲花池中学,自从文理分科起,学生就进入了两种不同的层级的班级里面——"尖刀班"和"平行班"。这种划分实质上只不过是"重点班"和"普通班"

的一种新提法而已,班级层级划分的初衷在于将不同水平层次的学生整合到一起,进行资源的重新配置,方便教师有针对性地进行教学。莲花池中学的老师基本上都赞成这种划分,他们认为,如果把差生和优生都放到一个班里,老师会不好教,对所有学生都不好;只有按照成绩分成不同的班级,才便于老师根据学生的水平进行较有针对性的授课,学生学到的东西才会更多。在这个问题上,阿英老师的话可以说是一语中的:

> 就要这么样才好教啊,学生水平比较均衡,老师教起来才快啊,不然,学生差别大了,你照顾了这个就照顾不了那个,看起来一直在讲题,实际上你讲的任何东西都只对一部分学生有用。

"尖刀班"和"平行班"的划分,其初衷在于追求"效率",即等级划分有助于使教学更具有针对性,能够更有效地提高学生的考试成绩。对班级进行层级划分在一定程度上避免了在教学过程中教师讲难题差生听不懂,讲简单题优生不爱听的情况,由于一个班级内部学生水平差异较小,教师在教学当中可以使学生将所有时间都用来学习"适合自己"的内容,这种层级划分在提高效率的同时也给学生对自己的定位贴上了心理标签。在莲花池中学的学生们看来,不同类型班级里的学生"理所当然"地就应该考不同级别的学校,如果"尖刀班"的学生考差了,那就会丢人或者无法面对师长,而"平行班"的学生想考得更好,则被视为异想天开。

根据学生成绩进行的分层,为教师的教学指标分配提供了基础。莲花池中学每年都会在文理分科之后,根据各班学生的成绩,"预测"每个班高考时有多少人能够上"三本线",多少人能够上"重本线",然后将这一数据发给每个班的班主任老师,作为衡量其工作成绩的指标。通常而言,"尖刀班"获得的升学指标更多,且包含了"重点率"指标,而"平行班"的指标则相对较少,一般只有"三本率"指标。

由于指标的完成情况不仅关涉奖金数额,也关涉教师本人在学校中的层级地位,围绕指标的分配,教师之间、教师和学校之间一直伴随着隐性或显性的冲突。指标的分配并不是完全公平合理的,教师的资历、年龄、教学水平和人际关系都是他们围绕指标进行互相争夺的工具。莲花池中学 2011 届最年轻的班主任晓芳老师所带的"平行班"被分配了 13 个"三本线"指标,是所有"平行班"中最多的,但按照她们班学生在"一诊"和"二模"中的成绩来看,她们班只有 7 个人达到了去年的"三本线",离学校给她下达的指标还差很远,这成为她对学校的指标分配感到不满的原因所在。与她相反,晓峰老师向学校主动申请担任"尖刀班"的班主任。他所教班级虽然分到了 38 个"三本线"指标和 7 个"重本线"指标,但由于他带的是所有"尖刀班"中最好的一个,学生生源质量较高,他并不为"指标"能否完成而发愁。

对教师而言,"指标"是一个无形的鞭策,"指标"的达成度与每位老师的生活状态和未来发展密切相关,因而教师们不得不正视。莲花池中学的指标分配制度确保了全体教师的工作都自觉而全力地围绕高考运行,为了提高效率,首先将学生按成绩划分为"尖刀班"和"平行班",使一个班级内部学生的水平相对均衡,方便教学,然后根据学校制定的总体"上线"目标,将所有指标分配给每个班主任,然后再汇总到一起。但"指标"的分配并不是一个简单的过程,分配的环节充满了教师之间、教师与学校之间的利益争夺,在争夺过程中,教师的资历、年龄、教学水平等都是他们为自己争取更大利益的资本,而在这一过程中,"片面追求升学率"的目的便已经深深烙印在每个老师的心目中了。

三、班级内部的学生地位分化

即便学生已经被划分进入了"尖刀班"和"平行班",但在不同班级内部,学生的考试成绩依然存在着很大差别,这种差别也导致了学生在班级内部的地位分化。现有关于学生地位分层的研究大部分都是基于布尔迪约的理论来展开的。布尔迪约认为,决定学生阶级地位分化的包括了经济资本、文化资本和社会资本这三个因素。[①] 在布尔迪约的理论基础上,朱慧欣认为,在同一个班级内部,学生的权力地位存在垂直分层和"声望"的差异,表现为班级干部和"声望"较好的学生处于优势地位,其他学生则处于劣势地位。[②] 林玲则认为,目前我国的基础教育"是一种精英模式的教育,即以培养、选拔社会精英为目标",导致"学生群体也呈现金字塔结构,只有少部分学生位于顶端,对大部分学生形成压制"[③]。这类研究从学生所属的社会阶层地位的角度来分析学生在班级当中的地位,并没有将学生的学业成绩作为影响学生班级地位的一个因素来进行思考。

但学生的学业成绩显然是影响其班级地位的一个重要因素。纳什认为,在班级生活中,学生从进入小学起就开始经历"优生"和"差生"的筛选。甚至早在儿童进入学校的八天之内,老师便已经开始根据其学习成绩的高低来加以筛选了。[④] 帕森斯则认为,中学生群体地位的分层,"是学校里的成就等级

---

① P.布尔迪约,J.C.帕斯隆.再生产:一种教育系统理论的要点[M].邢克超,译.北京:商务印书馆,2002.

② 朱慧欣.班级内学生地位分化及对策探究[J].教学与管理,2008(25):24.

③ 林玲.底层家长与学校教育关系之解构与重建[D].北京:北京师范大学,2009:60.

④ Nash R. Pupils' Expectations for Their Teachers [J]. Research in Education,1974(12):47-61.

和社会上成年人分层体系之间的桥梁"①,因而学生的学业成就总是与其在班级当中的地位之间存在较大的联系。我国很多研究都沿着帕森斯的思路来展开,李德显研究发现,不同地位的学生,其学习成绩存在着显著差异②;刘云杉等人专门研究了学生在班级当中的地位和他们的对语文、数学两个学科成绩之间的关系,发现语文、数学成绩较好的学生主要分布在地位较高的学生群体当中。③ 综合上述研究来看,可以认为学生的学业成绩差异既可以看成是学生地位分化的一种表现,同时也是造成学生地位分化的一个重要的因素。

古德与布罗菲的研究中则引入了"教师"这一影响因素。他们的研究认为,由成绩差异导致的学生地位分化,和教师的期望之间存在着联系,教师主要是根据学生的成绩高低来对他们进行筛选,并据此采取不同的对待学生的方式。④ 孙建萍的研究也认为,在我国,学业成就是教师对学生进行分类判断的主要依据之一。⑤ 从这些研究当中我们可以得出一个结论,即教师的行为和态度是影响学生在班级当中的地位的一个重要因素。但上述研究并未考虑考试的压力对教师行为和态度的影响。在我国普遍存在的"应试主义"大环境当中,学校教育采取的是非均衡发展模式,重点与非重点学校的区隔是基础教育体系的基本特征,⑥甚至,连课堂教学当中也存在着类似的特征,即同样具有升学的诉求和愿望,但不同学生在课堂中获得的有效教学信息具有较大的差异,从而在班级内部中表现出不同的地位。

在这里,需要对"学生的地位"这个概念略作解释。这里所说的"地位",不指学生手握的权力或在班级内部的号召力大小,而指学生在学校当中获得的来自老师的照顾和帮助的多少。我没有找到一个可以直接测量这种"地位"高低的办法,只能通过其他的指标来间接地衡量。由于不同地位的学生从老师那里获取的对自身有用的学习信息是存在差别的,我打算用学生获得的信息多少作为衡量指标,来判断其地位的高低。也就是说,如果某个学生获得的对自身学习有益的学习信息比较多,那就说明他在班级内部的地位比较高;反之,则说明其地位低。

要在"应试主义"这一无法回避的考试文化背景中来思考学生的地位问题,就必须从微观角度对课堂教学实践进行分析:为什么在同一个班级、同一

① 塔尔科特·帕森斯. 作为一种社会体系的班级:它在美国社会中的某些功能[C]//张人杰. 国外教育社会学基本文选. 修订版. 上海:华东师范大学出版社,2009:435.
② 李德显. 课堂秩序论[M]. 桂林:广西师范大学出版社,2000:133-134.
③ 刘云杉,等. 小学班级中学生角色因素的相关性分析[J]. 教育理论与实践,1995(3):37.
④ Good,Thomas L., Jere E. Brophy. Looking in classrooms[M]. 10th ed. Person,2007.
⑤ 孙建萍. 班级中的学生地位初探[J]. 内蒙古师范大学学报(教育科学版),2004(2):70-71.
⑥ 刘精明. 扩招时期高等教育机会的地区差异研究[J]. 北京大学教育评论,2007(4):142.

个教师的课堂教学当中,不同学生却获得了不一样的教学信息?

在"应试主义"的环境当中,有两股相互作用的力量共同影响着教师课堂教学:一是学校的不断市场化和功利化,升学率的高低成为衡量一所学校"好坏"的重要指标;二是教师和学生之间的关系,关系的好坏在很大程度上决定着教师是否会对其中某些学生进行倾向性的照顾。学校对升学率的追求导致了统一的应试规训,而师生之间关系的好坏则导致了学生在班级内部的地位分化。

在师生之间,除了教育与被教育关系、互助合作关系、教学相长关系等教育性关系,还有两种关系是值得重视的。在"应试主义"中,师生之间首先存在利益关系。如前所述,无论是教师的个人声誉还是物质奖励,都和学生的高考成绩紧紧地绑定在一起,因而在追求分数这一目的上,师生双方结成了实际的利益共同体。教师虽然追求自己的利益,但他们并不是唯利是图,师生之间同时还存在着亲密关系。每个学生都有自己喜欢的老师,反过来我们也知道,每位教师也有自己的"宠儿"。即便是在片面"应试"的状态下,这种亲密关系也会给教师指导学生的指导态度、频度带来多多少少的影响。无论是利益关系也好,还是亲密关系也罢,教师都处于主导地位,因此无论在课内还是课外,他们都可以主动地根据自己的利益需求以及和学生之间的亲疏关系来调节自己的行为,从而对学生在班级当中的地位产生影响。这里需要特别明确的是,无论是利益关系还是亲密关系,都绝不会只受"应试主义"这一个因素左右,布尔迪约的研究早就揭示了学生所属阶层和家庭背景可以产生巨大的影响,因而在一所学生背景较为复杂的学校进行研究,很难判断出哪些属于"社会背景"造成的区别,哪些属于"应试主义"带来的分化。不过由于泸州市的优质生源基本上都流到了市一中,而我所研究的莲花池中学虽然地处城区,但生源基本上来自泸州市的农村或者其他城市的农村地区,学生的家庭背景简单,这对我们分辨出哪些是"应试主义"造成的学生地位分化是很有利的。

在文理分科之后,莲花池中学将学生按照分数高低分别编入了"尖刀班"和"平行班",一方面使一个班级内部学生的成绩相对均衡,方便教学工作的开展;另一方面则根据不同班级学生的成绩,"预测"每个班高考的分数状况,从而为每个班级定出高考指标。这些指标"理所当然"地被分配到了以班主任为首的各科老师的头上。晓峰老师担任班主任的高三(24)班分到了 38 个"三本线"指标,其中包含了 7 个"重本线"指标,甚至还有 1 个"冲击北清线"的指标,而晓芳老师担任班主任的高三(3)班则只有 13 个"三本线"指标,没有"重本线"指标,更没有"冲击北清线"的指标。莲花池中学并没有对"二本线"指标做出规定,但我并不关注学校为什么不重视"二本线",而是把注意力集中在"重本线"和"三本线"究竟会给教师的教学和学生的地位带来什么样的影响上面。

我在研究中发现,在升学率的统摄下,所有教师的教学工作都围绕着"重本线"和"三本线"这两项指标进行。为了让自己相对容易地完成指标,教师会从利益关系出发,对不同学生予以不同的照顾和帮助,而亲密关系则从另一个角度对利益关系造成的地位分化进行着调整和修补作用。

首先,在利益关系驱动下,"应试主义"中教师的教学工作并不像一些人说的那样,走的是纯粹的"精英教育"路线,让"差生陪优生读书",当然也不是固定的"抓两头"或者"抓中间",而是围绕学校设置的"目标线"来组织自己的教学。学习成绩在"目标线"附近的学生,在老师的教学中更可能获得较多对自己有用的信息。在"尖刀班",教师教学内容的难度主要针对的是班上中等学生的水平,并不算特别难,因此我在课堂观察的时候时常发现,班上排名前几位的学生经常在上课的时候自行练题或者完成作业,正在授课的老师也很少指责他们"分心""开小差""不听讲",这些优生只是偶尔听一下课,与教师互动得较多的是中等生,差生则基本上不怎么听课。在"尖刀班","中等生"包括了两类群体,一类是学习成绩在"重点线"附近的学生,另一类是学习成绩在"三本线"附近的学生。因而,教师教学时需要重点考虑的"目标线",就包括了"重本线"和"三本线"这两条。

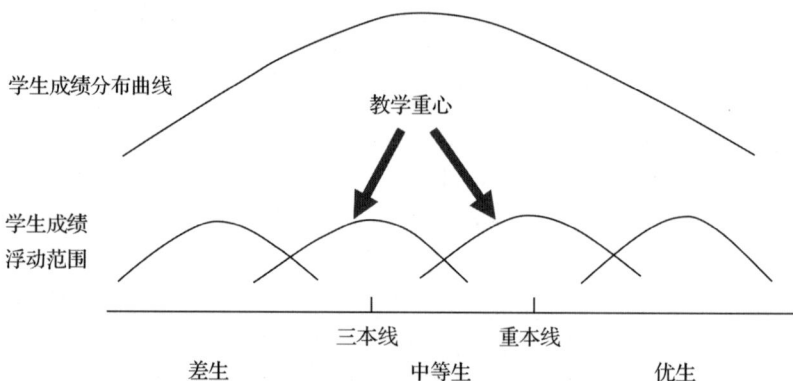

图 4-3 "尖刀班"教学重心示意图

从图 4-3 中可以看出,由于学生成绩的浮动范围相对较小,绝大部分学生成绩的浮动范围都不会跨越两条录取线,如果将教学重心放在差生上,教师无法通过努力教学使差生的成绩达到三本录取线的要求,而如果将教学重心放在优生身上,他们再怎么进步,也无法让班级内考上重本的学生多出一个,但即使不把优生作为重点教学对象,他们的成绩也不会掉到重本线以下。因此,无论是将教学重心放在差生还是优生身上,都无法提高该班的录取率,因而无助于教师完成其"指标"。只有将教学工作重心放在考分在录取线附近浮动的中等生身上,才最有利于全班"升学率"的上升。高三(24)班的班主任晓峰老师对这一点的认识可谓相当到位。他说：

> 学校给我安排的指标是重点线上 7 个，录取线上 38 个。只要完成了这两个指标，就算合格，就有奖金，完不成就要扣钱。那么怎么教这些学生呢？打个比方说，重点线是 500 分，三本线是 300 分，那么老师要重点照顾的，就是平时考试成绩在 500 分上下和 300 分上下这两个分数段的学生。目的是确保这些在"线左右"的学生尽可能都能上线。所以讲的题目、卷子的难度就要适合这两类学生。

这一解释概括出了一个典型的从利益关系的角度来"圈定"教学对象的做法。在"尖刀班"，教师为了达到学校划定的"指标"，以实现自身利益最大化，会把两种难度的教学内容作为重点，一种是适合那些平时考分在"重点线"附近的学生的难度，另一种是适合平时考分在"三本线"附近的学生的难度。这些内容对优生而言显得简单，对差生来说又太难了些，但却适合平时成绩在重本线和三本线附近的中等生。不过在"尖刀班"，"中等生"也是一个分化的群体，这一群体既包括了可能上"重本"的学生，也涵盖了只能上"三本"的学生。因此即便是对"中等生"进行有针对性的教学，这种教学也是需要分层次的。当然，积累了丰富"应试"经验的老师们对此自有办法。我在听高三(24)班的数学课的时候，晓冬老师的一段"课堂导入"，就很清楚地体现了这一点：

> 这节课我讲的题比较难，要成绩好点的学生才能完全听懂。但是其他同学是不是听不懂就不听了呢？不是。因为再难的题，都是有步骤分的。你听不懂全部，听懂前面两个步骤，就能拿到这两步的步骤分了。所以大家都要竖着耳朵听，听懂多少算多少。

这样，在"中等生"群体当中，冲击"重本线"的学生被要求全部听懂，而瞄准"三本线"的学生则被要求尽可能多拿"步骤分"。不过，在听课的过程中，我注意到那个被寄望于"冲击北清线"指标的学生始终都没有听课，而是在自行做题——对他而言，晓冬老师讲的这些题目，依然太过简单。在莲花池中学，"北清线"不属于"指标"的范畴，也就是说，有学生达到这条线，老师会有额外奖励，但如果没有学生达到，也在情理之中，不会因此扣发奖金。毕竟像莲花池中学这样的层次一般的高中，多年考不上一个清华北大是常有的事，因此学校也没有将其作为考核教师的硬性指标，所以"尖刀班"的老师们在"北清线"上也没有专门花费太多精力。

但是，"重本线"和"三本线"却是"尖刀班"的老师们不得不正视的压力来源。为了完成这两条线的指标，"尖刀班"的老师们必须围绕这两条线来组织各自的教学内容。教学内容过难,则只能照顾到个别优生,他们的分数再高,也无法带动全班"重本率"的提高;教学内容太简单,那就只有差生愿意听,即便能对差生的高考分数略有提升,但老师们深知差生的分数是很难提高到"三本线"以上的,因而同样无助于提升全班的"升学率"。换言之,因为教师的利益和"升学率"绑定在一起,因此教学内容太难或太简单,都不符合教师的利益,只有讲中等难度的内容,才有可能实现教师利益的最大化。但中等难度的内容并不符合优生和差生的水平,因而当"尖刀班"的老师们纷纷围绕中等生来组织自己的课堂教学的时候,那就必然只有中等生能够从课堂中获得较多适合自身水平的教学信息,这样,在"尖刀班"内部就出现了学生地位的分化:中等生成为课堂教学中地位最高的群体,优生和差生则沦为"陪读"。这种情况显然不是莲花池中学独有的现象,而是带有相当程度的普遍性。比如周颖在对湖北省的"县中"(县域内最好的一所学校,大致相当于莲花池中学"尖刀班"的水平)教育模式的研究中发现,教师课堂教学的"切入点其实还是最大多数的中等生,所谓'抓中间,带两头'"①。

"平行班"的情况则有所不同。在对"平行班"的随堂听课当中,我发现,"平行班"的教师在上课的时候基本上是针对班级排名相对靠前的学生进行教学,而对中等生则是能跟上就跟上,跟不上也不强求,至于差生,老师们甚至允许他们趴在课桌上睡觉。为什么在"平行班",老师们不再"抓中间,带两头"了呢?

我调取了高三(3)班这一"平行班"学生的平时考试成绩表,发现在"平行班"也只有极个别"优生"的成绩能够保证在"三本线"以上,而其他即便是在班上成绩靠前的学生,其平时成绩也只不过是在"三本线"附近徘徊,而这部分学生,才是教师教学的时候需要重点照顾的对象(参见图4-4)。

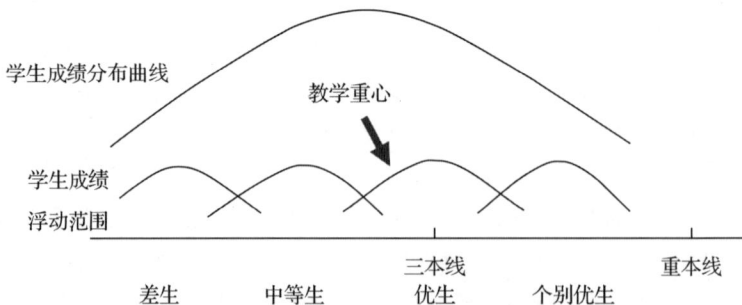

图4-4 "平行班"教学重心示意图

---

① 周颖."县中"模式的特点及成因研究[D].北京:北京师范大学,2009:68.

高三(3)班的班主任晓芳老师告诉我说：

> 这些学生平时学习习惯一点都不好，成绩也差，你看他们上课的时候，就前面几个在听课，后面趴着睡觉的一大片。学校给我们班的是 13 个上线的指标，是所有"平行班"中最多的一个。还有些"平行班"只有 7 个指标。从"一诊"考试的情况来看，(我们班)上线的有 4 个，"二模"是 7 个，应该说前面 6 个都还是比较稳定的，高考的时候应该没有什么问题；第 7 名"二模"的时候有点超常发挥，不一定稳当，再后面有几个在线后面一点点的，再后面那些呢希望都不太大。所以现在我要求那些科任老师上课的时候，就抓前面那十几个学生，只要把他们的分数提上去了，今年的指标就完成了。

这依然是一个从利益的角度来进行考虑的教学重心安排。在"平行班"，由于只有排名靠前的学生才有可能考上"三本"，那么教师为了实现自身利益的最大化，自然就会按照班上这几个成绩较好的学生的水平来设置教学内容的难度，以最大可能地帮助他们的高考分数达到三本线以上。如果教学内容太难，那班上就没有人能够听懂了，太简单的话，对这些成绩较好的学生来说也没有什么意义。

> 这些简单的内容优生基本上都掌握了，听了对他们来说没有用；差生平时根本就不学，如果都这个时候了还要给他们补基础，一方面他们不听，另一方面前面那些同学也学不到什么东西，反而影响考试成绩。所以对于后面那些同学，只要他们上课的时候不捣乱，不影响那几个前面的学生听课，我就满足了。

这样，在"平行班"内部，就出现了不同于"尖刀班"的另一种学生地位的分化：优生能够在课堂当中获得较多对自己有用的教学信息，而中等生和差生则都成了"陪读"。

从表面上看，"尖刀班"和"平行班"的学生的地位分化是不一样的，但事实上它们有一个很重要的共同之处，即学生在课堂教学中的地位并非完全由其成绩高低来决定，还要看自己的成绩是不是正好处于学校为他所在的班级划定的"指标线"附近。优先照顾成绩在"指标线"附近的学生而牺牲其他学生的利益，是身处"应试主义"当中的老师们一个无可奈何的选择。而且我们还不能在道德层面对老师们进行指责，因为当学生们人人都希望上大学的时候，集中精力帮助那些分数在重本线或者三本线附近摇摆的学生，不仅符合教师的利益，也确实能够帮助更多的学生考上大学，所以，根据学校划定的指标线在教学当中"厚此薄彼",实际上是"应试主义"统摄下的一种"理性"选择。如果我们把学生在课堂中收获的适合自身水平的信息按照从多到少的顺序进行排列的话,那么那些平时成绩在"指标线"附近的学生收获到的信息肯定是最多的,这些学生也毫无疑问地成为课堂教学中的"优势群体",其他学生则沦为"弱势群体"。

据此反思当前盛行的"应试教育一定是精英主义的教育"这种观点,在我看来,这一说法并不准确。优生是否能在课堂教学中得到老师更多的关注,要看其成绩是否恰好落在学校划定的某条"指标线"附近。如果某个学生的成绩实在是太过优秀,已经远远超过了学校划定的指标线,而且他的成绩还一直很稳定,让老师们从不担心他在高考时分数会跌落到该指标线以下,那么课堂教学便不会围绕他来展开。当然,这位优生依然可以凭借扎实的知识基础和较强的自学能力来保证自己的成绩始终处于领先地位,并在高考录取中占据优势。但我们不能仅因为他在录取中的优势,便认为课堂教学也是"精英主义"的,这种观点将学习的过程和结果混同了起来。事实上,在类似莲花池中学的"尖刀班"这样的班级中,教学是"去精英化"的,走的是"中等生路线"。

其次,利益关系和亲密关系并不是一一对应的。在亲密关系驱动下,老师会在课外给优生更多的辅导,而且辅导的时候会比对中差生的辅导更加仔细。除了家庭地位、权力、背景等因素之外,成绩的高低是影响师生之间亲密关系的一个重要因素。一般而言,成绩较好的学生,和老师之间的关系也比较亲密,而成绩较差的学生和老师之间的关系则相对疏远一些。这要么是因为老师在辅导优生的时候,优生所提问题往往较难,让老师也有一种"成就感",要么是因为优生能够"一点就通",不至于让老师费尽口舌解释半天也不理解。这种情况符合陈惠雄所说的"精神快乐"原则。他说:"精神快乐对于人类行为的这种充要性特点,事实上将成为我们几乎解释所有人类行为和寻找几乎所有社会、经济对策的根本性准则。"[①]所以从这一原则出发,教师更喜欢对优生进行辅导。高三(24)班的数学老师晓冬告诉我说:

> 给优生解答疑难的时候心情都不一样,因为他们学习自觉,来问的都是一些难题,我都要认真想想才能给他们讲,而差生就不一样了,问的题目好多都是课上反复讲过的内容,还要来问,多讲几次就烦了。

师生之间亲密关系的差别导致班级内部学生的地位出现另一种分化,只不过这种地位差别体现在课堂教学之外,而非课内。

---

① 陈惠雄.快乐原则:人类经济行为的分析[M].北京:经济科学出版社,2003:44.

一方面,优生拥有更多向老师提出疑难并获得解答的机会。比如晓冬老师,几乎每次课之后,都会有几个学生会在课间时间"冲"上讲台,"抢夺"老师给他们讲解一些他们不懂、不会的题目。我曾经跟晓冬老师调侃说,在他们班不是老师留学生,而是学生留老师。在三个月的实习过程中,我大致统计了一下,课间"留老师"的学生当中,"优生"占了70%以上,而在自习课、晚自习等时间主动到办公室找晓冬老师答疑解惑的主要也是"优生"。而高三(3)的数学老师晓夏则告诉我说,基本上只有"优生"会在课后向她提问,而"差生"则几乎从不提问。可见,无论是在"尖刀班"还是"平行班","优生"都垄断了绝大多数课后向老师提问的机会。

另一方面,同一个老师面对不同成绩学生的提问,讲解的时候在耐心、仔细程度上也是有所差别的。比如高三(24)班数学成绩始终排名第一的学生曾这样向我描述晓冬老师:

> 老师教得很好,他讲课的时候允许我不听,自己做难题,有不会的就课间或者晚自习的时候问他,他给我讲得也很清楚,每次我都会把昨天不会的题目完全搞懂了,然后再做今天的题目。

但是,同样是高三(24)班,"中差生"对晓冬老师的评价却颇有不同。在每天晚自习和高三(24)班学生散步期间,我发现,那些数学成绩较为靠后的学生总爱向我"吐槽"晓冬老师,觉得他在解答他们的疑难困惑的时候缺乏耐心,自己经常听得似懂非懂。就连高三(24)班的班主任晓峰老师也认为:

> 教师偏爱优生的情况是个普遍现象,在几乎所有老师身上都存在,只不过数学老师那里,对差生缺乏耐心的情况稍微多了些,我也提醒过他一次,但也不好多说。

这样看来,在亲密关系的影响下,无论是在课后提问的次数上,还是获得解答的仔细程度上,"优生"相对"中差生"来说都占据了明显的优势,他们可以在课堂教学之外从教师那里获得更多对自己学习有所帮助的信息。这样,班级内部就出现了另外一种学生地位的分化:"优生"和老师之间的关系最为亲密,因此处于强势地位,而"差生"和老师之间的亲密关系比较疏远,获得辅导的机会较少,而且教师对其的辅导也存在不够耐心、不够仔细之处,因此处于弱势地位。

这样一来,如果一个学生想要在课内课外都能够得到更多的照顾,就必须满足两个条件:一是他必须是"优生",得以和老师之间维持亲密关系,从而在课外获得更多更仔细的帮助,二是他的成绩还要正好处于学校划定的某条指标线附近,使老师的课堂教学能够围绕他的水平来展开。如果我们把师生之间的利益关系和亲密关系建立成一个平面直角坐标系,可以发现二者组成一个交错格局,学生在这一格局中所处位置就反映了他们在"应试主义"当中的地位分化(见图 4-5 和图 4-6)。

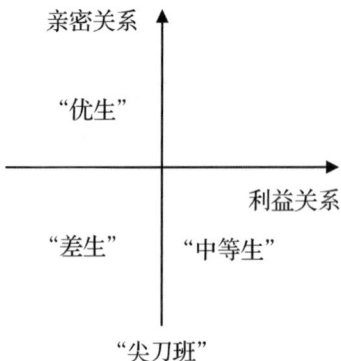

图 4-5 "尖刀班"利益关系和
亲密关系格局

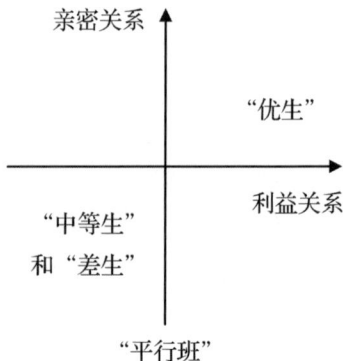

图 4-6 "平行班"利益关系和
亲密关系格局

从图 4-5 和图 4-6 中可以看出,在"尖刀班",优生的分数虽然靠前,在亲密关系上能够得到较多的照顾,但由于其平时成绩已经远远超出作为学校划定的"重点线"这一指标,教师并不会围绕他们的水平来组织教学内容,从利益关系的角度出发,他们并不能得到足够的照顾;而"中等生"的成绩由于正好处在"三本线"或"重本线"这两条指标线的附近,从利益关系的角度出发,教师便倾向于在日常教学中对他们加以频繁的督促和规训,以尽量争取他们尽可能多地"上线",在课堂教学中,"中等生"便成为课堂教学的主要对象。需要说明的是,"中等生"占有较高地位这一结论不应机械地加于不同类型学校的"尖刀班"或"重点班"之上。在一所"重点校"的"重点班"当中,"三本线"与"重本线"可能已经不再是学校看重的内容了,这类学校或许更加重视"北清线"。当"北清线"成为衡量教师业绩的指标时,可以想象教师的教学则会围绕班上最优的那部分学生来运转。所以说,学校划定的"指标线"高低而不是学生成绩的高低,才是决定学生能否在课堂教学中占据优势地位的关键。

而"平行班"的情况则相对简单。"优生"不但在师生之间的亲密关系当中占据了"先天优势",而且由于"优生"的平时成绩正好在作为考核指标的"三本线"附近,围绕"优生"来组织教学内容便符合教师的利益诉求。所以,"平行班"的"优生"可以同时在利益关系和亲密关系当中都处于优势地位,而"中差生"由于平时成绩离三本线都较远,在两种关系中都处于相对弱势的地位。

值得注意的是,无论是在"尖刀班"还是在"平行班","差生"都是地位最低的一个群体。"中等生"可以在"尖刀班"的利益关系中占据优势,而"优生"则在亲密关系中占据先机。这就构成了对"差生"学习资源和学习机会的剥夺。可以说,在"应试主义"的大环境当中,"优生"并没有对"差生"的发展起到"引领"或者"示范"的作用,"中等生"也并未在课堂当中展现出带动"差生"进步的"中坚力量"角色,而是一同压制了"差生"的发展。所以,那些平时成绩远低于学校规定的最低指标线的"差生",无法让教师产生教育的动力,便彻底成为教育中的"陪读"。

总的来说,在课堂教学环节,主要是利益关系在发生作用,授课老师从"完成指标"这一自身利益出发,并不是倾向于在课堂教学中照顾"优生",而是优先选择照顾那些分数段在学校划定的"指标线"附近的学生;在课堂教学环节之外,则主要是亲密关系在发生作用,一般而言,"优生"在课外的获利更多。利益关系和亲密关系均造成教师对学生的区别对待,并进一步导致了班级内部学生的地位分化。由于两种关系交织在一起,同一个学生在课堂内外往往有着不同的地位。

学生在班级内部的地位分化显然和"有教无类"的思想是相违背的,也不符合人们对教育公平的追求。但身处"应试主义"漩涡中的学校无法缩小这种不公平,反而通过"指标线"的人为划定,为这种不公平的扩大起到了推波助澜的作用。老师对学生的"区别对待"源自于对"升学率"的追求,这与厂家对产品"合格率"的重视相类似。"正如厂家将'不合格'商品一律淘汰,以赢得市场声誉一般,教师也选择了牺牲部分学生的利益,以保证可以集中精力来照顾那些成绩在'指标线'附近的学生,从而促进全班'升学率'的提高。"[1]因此,"有教无类"这一教育学的标准让位于"优胜劣汰"这一经济学的准则。这正好验证了汪丁丁所说的一句话:"只要必须有优胜劣汰的标准,那么那些遵循经济效率标准的群体就比那些基于非效率标准的群体更有效率。"[2]

---

①　周序.关系的视角:片面应试体制下学生的地位分化——一项微观社会学的研究[J].
湖南师范大学教育科学学报,2014(4):80.
②　汪丁丁.教育的问题[J].读书,2007(11):43.

第五章

知识碎片："应试主义"的教学内容

　　有一个词叫作"高分低能"，常常被用来形容那些在高考当中取得好成绩而得以上大学，但却缺乏实践能力的学生。"高分低能"在网络媒体、报纸杂志上如此流行，以至于我们往往顺理成章地就觉得，中国的考生的确大部分都是高分低能的。虽然我从来不相信"高分"的学生就一定"低能"，比如说清华北大绝对不会明知"高分"的考生往往普遍"低能"还仍然会坚持按分数从高到低进行录取一般，但"高分低能"这个词也绝不会是空穴来风，它概括了一种现象，一个特点，即"应试主义"追求的是"高分"，而不去考虑"能力"是否会随之增长，即使学生的能力未能随着分数的提升而得以有效提升，甚至从未提升。因此，对于"高分低能"这个词，我更倾向于把它理解为"追求高分的时候不会排斥低能"。

　　那么，什么东西是"高分"的保障呢？高考考查的内容是知识，因此知识掌握得越扎实，获得高分的可能性就越大。但同时知识也是能力的基础，一个综合能力强的人，一定会是知识丰富的人。这么说来，知识和能力之间应该不是相排斥、相抵触的。即便我们不能确定知识和能力之间一定存在着某种线性相关的关系，但至少从总体上看，能力应该随着知识的积累水涨船高才对。这样一来，"高分低能"这个词就值得深思了。究竟为什么会出现"高分低能"的现象？学生所学的知识为什么没有为他们的能力提升提供足够的支持？如果说中国的学生综合能力普遍不尽如人意是一个客观事实的话，我们就只能说，是他们所学的知识出了问题。那么，在"应试主义"当中，学生学到的究竟是什么样的知识呢？"应试主义"的内容通常被描述为"考什么、教什么"，这一描述从文字上看就注定任何内容一旦进入"应试主义"当中都将面临一个被加工和改造的过程，这一过程意味着"应然的教育内容"和"实然的教育内容"之间存在差别。那么，这一加工过程背后有着怎样的理念支撑，又是否能够得到师生双方的认同？

第一节　知识为什么被划分出三六九等

一、学科层级

在基础教育阶段,不同的学科有"主科"和"副科"之分,这早已不是什么新闻。但为什么学科之间会存在"主""副"之分呢?如果说是因为"主科"的课程内容比"副科"的内容对学生的发展更有帮助,这个理由应该说在过去很长一段时间内是说得通的,因为很长一段时间内,我们国家各行各业人才缺乏,人民群众基础知识薄弱,尤其是自然科学知识匮乏,所以才有了"学好数理化,走遍天下都不怕"的说法,数学、物理、化学,再加上作为母语的语文,自然而然地成为"主科"。但时至今日,说"主科"的知识内容比"副科"更重要,就多少有些自欺欺人的味道了,不单是因为针对不同的学生个体来说,他们的发展道路各不相同,甚至是在普遍意义上来说,我们也很难说"主科"的内容对多数学生来说就一定更重要、更实用。就好比说,大部分学生都需要会唱歌,无论是生日聚会、KTV 的狂欢,或是家务活动时的自娱自乐,唱歌都派得上用场,但需要知道碳酸钙的分子式怎么写的人只是少数,因此作为"主科"的化学,其重要程度或许会比作为"副科"的音乐来说更低。又比如说,有不少人会坚持每天跑步,但能够每天温习一遍牛顿三大定律具体内容的人应该不会有这么多,因此作为"主科"的物理,其适用范围甚至还要小于作为"副科"的体育。这样看来,我们显然并不是因为"主科"的课程内容对学生来说就一定更加重要或者在他们今后的人生当中应用范围更加广泛,才将其列入"主科"的范围的。

那么为什么在社会发展变化如此剧烈的情况下,学科的"主""副"之分却一直延续至今?我们发现,自从语、数、外、政、史、理、化等学科被列为"主科"之后,这些学科的知识在高考当中便占据了重要位置,今虽时过境迁,但高考学科却主要仍然是由这几个科目组成,变动不大,因此,这些学科知识对"个人发展"的重要价值,便转移成为对高考分数的重要价值。价值依然,只是对象发生了改变,过去是对人,现在是对分。不变的是,它们依然是"主科",而体、音、美、心理、计算机等学科,由于对学生的高考分数没有贡献,即便对个人的成长发展有很大帮助,也依然是"副科"。所以概括地说,高中阶段所谓的"主科"与"副科",并不是说明哪些知识更重要,哪些知识不重要,而是指哪些知识对高考更重要,决定某些学科是不是"主科"的,不是知识本身的重要性,而是高考是否考查。

既然学科有"主""副"之分,那么要求学生在"主科"上花费更多的时间和精力,就显得顺理成章、有理有据。根据国家的课时计划,语数外政史地理化生等所谓"主科",原本就已经占据了课表中的绝大部分课时,但在"应试主义"看来这显然还是不够的,因此,通过各种手段进一步加大"主科"的课时比重,进一步提升学生花在"主科"上的时间和精力,就成为一种必然的选择。

1. 明目张胆的提前分科

长期以来,学校分配学生时间的一个重要方式就是将文理分科的时间提前。文理分科的初衷是让学生根据自己的特长和兴趣,选择更适合自己发展的方向。为了让学生对自己的认识和了解更加清晰,以做出更加符合自身实际的选择,一般学校会选择让学生在高一的时候拉通全学,了解适应,到了高二再让学生挑选文理科。"但现在很多高中的文理分科已提前到高一的下学期了,甚至有些农村高中在高一的上学期就开始分文理科教学"①,个别地方这种提前进行文理分科的问题甚至已经严重到了政府部门不得不专门出台政策法规予以限制"在高中二年级末以前不得安排学生分科",并表示对违规者要"追究学校负责人的责任"②的地步。文理分科时间的提前,其原因在于文科生在高考的时候不考理化生,而理科生在高考的时候不考政史地,因此,对于文科生而言,理化生这三科相当于"副科",同样,对于理科生而言,政史地三科也是"副科"。既是副科,学校就不愿意让学生在"副科"上花费太多的时间和精力。因此,文理分科的时间越早,那么学校确定学科等级次序的时间也就越早,也就能保证学生将更多的时间一心用在高考要考查的内容上面。甚至一些地方为了保障学生精力集中应对高考,在分科之后"理科班就不开设政治、历史、地理这三科了,而文科班则不开设物理、化学和生物"③。文理分科过早,导致部分文科生提前放弃了对理科的学习,理科生则放弃了文科的学习,文科生缺乏一些自然科学方面的常识,而理科生则缺乏最基本的人文素养。

2. "主科"之间的争夺

文理分科的过程中也蕴含着教师之间的冲突和争斗。莲花池中学高二年级的小梦给我讲了一个让她一直"耿耿于怀"的事情。她在文理分科的时候选择了文科班。文科班意味着理化生的重要性下降,只需要通过会考即可,而政史地的重要性上升,需要在高考当中考出好成绩。但是,在进入文科班的第一天上课的时候,政史地三个老师说出了三种不同的话,让她觉得老师们都很

---

① 周颖."县中"模式的特点及成因研究[D]. 北京:北京师范大学,2009:64.

② 宋全政. 山东 40 条管理规范力推素质教育[N]. 中国教育报,2008-01-19(1).

③ 陈彬莉. 统一高考影响下应试体制的形成原因以及运行机制[D]. 北京:北京大学,2007:177-178.

"假"，很虚伪。

> 先是历史课老师走进来说，高考的时候，历史占一百二十多分，政治差不多，一百一十分的样子，地理有六七十分，要我们分配好自己的时间。
> 然后是政治老师说，文科综合里面，政治是最重要的，历史也差不多，地理占的分值最少。
> 最后是地理课，老师说，在文科综合里头，政史地三科，差不多每科一百分，平均分配。
> 当时我就晕了，想这些老师怎么这样啊，都是在强调自己的学科重要，结果三个人说了三种话！

政史地三科老师争相强调自己学科的重要性，这种对学生时间的争夺还算不上激烈。晓峰老师告诉我说，有的时候学科之间的争抢已经到了"白热化"的程度。

> 有一年也是高一结束的时候，要求学生选文理科，那个暑假就要开始分科之后的第一次补课，补课肯定只补高考科目，补课的课时安排当时是让各班自己决定。大部分班级都是语数外补课的时间最多，政史地理化生次之，但是有个班的班主任是历史老师，他希望学生在历史上多花点时间，就给语数外政史地六科分配的是同样的课时，这就引起了那个班语数外三科老师的不满，还"扎扎实实"地在办公室闹了几场。

无论是小梦说的老师们的"假"和"虚伪"，还是晓峰老师描述的语数外老师大闹办公室，其实都体现出时间分配对"应试主义"的重要性。学校除了要把学生的时间尽可能多地分配到高考科目上之外，各个学科的老师之间也会对学生的时间进行争夺，以便使学生投入自己任教学科的时间较多。虽然莲花池中学要求各学科老师要围绕班主任打"整体战"，但各科老师出于自身利益考虑，偶尔的争夺也就不可避免。

3. 积极"占课"和主动"让课"

在十八届三中全会之后，"不分文理高考"成为高考改革的总趋势。这使得通过文理分科的方式来管理学生时间的方案濒临流产。但莲花池中学的老师们显然并没有对此感到束手无策，他们有的是手段来对学生的时间进行精细化管理，占课就是其中很重要的一种方式。

在"应试主义"当中，普遍存在着主科教师临时占用副科课时的情况，通过"占课"的手段对课程安排进行临时调整，教师将"时间就是分数""考试科目比其他科目重要"等观念植入学生的大脑，学生学习的每一分钟都被赋予"高考分数"的价值,因而,教师表面上"霸权式"的调课行为背后实际上是分数价值的驱动。

这种对学科时间的临时调整不断强化着"应试主义"当中学科之间存在着的层级关系。为了避免学生对频繁调课的不满,"两张课表"的做法也就应运而生。在莲花池中学,学生每天上午有 5 节正课和 1 节 20 分钟的早读,下午 3 节正课和 1 节 45 分钟的自习课。但这总共每天近 10 个课时如何安排,却存在两张课表。用学生们的话来说,一张课表是张贴在教室墙上的,另一张课表则是实际实施的。例如高一年级的课程安排,各学科的课时分配如表 5-1 所示:

表 5-1　高一课时安排表

科目	课表课时	实际课时	科目	课表课时	实际课时
语文	5	7	生物	2	2
数学	6	7	研究性学习	3	2
英语	5	6.5	外教口语	1	0.5
政治	2	3	体育	2	1
历史	2	3	信息技术	2	1
地理	2	3	自习	5	1
物理	3	3	美术	1	1
化学	3	3.5	音乐	1	0.5

在上述课时安排中,"课表课时"用来应付检查,"实际课时"则是教学过程中具体实施的课时。从中可以看出,在国家规定的课时当中,1 课时的研究性学习被数学课取代,1 课时的体育被政治取代,1 课时的信息技术被历史取代,0.5 课时[1]的音乐被化学取代,0.5 课时的外教口语被英语取代,4 课时的自习分别被语文、英语、地理取代。表中课时数还不包括周一到周五每天早上的早读课(语文 2 天,英语 3 天),以及周六半天补课数。而周六的补课,则是语、数、外、政、史、地、理、化、生等 9 个科目"轮流坐庄"。可见,在课时的分配上,两极分化非常严重,高考要考的科目实际占据的课时数达到总课时数的 86%,这显然是从"应试"的角度制定的课表。从课表中的统计数据可以看出,但凡高考要考查的科目,课时数都有所增加,而高考不考查的科目,课时数则相应地被减少。至于周六的补课,则只补"应试科目"。

---

[1]　0.5 课时指单周上音乐课、双周上化学课,平均下来每周只取代了半个课时。

课表中的时间分配迫使副科老师在工作当中必须认同一个基本事实,即主科的课程比自己的更"重要"。学生喜欢上副科,并不是一定是因为真的喜欢,更大的可能性在于副科没有压力,没有作业,没有强迫他们的大脑维持高强度运转的"应试规训"。担任音乐这一"副科"教学工作的阿玉向我描述了她的无奈:

> 我刚来的时候,也想好好上音乐课,但是发现实际情况根本就不是这样。讲得再好,再努力,学生都不想听,都在课上做其他科的作业,因为那些主科每天的作业很多,而且高考又不考音乐,老师再怎么努力,都出不了成绩,我们这种"豆芽学科"就是教不教一个样,教好教坏一个样。刚开始我还不允许学生在我的课上做作业,要他们听课,学生都不听。后来发现,干脆让他们自己做作业,可能课堂纪律会更好一点。

除了学生需要接受"多出来"的主科课时之外,副科老师也必须接受自己的课时随时"被占用"的情况。阿玉对我说,刚开始的时候,她还觉得自己被人瞧不起,觉得没有地位,后来也就习惯了,甚至有时候也就泄惰了,不想上课的时候,甚至主动问其他主科老师有没有人愿意上。一般来说,只要是没课的老师,都会争相抢占她主动"贡献"出来的课时。她说:"在高中,你必须接受自己就是'次要学科'老师的事实,否则你费力不讨好。"这种"低人一等"的情节也使得一些副科老师除了把自己的课时拱手相让之外,在上课的时候也会敷衍了事。一位在莲花池中学复读的"高四"学生回忆道,他上高一的时候,总共就上了一节音乐课,其他时候即便没有别的老师来占课,音乐老师也不讲,而是让同学们上自习,做作业。至于音乐课的期末成绩,"好像是老师看着学生名册随便给的。"

无论是文理分科过程中明争暗斗,还是"主科"内部的争夺,或是"副科"教师对"主科"教师的"礼让",都直接与教学时间的分配密切相关。时间分配的原则是尽可能多地把学生的时间分配到"主科"当中。在这个过程中,学校、教师和学生呈现出三级权力结构,学校居于顶层,可以通过课程表、文理分科时间的规定来从宏观层面调节学生的时间分配;教师居于中层,需要做的是认同学校的安排,也可以在微观层面通过对课时的临时调换,或通过对单科内容的强调,以对学生的时间分配进行调整;学生居于底层,只能努力认同并接受学校和老师的一切安排。

二、考点内外

当"副科"的内容被排除在高考之外以后,担任"主科"教学工作的老师并没有感到轻松,相反,"主科"的内容是如此庞杂,以至于他们永远都在哀叹自己的教学时间不够用。教师们虽然人手一本《普通高中课程方案》，但这一方案指导的是如何组织课程内容，如何开展教学工作，并不能为"应试"指明方向。幸运的是，老师们还有《考试大纲》这一"法宝"。考试机构编撰的考试大纲，明确地告诉了考生高考将具体地测量哪些范围的内容[①]，值得注意的是，考试大纲当中划定的考试的范围远比《普通高中课程方案》中的教学内容要小很多。因此有一线教师指出："高考考试大纲是高考复习的指南，不研究考试大纲的复习是盲目的，是没有目的地蛮干。只有认真研究考试大纲，明确备考方向，认真研究考纲对知识内容考查层次的表述，对往年考纲的取舍，钻研题型示例的功能，从题型示例中嗅出 2009 年高考的气息，才能有的放矢，达到事半功倍的效果。"[②]

高中教学内容有"必修"和"选修"之分。设置"选修课"的本意是调动学生学习的兴趣，帮助学有余力的学生进一步拓展思维。但由于"选修"内容不会出现在高考当中，在莲花池中学，没有一个老师会将选修教材中的内容搬到课堂上来。甚至，由于长期不讲授选修内容，就连老师们自己都把这些知识逐渐淡忘了。担任高中数学教学工作的晓玲在和我聊天的时候说道：

> 线性回归其实很有用，你们搞研究的时候肯定知道。中学里头先学一点，到大学里面就更容易上手了。但是它不是必修内容，所以我们也不讲，讲了是"素质教育"，但是耽误了学生的成绩的话，反而更不好啊。在实践中，"素质教育"从来都要让位给"应试"的。统计最多考一道选择题，而且考得很死，如期望方差、抽样方法、标准差等，线性回归从来不考，所以不教。如果要教，除非哪天他出个通知说高考要考这个，那我就讲。但是我还得先好好复习一下才行，因为我自己现在都搞不清楚线性回归方面的东西了。"应试教育"搞得久了，老师会的东西也就只剩学生要考的那些东西了。

即便是"必修"内容，也有"常考点"和"不常考点"之分，"重点"（即所占分值高）和"非重点"之别。因此，为了使教学更具有针对性，高中的"主科"教师们"几乎人手一册高考考试大纲，而课程标准却是一个学科教研组才有一本；对考试大纲的研究深入而细致，而课程标准却少有人去翻看，更不用说去研究了"[③]。研究考纲的目的是使自己的教学更有针对性，将常考点、重点、易错点整理出来教给学生，以提高学生"应试"的效率。北京大学的陈彬莉博士关于

① 雷新勇. 大规模教育考试：命题与评价[M]. 上海：华东师范大学出版社,2006:3.
② 刘积福. 2008 年高考理综全国卷(1)化学试题分析及启示[J]. 考试与招生,2009(1):29.
③ 周颖. "县中"模式的特点及成因研究[D]. 北京：北京师范大学,2009:62.

高三历史教学内容的一段访谈，就很生动地展示了这一局面：

> 我们历史一共考五本，按照国家的规定，高一学习中国近代史两册，高二学世界近代史两册，高三学习中国古代史一册。他整的这个东西就是整不明白，古代史应该放在高一学。我觉得他们的目的都是高考，不是让学生多掌握知识。咱们高考的时候古代史删除的多，所以把它放在高三，往往等到一二月份，考试说明印出来了，考试出哪些部分，学生就学哪些部分就行了，所以就把这个放在高三来整，像我们通常搞高三的，先秦部分从来不学。等到高考考试说明来了之后，看看删了之后还剩哪一部分，讲讲。①

正是由于"应试主义"中的教学内容存在着考与不考之分，重点与非重点之别，在学科内部，知识被人为地根据考试大纲划分出等级：常考的、重点的知识占据了教学的大部分时间；不常考的、非重点的知识被一笔带过；至于不考的知识则在教学中集体失语。因而原本用来指导考试的考试大纲，摇身一变成为指导教师选择教学内容的工具，而原本应该指导教学的《普通高中课程方案》，在实践中则已经被人遗忘。

"主科"与"副科"的划分，"考点"与"非考点"的区别，使高中教学内容表现出森严的等级序列。知识被划分出层次，区别出高低，这是教育的不幸，却是"应试主义"的大幸——因为参与到"应试主义"中的师生有了明确而清晰的方向，他们的教学和学习都不至于迷茫，不会感到不知所措。

第二节　教科书为什么要"退位让贤"

随着在莲花池中学听课次数的增多，一个现象逐渐引起了我的兴趣。当我在高一年级听课的时候，老师们往往会拿出教科书进行教学，但"教课本"的现象从高二年级开始就有了明显地减少，到了高三，尤其是高三后半段，则很少有老师再使用教科书了，学生的复习也更多的是在各种教辅材料之间徜徉，理科班的学生在复习的时候几乎从来都不翻阅教材，而文科班学生也只有在背文科综合科目的时候才会翻翻书，背一会儿，然后继续看各种资料和试卷。在莲花池中学高三年级的每一间教室，都可以看到同样的场景：学生的课桌上，各种学习资料堆积如山，而在课桌下面，每个学生都各自拥有一个大小不

---

① 陈彬莉. 统一高考影响下应试体制的形成原因以及运行机制[D]. 北京：北京大学，2007：183.

一的纸箱子,箱子里装的也是各种各样的学习资料。而在这些数量庞大的资料当中,各种练习册、习题集、试卷应有尽有,但很少看到教科书的身影。在理科班,这种现象尤其突出。

一、不受欢迎的教科书

为什么教科书越来越不受欢迎？教科书通常被称作课本,是根据教学大纲(或课程标准)编定的系统地反映学科内容的教学用书。根据《中国大百科全书》的界定,它是教学内容的主要依据,是实现一定教育目的的重要工具,是师生教与学的主要材料,也是考核教学成绩的主要依据,还是学生课外扩大知识领域的重要基础。教科书通常按学年或年级分册、划分单元或章节,主要由课文、注释、插图、实验和习题等构成。[①] 阿普尔非常强调对教科书的分析,他认为,"进入学校的知识是对较大可能范围的社会知识和原理进行选择的结果。它是一种来自某个方面的文化资本形式,经常反映我们社会集体中有权势者的观点和信仰"[②]。既然学校课程内容以教科书作为载体,那么通过教科书呈现的内容和形式,就"可以看出浩如烟海的知识是如何被选择和组织的"[③]。我国学者傅建明对教科书的研究也基本上沿袭了阿普尔的思路,[④]取得了有益的成果。但关于教科书在教学过程中,尤其是在"应试主义"中的实际地位的研究并不多见。

教科书在实践中不被重视的情况其实不难理解。由于教科书的编写思路和内容结构与高考的考查形式大相径庭,按照教科书的内容体系进行深入讲解,或许能够有助于提升学生的综合素养,但未必有利于其考试分数的提高。

正如前文曾经提到的,每本教科书当中的内容,都有考点与非考点之分,重点与非重点之别。更何况,教科书的内容以课文、说明、知识框架等形式呈现,但高考的考查内容却以题目的形式呈现。由于二者内容体例的不匹配,完全按照教科书的编排来进行教学,会使得学生对考试题目感到不适应。因此在莲花池中学,教科书总是在国家规定时间之前就被快速讲完,而剩下的时间,则用来进行试题解答的反复训练。晓峰老师介绍说：

---

① 中国大百科全书总编辑委员会《教育》编辑委员会,中国大百科全书出版社编辑部. 中国大百科全书(教育)[M]. 北京:中国大百科全书出版社,1985:145-146.

② 迈克尔.W.阿普尔. 意识形态与课程[M]. 黄忠敬,译. 上海:华东师范大学出版社,2001:8.

③ M.阿普尔,L.克丽斯蒂安-史密斯. 教科书政治学[M]. 侯定凯,译. 上海:华东师范大学出版社,2005:4.

④ 傅建明. 我国小学语文教科书价值取向研究[D]. 上海:华东师范大学,2002.

就语文而言，其实学多少课文，学得深与浅，对高考没有太大的帮助。一般来说，老师在教课文的时候希望通过向学生传达文学的美感来调动学生对语文的兴趣，从而使学生能够在高二下学期开始的语文应试训练中保持足够的动机。但问题在于，现在的语文课本内容并不足以调动学生的兴趣，所以很多学生在学习语文上不肯花什么心思和精力。但是根据国家的规定，每册课本、每篇文章都必须讲完才行，所以在一些农村中学，他们只花一年的时间快速上完三年的语文课，剩下两年时间全部用来进行"应试"训练。

在这个问题上，理科的教科书要稍好一些，尤其是数学教科书，本身就包含了大量的例题和习题，包含了各种题型的解法讲解。但即便如此，数理化教科书在高二、高三年级的学生那里也不是很受重视。莲花池中学一名高二理科生对我说：

> 理科综合基本上就是做题，但是理化生那几科书上的例题太"弱智"了，完全可以无视它，我们看书基本上没什么用，做题才有用。

正是因为教科书要么内容体例与高考试题不符，要么题目难度太低，所以随着高考的日益临近，学生使用教科书的频率逐渐降低。在这种情况下，莲花池中学的一些老师喊出了"回归教材"的口号。我一度曾经对这个口号表示疑问：难道是要让学生都翻着教科书进行复习吗？后来在和几位老师的交流当中我才得知，所谓"回归教材"，并不是让学生去系统掌握教科书中的知识内容，而是要"把书读薄"。教科书原本是厚厚的一本，但里面有很多内容是与高考无关的，或者难度太低的，这些内容就需要学生自己剔除出去，只留下与高考密切相关的那一部分，这就是所谓的"把书读薄"。这样看来，所谓"回归教材"只是形式上的"回归"，但本质上依然是对教科书部分内容的"扬弃"。

二、走上前台的教辅材料

当"教科书"退居二线的时候，教辅材料就开始走上前台。实际上，从高一年级起，教辅材料就已经表现出了强大的生命力，成为学生学习的主要工具。在教辅材料中，教科书里的知识被按照考纲的要求进行了精细的分解，它匆忙地将知识碎片化，完全无须顾虑知识的结构性和连续性，它的目的只在于让学生一个碎片一个碎片地思考、练习、改错、记牢，然后再转入下一个知识碎片，让学生忙于穿梭于不同学科、不同层次的知识碎片之间，它要在学生头脑中创造的是题目化的知识点，而不是宏观的知识结构。至于历史、政治等需要学生对知识线索有一定把握的学科，教辅材料仍然有其用武之地。一些教辅材料将政治、历史等学科的重要知识线索梳理出来了,因此持有这些材料的学生,可以一目了然地把握教科书的大体内容线索,从而减少翻阅更加"厚重"的教科书的次数。每一本教辅材料都经过了适合于高考需求的设计,并尽可能精致地分解成符合学生需要的一个个环节,如考点归纳、知识梳理、例题分析、模拟检测题集等,学生复习过程的每一个步骤都可以在教辅材料中找到依托。

更有意思的是,每本教辅材料的"前言"或"说明"上都带有大量具有煽动性和宣传性的话语,我猜想这也在一定程度上成为学生购买和使用它的理由。当我在陪同莲花池中学高三(24)班的学生上晚自习的时候,我有时会拿起他们装在箱子里的一些教辅材料进行翻阅。宁远同学的一本数学教辅材料的,"前言"里赫然写着:

> 统计近年高考考查情况,明确考试大纲,分析命题特点,预测命题趋势,指导复习要领。
>
> 体验最新考题、命题,点播解题关键,领悟解题技巧,警示思维误区。
>
> 训练最新的全国各地的模拟题及近年的经典考题,把握考试热点,进一步领会解题方法和技巧。
>
> 结合例题总结本专题设计的解题规律方法,以点带面激活思维,突破复习误区与障碍。
>
> 精心设置每一题,务求实效性、典型性、启发性和预测性。

也有的教辅材料借用了一些高考名校的宣传效应。卓凡同学购买的一套模拟测试卷首页是这样介绍的:

相信品牌的力量·相信黄冈的底蕴
——编者的话

《黄冈八模》是黄冈文海教科院立足湖北面向全国推出的高考模拟测试卷。其编写理念:与学生的认知水平一致,与《考试大纲》的要求一致、与考试重心高考命题思路一致。

为了组织这套模拟卷,我们在听取了 2011 年高考阅卷专家、教授对 2011 年高考试卷评价的基础上,在全面了解目前高考毕业班教学的实际情况后,对 2012 年的高考命题走向进行了有依据的预测,制订了编制这份模拟试卷的基本思路。为此,我们特邀请了下列单位的作者参与编著:黄冈市教研室、荆州市教研室、武汉市教研室、南通市教研室、华师一附中、黄冈中学、黄石二中、麻城一中、红安一中、启东中学、临川一中、金华一中、杭州二中、湖南师大附中、湖南长郡中学、河南省实验中学、江苏省盐城中学、东北师大附中、福建厦门双十中学、福建福州一中等数十所单位的一线特、高级教师合力打造命制这套《黄冈八模》供 2011 届高三学生选用。

没有最好，只有更"对"的思路，现在无论是教师还是学生，面对林林总总的教辅材料，往往无从着手。现在，我们可以自信地说，选用《黄冈八模》，就选对了高考的思路！

请相信品牌的质量，我们企盼这套试卷能走进师生心中，同时，也欢迎广大师生多提宝贵意见和建议，以便我们做得更好。

正是由于教辅材料在内容体系和题目难度上都与高考非常接近，再加上宣传战的作用，它轻而易举地取代了教科书在课堂教学和学生学习中的核心地位。一则关于教辅材料的调查报告发现：

> 各年级学生购买的教辅材料都明显偏向考试科目，数学学科最多，其次是语文学科。随着年级的递增，语文教辅材料的购买量呈下降趋势，英语、物理、化学等学科教辅材料的购买量呈上升趋势。美术、音乐、自然等非考试科目教辅材料的购买量随着年级的递增而锐减。
>
> 近一年来，购买教辅材料的总数为 3～5 册和 6～10 册的人数较多，共占调查总数的 60.00% 以上。其中，初中、高一、高三学生平均拥有 6～10 册教辅材料的人数所占比例最大，超过 35.00%。在高中阶段，选择 11～20 册教辅材料的学生比例较小学和初中有所增加，尤其是高三学生，拥有超过 21 册教辅材料的人数达 14.60%，比其他年级高许多。总的来看，学生购买教辅材料的数量与年级、学科和学习任务有很强的关联性。[1]

这则报告清楚地说明，学生使用教辅材料的目的不在于帮助自己进一步理解教科书上的知识、提高能力，而在于提高自己的考试分数。在"应试主义"的大环境中，随着高考的临近，学生对教辅材料的依赖程度也相应地提高，教科书"退位让贤"，也就成了一个既让人无可奈何又显得理所应当的事情了。

---

[1] 杨德军，赵薇. 关于中小学教辅材料的调查[J]. 中小学管理，2007(9):38.

第三节　学习内容为什么变得操作化

一、三则课堂教学片断的启示

当知识被人为地划分出三六九等,当教辅材料中的题目在很大程度上取代了教科书成为学生的学习内容之后,我最感兴趣的就是课堂教学究竟会以一种什么样的方式来开展,会有一些什么样的特点。如下几个我在莲花池中学的听课案例或许能够为我们提供一些信息。

最先引起我兴趣的是一堂数学课。晓夏老师正在黑板上讲解一道例题,在对题目进行简化之后,最后剩下的就是求 $a\sin A + b\cos A$ 的最值的问题了。我记录了这时师生之间的一段课堂对话:

晓夏老师:我讲过,遇到这种题,求最值,应该怎么做啊?

(学生迟疑了一阵)

晓夏老师:还有人记得不? 看到这种格式,应该都看熟悉了吧? 应该怎样做?

学生:提根号。

晓夏老师:对,提根号,提个什么出来?

学生:提 $\sqrt{a^2+b^2}$ 。

(晓夏老师在黑板上一边板书一边演算):

$$a\sin A + b\cos A$$

$$=\sqrt{a^2+b^2}\,(\frac{a}{\sqrt{a^2+b^2}}\sin A + \frac{b}{\sqrt{a^2+b^2}}\cos A)$$

$$=\sqrt{a^2+b^2}\,(\cos B\sin A + \sin B\cos A)$$

$$=\sqrt{a^2+b^2}\,\sin(A+B)$$

晓夏老师:这样,两个函数就转化成了一个函数,可以用正弦函数的图像求最值了不?

学生:可以了。

晓夏老师:再次强调,看到 $a\sin A + b\cos A$ 这种格式,一定就先提根号,把两个函数变成一个函数。

在上述教学片断当中,晓夏老师强调的"看到 $a\sin A + b\cos A$ 这种格式,一定就先提根号",很明显地体现出了一种希望学生能够固化方法的倾向。晓夏老师传授的这一求最值的思维方式被称为"化归思想",其思路是将两个函数变成一个函数,然后便可以根据单一函数的单调区间求最大值或最小值。化归的思想思路简单,应用范围广,但运算过程较烦琐。这类题目的解题思路并不止这一种,图形叠加就是另外一种解题思路,即将两个函数图象叠加在一起,构成一个新的函数图象,通过新的函数图象来判断其最值。这种方法直观、简便,但略显抽象,对培养学生的图形想象能力大有帮助。但是在这堂数学课中,晓夏老师只对化归的思想进行了介绍,并未提及图形叠加的解题方法。于是在课后,我向晓夏老师进行了请教。

> 我:其实这道题完全可以用图像叠加的方法来做啊,如果是选择题的话,用图像叠加的方法岂不是更简单?我以前就喜欢画图来叠加。
>
> 晓夏老师:是可以用图像叠加的方法来做,但问题在于现在这帮学生层次比较差,他们掌握一种方法都比较吃力,尤其是图像叠加的方法看起来直观,但实际上很抽象,对数学的感觉不好的话,反而做不出来。所以我上课一律要求他们用化归的思想来做,把两个函数转化成一个函数。另外,像空间里与两条异面直线都成60°的直线有几条,我也一直要求学生用"空间问题平面化"的方法来做,其他方法都可以不用去想,关键是把一种思路、一种方法练熟了,就行了。

晓夏老师对"化归思想"的反复强调和对图形叠加的淡化处理传达出一个信息,即"应试主义"试图对学生的思维也进行操作化的处理,使之程序化、流程化、自动化,其目的是让学生对各种类型的题目都形成某种固定的思维定式。所谓"思维定式",实际上就是对学生思维过程的一种规训。在工业生产上,规训要创造出的是没有思想的技术以提高产量,而在"应试主义"当中,规训则通过放大"技术"的重要性、降低"思想"的重要性来提高学生的分数。思维定式可以帮助学生在考试中减少思考时间,更快捷地找到解题方法和思路。正如晓夏老师所说,她教学的目的就是希望使学生"一看到某种题目,就能条件反射式地想起来应该用哪种方法来解题"。

如果连最常用的解题思维都还掌握得不熟悉的话,学生在面对题目时就容易出现思路受阻、无从下手的情况。为了避免学生在考试中出现陷入这种思维困境,莲花池中学要求学生在平时学习和练题的时候就尽可能多地对最常用的一种解题思路进行自我强化,甚至提出"不评不议"的口号——禁止学生花时间讨论题目,因为学生的讨论或许能够"奇招迭出",另辟蹊径地找到一条解题路径,但这种方法未必具有普遍性,也不容易理解和掌握,不利于学生形成思维定式。所以莲花池中学要求学生将所有困难全部留到教师对题目的评讲中来解决。由于高考考查的是个人能力而非合作水平,讨论和合作在教育过程中被理所当然地禁绝,学生对问题的深入思考也被阻止。这样,一种标准而又单一的解题思路经过反复强调,便逐渐固化在学生身上。

如果说理科课程因为有标准的答案,有一定的解题流程和规范不可避免地被操作化的话,那么在语文课上也用一种单一的模式来固化学生的思维,就更让人嗟呀不已了。在高一年级某"平行班"的语文课上,我记录下了任课老师和学生之间的这样一段对话:

师:大家在学习散文的时候,不要课文学完了事,而是要和高考题目结合起来。高考题目的设置呢,就跟你们这次期中考试的题目设置一样,散文阅读是一个考点。散文阅读一般先考对词或句子的理解,然后是对段落的理解,然后是对整篇的理解,最后是对文章主题的理解。大家在学课文的时候,就从这四个层次来理解课文,理解得多了,答题就容易了,明白了不?

生:明白了。

师:理解词句,先要分析修辞手法,比喻或拟人,找出本体来,这是答案的要点。我说这些你们要记下来啊,不记过后就忘了。记在你们的书或者笔记本上。

生拿出笔开始记。

师:理解段落,要写出这段话在文中的三点作用:结构上的作用,比如承上启下;内容上的作用,比如写了什么;表达效果上的作用,比如引起了高潮之类。理解全篇,要分条作答,记住,一定要分条作答。先把文章大致分段,然后一定要用完整的句子进行阐述,一般是1点2分,共6分,答3点;或者1点1分,共6分,答6点。理解主题,比如你们这次考的"古镇",一般都是答现代文明对古镇的侵蚀,这往往体现在文章的最后一段,所以每学一篇散文,要学会从最后一段去挖掘主题。记下了没有?

生:记下了。

师:好,现在我们把书翻开,开始学习课文,注意,学的时候要用上老师刚才教你们的方法……

在上述这个教学过程当中,教师试图以高考现代文阅读的命题规律来固化学生理解散文的思维方式,从而达到让学生习惯高考解题思维、提高答题效率和"正确率"的目的。而在此同时,理解和品味散文的方法也被固化为单一的四段模式。在这个过程中,操作性较强的散文分析思路和解题效率取代了文学的魅力和意蕴,成为师生双方共同关注的重点,"一千个读者眼中有一千个哈姆雷特"在这里显然是行不通的,将学生对散文的阅读过程变成一个"标准化"的流程才是教学的目的所在。

即便是"主观性"最强、"个性"最突出的作文写作,在课堂教学中也呈现出了"标准化""模式化"的套路。高考作文历年都是非常吸引眼球的一个话题,也是最受争议的话题之一。高考作文经过了多次改革,从单一的议论文体到话题作文,从限定文体到文体不限,题目和限制虽然越来越宽泛,但在"应试主义"当中,作文的"模板"和"套路"却越来越清晰。我记录了晓峰老师在一堂作文课上对学生的一番讲解:

晓峰老师:每年高考的满分作文中,最吸引眼球的满分作文可能是散文,可能是小说,可能是诗歌,甚至可能是杂文,但绝对不会是议论文。我也晓得你们当中有个别同学爱写诗歌,但是我要提醒你们,写这些文体尤其是写诗歌的风险很大,很冒险,运气好就是高分,运气不好就是很低的分数。

学生表示不解。

晓峰老师:那些高考作文的阅卷组,一般是一个年轻一点的老师,一个年龄稍大的老师,共同批改你的作文,如果两个人打分相差不大,就取个平均分,就是你作文的最后得分,如果分数差距大,那就要请阅卷组长来定。比如说你一篇诗歌拿过去,那个年轻的老师一看,写得有朝气,有文采,55分,中年的那个老师一看,写得还有点意思,就是有些句子好像不通,好像还是病句,40分吧。你们看,这下分数一下子就差了15分了,只好送到阅卷组长那里,让阅卷组长来评定。阅卷组长呢,一般是一个比较老的、权威的、有威望的专家······

学生在起哄中表示明白了。

晓峰老师:明白了吧?所以说,你们在高考中不要用那些花哨的、华丽的文体,最保险的就是写议论文,写得再糟,分数也不会太低,写得好,也同样可以拿高分。

这当然不是个别老师的经验。有一些老师甚至对高考写议论文是否更占优势进行了专门的研究,结论是"就绝大多数作文题目而言,也适合选择议论文体来写作。这里并没有忽略其他文体的意思,而是说记叙文、小说、戏剧等这些文体虽然有得高分的可能,但缺乏普遍的适用性,它们对构思及语言的要求更高,驾驭不好会弄巧成拙"[①]。因而,虽然高考作文规定"文体不限",但从莲花池中学每次周考、月考的卷子来看,绝大部分学生写的都是议论文。那么,议论文应该怎么写呢?我在课后就这一问题进一步请教了晓峰老师,他告

① 杨振永,韩宗敏. 高考新材料作文写法例谈[J]. 中小学教学研究,2012(1):50.

诉我说：

> 作文一定要写分点式议论文，就是说，把题目分成三个论点，一个一个写。这三个论点之间最好是并列关系，学生没有足够的能力写递进关系的论点。只写三点，不用多，多了显得散，少了不好看。在这三点之前，用一点修辞，比如排比、象征之类的手法引入，三点之后，再用一点文学性较强的话结尾，那这篇文章就很好了。

"并列式分点议论文"受到晓峰老师的偏爱并非他的"一时冲动"或"心血来潮"，而是受高考作文阅卷方式的影响。高考语文阅卷组的老师，每天要批改成百上千篇作文，据一位参加过高考阅卷的老师介绍，"每篇作文的判卷也就在一两分钟之内"。阅卷的工作量不可谓不大，工作强度不可谓不强，因而很容易让老师觉得身心疲倦。如果作文写得委婉、含蓄，那么疲劳中的阅卷老师未必能够在这短短的一两分钟之内对作文的优劣进行恰当的判断，但是反观"并列式分点议论文"，引入和结尾处都有"文学性较强"的句子来吸引阅卷老师的眼球，中间三段的逻辑关系清晰明白，富有条理，因此能够让阅卷老师"一目了然"，往往容易拿高分。因此，在高考作文当中，作文便有了一个固定的"模板"：最好写议论文，议论文要写分点式议论文，最好是并列式分点议论文。这样写出来的作文就会比较"保险"。这样一种作文模板当然不是莲花池中学的个别例子，而是在全国范围内都具有很强普遍性。一位高中教师这样描述他辅导一个北京考生高考作文的案例："我曾辅导过一位北京的高三学生，他的作文非常差，而离高考不到二个月了，于是我就只教他一种作文模式。在经过校内的几次模拟考试后，他说他的语文老师都能一眼就看出哪篇作文是他的了，问我能不能换一种模式。我说不用，因为改卷老师只会看到你一次的作文，他并不知道你只会这'一板斧'，而你这唯一的模式做好了，只要审题不偏，得分就不会低。后来果真如此。"[①]

还有老师进一步总结了高考议论文的"正确写法"，认为论证过程中，含蓄的论点不如旗帜鲜明的论点，现实性强的论据不如受过历史淘洗的论据，单个论据的字数不宜超过 50 字；在文采修饰上，建议化用材料作为首段、标题、观点、结构和点睛之语[②]……这些写法虽然有使学生们的作文变成流水线产品的嫌疑，但对让学生的作文更受阅卷老师青睐却颇有裨益。在以追求考分为最终目的的"应试主义"当中，作文"模板"的盛行，也就不足为怪了。

总的来看，在"应试主义"当中，对学习内容进行等级划分，为学生提供了

① 周颖. "县中模式"的特点及成因研究[D]. 北京：北京师范大学，2009：67.
② 杨振永，韩宗敏. 高考新材料作文写法例谈[J]. 中小学教学研究，2012(1)：52.

"有针对性"的知识碎片,而将知识碎片进行题目化处理——比如提供各种各样教辅资料——则为学生提供了一个个可供参考的方案和训练的材料;将学习内容操作化,则为学生通过模仿、借鉴等方式来对知识碎片进行处理,提供了具有可行性的方案。诸如各种学习技巧、解题思路等方案由老师提供,这些操作性而非启发性的方案对学生的思维发出指令,使不同学生基本上按照同一种模式、同一个节奏来处理同一种问题。

二、操作化的教学内容何以具有长期的生命力

近年来,高考改革的呼声日益高涨,各种改革措施也相继出台。在改革面前,操作化的教学内容是否具有长期的生命力? 从近年来的高考改革方案中可以发现,我国的高考改革"更多的是在自主招生、实名推荐制等体制层面进行改革尝试,这些尝试即便取得了积极的效果,也只能惠及很少一部分学生"①,因为能通过自主招生或者实名推荐制进入大学学习的毕竟只是少数。真正关系绝大部分学生的,是高考试卷内容的改革。高考题目的命题质量决定了它能否按照命题预期那样检测出学生某方面的水平。应该说,近年来,高考题目的命题质量较之以往有了一定的提高,主要体现在试卷题目结构比例的调整方面,增加了"能力题""综合题"所占比重,一些学者欣喜地认为这样的题目设置可以"有效地杜绝学生偏科的发展,促进学生全面提高"②。但事实上,"能力题"能否考查出学生的真实能力,"综合题"能否检验出学生的综合能力,不是由这些题目被划归某种题目类型的名义下来决定的,而是需要结合实践结果来判断。我一直感到怀疑的是,增加关于应用题目在试卷中所占比重,是否就一定能考查出学生解决实际问题的本事? 增加"综合能力测试"类题目,是否一定能全面地反映出学生的综合能力? 莲花池中学阿芳老师对高考语文试卷中的现代文阅读题的一段描述,就体现出了操作化的"技术"在能力题中的作用:

> 现代文阅读看起来是什么"能力题",但完全是可以抓到规律的。例如读小说,答题的时候一定要抓三要素,因为题目经常围绕人物形象、主题和情节来设置。问形象,先答人物性格,再结合情节来阐述,如某某人善良,这里是一分,然后是哪个情节体现了他的善良,又是一分;问情节,要结合文章的大致线索来回答,文章以什么为线索,首先讲了什么,然后

① 周序,郑新蓉.高考承载的"异化"压力与可能消解[J].中国教育学刊,2012(2):17.
② 教育部基础教育司.走进新课程:与课程实施者对话[M].北京:北京师范大学出版社,2002:186.

讲了什么,最后讲了什么,一定要分条作答,每条是一分或者两分;问文章标题的作用,先分析标题运用了什么样的修辞手法,目的是引起读者兴趣之类,然后讲标题和线索之间的关系,如揭示了文章主题等。这样回答基本上就把要点都抓住了。[①]

从阿芳老师的实践经验来看,目前高考现代文阅读试题还达不到考查学生真实的"鉴赏能力"的要求,学生完全可以通过把握答题规律,提高应试技巧来得分。陈彬莉对高三"补习班"学生的研究也发现,"要在一年之内见效,我们的做法就是在这一年之内培养学生的应试能力,也就是答题的方法和技巧,这个题怎么答,这个角度怎么入,遇到这类题怎么办,这都是技术,需要他们在这一年之内掌握"[②]。实事求是地说,目前相当一部分"综合题""能力题"的命题质量还达不到真实地反映学生某方面能力的程度,学生完全可以用一些应试的技巧或者套路来加以应对。正因为如此,才会有一线教师从备考的角度出发,呼吁"注重应试技巧训练,提升学生解题能力"[③]。还有不少教师主张:在理科教学中要"强调某些解题方法和技巧"[④],要"加强解题能力和技巧的训练"[⑤]。一位物理老师则表述得更加具体:"以高考试题为风向标备考……注重物理基本分析方法、常规解题思路和通用方法的训练,加强估算类问题求解方法训练"[⑥]……就连《人民日报》也刊文承认:"客观上讲,新课程目标、教学、命题是分立的,再加上高中时间紧迫,现实与理想、教学与考试总是处于矛盾、纠葛之中,理想、目标只好屈服于分数……试卷一以贯之的科学性、规律性还不是很强。"[⑦]

在各种各样的考试技巧中,选择题的"选法"和计算题的"算法"是比较受到重视的两种技巧。有的教师认为学生在做选择题的时候要"会选","学生都有这个体会,一道选择题4个选项,排除了2个选项,另2个比较模糊,这是就

① 周序,郑新蓉.高考承载的"异化"压力与可能消解[J].中国教育学刊,2012(2):17.

② 陈彬莉.统一高考影响下应试体制的形成原因以及运行机制[D].北京:北京大学,2007:189.

③ 高敬智.研究新课程高考理综卷 提高生物备考的有效性[J].考试与招生,2012(1):29.

④ 马玉荣.化学复习中逆向思维的培养[J].考试与招生,2009(2):43.

⑤ 赵玉彩.回归教材,有针对性地查漏补缺:近四年高考生物试卷简析及冲刺复习建议[J].考试与招生,2009(4):36.

⑥ 胡志巧.2008年高考理综(全国1卷)物理试卷评析[J].考试与招生,2009(2):42.

⑦ 董洪亮.高考与新课改如何良性互动[N].人民日报,2009-06-25(14).

要看哪个更错,哪个更对"①。其实就理科知识而言,"对"与"错"之间的界限应该是非常明确的,1+1 只能等于 2 而不能等于 3,那么所谓"更对""更错"其实是一种不太合理的提法,但一线教师则认为,这是"特殊情况下采取的特殊策略",是高考中快速选出正确答案的一种技巧。网络上甚至还出现了诸如"三长一短就选最短,三短一长选最长,两长两短就选 B,参差不齐 C 无敌"之类的歌诀,虽然带有调侃性质,却也或多或少地体现出"应试主义"当中注重学生的"选法",要求学生"会选"的这一事实。

相较于带有运气成分的"选法",一些简便快速的"算法"更为老师们强调。如有的化学老师就极力提倡利用差量法、平均值法、对比观察法等替换掉化学计算中的反应速率、转化率等常规计算,可以提高解题速度,②这些简便计算方法的运用简化了学生的思维。但讲究这些技巧,归根结底目的不在于开拓学生的思路,而是让学生形成解题的"程序化思维"③,以便在高考中获取高分。

一线教师的这些经验向我们证明,在现有高考命题水平下,应试的"技巧"大有用武之地,成为一种教科书上不存在但教师和学生都比较重视的潜在的知识。当考试评价技术的发展滞后于评价理念的时候,操作化的学习内容就获得了生存的空间,并为"应试主义"所利用,成为教师用以提高学生分数的工具。将《考试大纲》筛选出来的知识碎片进行操作化处理,其实并不复杂。教师无须花费大量精力让学生对知识进行理解和内化,而是只需要让学生掌握一种最简单的解题技巧,并通过大量的习题训练进行巩固即可。轻视知识的理解和内化,而看重技巧的操作和训练,这种思路让教师的教学变得简单,但却足以应对复杂的高考。在莲花池中学,教地理的小敏老师多次在我面前表示"一定要教技巧",而教数学的晓冬老师对"导数"这一考点的描述更是将"操作化"的教学内容的价值表达得淋漓尽致:

> 导数的单调性问题是高考的一个考点,需要记住三个步骤:先求导,再令导数大于等于零,最后解这个不等式。学生只需要死死记住这三个步骤,就算他甚至都不知道导数是什么,也可以得出正确答案。

值得注意的是,操作化的教学内容在实践中还得到了学生们的认同和接受。例如,学生们表示,自从套用老师提供的"高考作文素材"来写作,便能够

———

① 谷晓峰,黄小琴.2009 年高考理综生物试题(全国卷 1)分析及应对策略[J].考试与招生,2009(8):37.

② 蔡书华,窦贵臣.2009 年高考化学计算题分类解析[J].考试与招生,2009(9):43.

③ 马长水,李冬水.把握高考脉搏 科学备考有机化学基础[J].考试与招生,2009(12):41.

使自己的作文月考得分"比平时提高了 3 到 4 分";按照答题套路来回答文科综合题目,则可以保证自己的思路流畅。这当然不会是学生们的个别经验。早就有学者发现,"在数学、物理、化学、政治和历史等科目的教学中,很多教师将训练的题目分成若干种问题类型,将每种类型题目的解题套路作为教学重点,即所谓的'分类型,记结语,套解题模式'"①。有的生物老师发现,在"近几年的高考中,考查自由组合定律的试题屡见不鲜,命题人往往围绕这几个问题来命题:有关配子的计算问题、有关基因型的计算问题、有关表现型的计算问题、子代对亲代的推断问题"②,正是因为理科高考命题有一定的规律可循,一线教师可以有针对性地选择某些解题技巧让学生进行强化训练。至于文科综合"大题"的答题套路、高考作文的写作模板,更是成为广大考生揣摩、借鉴的对象。诸如此类,不一一列举。正因为如此,将教学内容变得操作化,就具有极强的考试意义,

将教学内容"操作化",这种教学思想与"泰罗制"工厂管理和生产方式颇为类似。"泰罗制"是 20 世纪初曾经风靡一时的一种资本主义企业管理方式。泰罗认为,"科学管理如同节省劳动的机器一样,其目的在于提高每一单位劳动力的产量"③。"泰罗制"的特点就在于通过制定工作定额、标准化管理、技术分解等方式来追求生产的效率。在"应试主义"当中,将教学内容进行分解、简化之后,让学生反复操练,谋求熟练,以谋求效率最大化,正是"泰罗制"的企业管理原则在教学实践中的运用。因此,我们常批判"应试主义"是有违人性的,是反教育的,这样的批判看似合理但并未抓住要害,甚至给人一种射击脱靶的感觉。因为从上述分析当中可以看出来,"应试主义"践行的是一套奉行效率至上的经济逻辑,而非育人为本的教育逻辑。一套经济逻辑违背教育的本质,违背人性,这是自然而然、理所应当的一件事。人家本来贯彻的就不是教育逻辑嘛!这就好比说,怪一个足球前锋没有守好自家球门,这样的批判难免让人觉得不可思议。

"泰罗制"在取得成功之后,曾经引发生产过剩带来的危机,导致工人的集体反抗,但"应试主义"当中的情形却正好相反。随着年级的升高,学生对这种枯燥、僵化的内容表现出一种从排斥到逐渐接受的心理过程,这种接受,是学生以自身升学利益为衡量标准下的一种外部动机的调控。学生因为学业压力和教师之间产生的冲突,实际上是自己内心对自由的渴望以及对分数的利益诉求之间的冲突。对绝大多数学生而言,冲突的最后结果是对自由的向往服

---

① 雷新勇. 大规模教育考试:命题与评价[M]. 上海:华东师范大学出版社,2006:8.

② 王玎. 基因自由组合定律在高考中考查形式例谈[J]. 考试与招生,2010(9):34.

③ 孙耀君. 西方管理思想史[M]. 太原:山西人民出版社,1987:76.

从于对分数的利益诉求。在这种情况下,教学内容对学生而言也仅仅在考试的时候才有意义;在考试之外,知识的价值是没有被考虑的,也是无须考虑的。

第四节　题海战术为什么大行其道

当知识内容被根据考试说明进行了肢解,区分出了考与不考、重点与非重点;当各个"考点"以题目的形式呈现在学生面前,并进行了操作化的处理之后,这就需要一种方法,来帮助学生熟练地掌握这些被肢解的知识及其操作化的运用。这个时候,老师们自然想到了作业——通过做作业,来巩固课堂上讲解过的各种题目的解法。

在教学环节的划分当中,作业一般属于课后的巩固环节,是课堂上知识学习的补充。但在"应试主义"当中显然不是这么一回事。学生的作业量已经大到了国家要专门出台政策进行"减负"的地步,可见作业已经不再是一个无关紧要、可有可无的"补充"环节,而是在教学中占据了重要地位。但即便如此,老师们仍然感到不满足。他们觉得,学生练的题目实在是太少了,还需要进一步增加。于是在课程安排中,随时都会有例题课、习题课、试卷评讲课之类,再加上课后"根本就做不完的作业",学生每天花在各种题目之上的时间,比起知识学习时间来说,甚至可能是有过之而无不及。

这个时候,以课后作业为主阵地的各种各样的题目练习,便有了一个新的称谓,即"题海战术"。一位一线教师这样来描述"题海战术":"所谓'题海战术'就是在教学过程中,布置超量的练习题,使学生对知识点进行轮番遍踩,以练习来代替教学活动的教学思想。它的主要特点是,以题为纲,以题为本,以题为中心,把学生淹没在题目的海洋中,学生终日在题海中'扑腾翻滚'。"[①]

很显然,这样一种"战术"容易遭到批判。因为它是一种"机械化的""大工业化的"批量输入与输出的活动,在这样的教学过程当中,学生被限定在作业的框架里,淹没在试卷的海洋中,它以"训练"为主却淡忘了"育人"的目的,因而是不人道的甚至是反教育的……只不过,批判归批判,实践当中"题海战术"始终大行其道,大有一副"再多专家的批判又能奈我何"的姿态。题海战术在批判声中"一意孤行"不是没有原因的。一则调查报告中引用了一位学生对"题海战术"的评价:"效果非常明显,各种'疑难解答''能力提升''例题示范'等类型的题做得多了,考试时就像见到了'老朋友',对拿到高分确实有帮

---

① 廖桂林.题海战术:教学之大忌[J].北京教育,1999(6):27.

助。"①莲花池中学晓冬老师的话也很形象地描述了"题海战术"对提高学生解题速度的作用:"人脑不是电脑,但是同样类型的题目做多了,就形成了条件反射,根本不用花很长时间去思考,就自动反应过来应该用哪种思路来解题,这样人脑就可以当电脑使了。"

这样看来,在"应试主义"当中,一种教学方法是否能够广泛运用,人不人道还是其次的,关键是要"看疗效",看是否有助于帮助学生解题,是否有助于提高学生的考试分数。如果能够有效提高学生的成绩,再不人道的方法也可以用;或者说,只有能够迅速提高学生考试分数的方法,才是最"人道"的方法。

那么,"题海战术"为什么能够有效地提高学生的考试分数呢?

秘密就在于时间的控制上面。前面说过,"题海战术"就是要让学生"终日在题海中'扑腾翻滚'",其含义即是用大量的题目来占据学生尽可能多的时间,保证学生对学习的投入程度。学生都有爱玩耍的天性,但玩耍不但本身就"浪费"了时间,甚至可能导致学生长时间"回味"和"沉浸"在玩耍的感觉中而挤占"原本"应该分配给学习的时间,从而造成学生上课分心、走神等情况。因此,只有布置足够多的练习题,逼迫学生花大量时间去完成,才能保证学生将所有的时间和精力都用在学习上面。"关键是要让学生收心",莲花池中学的一位教师这样评价"题海战术"的价值。

"时间的投入可以换取分数",这种观念不仅仅体现在一线教师当中,也得到了学生本人的认可。一名曾遭遇"南京高考之痛"的学生在接受媒体采访时说:"高中三年学习中,学校教学只有80%的时间和高考有关……学校用上课时间给我们组织社会调研、第二课堂等素质教育的内容,占全部学习时间的两成多,但这些对高考没有用,我真后悔当初浪费了太多时间。"②可见,无论是在老师还是学生那里,时间的投入度都成了分数的保证。

2015年6月5日的《成都商报》以《揭秘最大高考工厂:每日学习16小时不听话就挨打》为题,报道了安徽毛坦厂中学何以长期保持高升学率。其中的一段话,揭示了"题海战术"中的"时间控制"在提升学生成绩中的作用:

破釜沉舟的苦读人生:不停做题考试,不听话就要挨打

杨英说,现在老师管得严,不听话就要挨打。这次下降两百名,王威就挨打了,钢尺。"我儿子说那手打得创吉尼斯世界纪录了。"

但杨英觉得,这一切还是值得的。"真是能改变一个人。"杨英对学校

---

① 肖云. 关于教辅材料依然热销的冷思考[J]. 家长,2004(5):8.

② 吴非. "不是爱风尘,又被风尘误":反思南京教育界的一场讨论[N]. 南方周末,2004-09-16(B14).

的成果总的来说是满意的,王威刚来的时候,连凳子都坐不住,现在最起码一天16个小时都坐在那里。"管得严一点好,习惯了就好了。有些小孩就是要靠皮条。"杨英说,有个小孩没考好,家长陪着罚站了一星期。

女孩一样也要挨打。王威旁边住着隔壁班的女同学曹雪,前两天因为忘带卷子,手被打肿了,连笔都握不住。"那一次看到她,神情像傻子愣子一样的。"曹雪的妈妈李丽说,"这个学校没什么秘诀,就是一天到晚做题,每天考试。"

"孩子什么都没学到,就是承受能力强,还有一个是忍让。"李丽虽然这么说,但是跟去年高考成绩比起来,曹雪的分数提高了将近100分,从366分到现在的450分。按照去年的高考线,曹雪从三本都上不了,到现在有希望冲击一本了。①

通过时间来换取分数,并不仅仅是个体经验的总结,还得到了数学模型的支持。有人在运用经济分析的方法构建学生的学习行为模型时,也将学生投入学习的时间看成是影响成绩能否最大化的"最重要的因素"。这一模型分析的结果发现,"减少学校教育中的应试教育内容增加素质教育内容,不可能真正改变学生所面临的应试教育压力"②,因为学生会将学校要求用于"素质教育"上的一部分时间调整到参加补习班、请家教等方面,目的也是保证将尽可能多的时间投入与高考直接相关的学习内容上。

"题海"为学生提供了对知识进行操作化演练的无尽资源。作业是"题海战术"的重要组成部分,学生不完成作业往往被视作"懒惰"。因此,教师会制定一整套办法来清理学生的作业,如小组长清点、课代表统计、给老师报没有交作业的名单、用写检讨的方式来进行惩戒,诸如此类。这些办法最终的目的是要让学生们被控制的"时间"得以"物尽其用",能够让学生将各种被固化的思维方式在题目中进行反复操练直至纯熟。答题的"套路"和"技巧"本身在理解上并没有什么难度,关键在于要多加训练,练得熟了,就能够在考试中得心应手。不断、反复的操练,可以强化学生对这些方法、技巧的运用,最终形成针对每一类题目的"思维定式"。这样,"题海战术"便将练题的时间和答题的速度巧妙地结合在了一起。由于答题技巧的训练得到了时间上的保障,学生在解答题目时便可以少思少想,而且能够更加快捷地找到答题的思路。这样一来,学生的分数便自然而然地得到了提高。

---

① 蓝婧. 揭秘"亚洲最大高考工厂":每天学习16小时　不听话就挨打[N]. 成都商报, 2015-06-05(5).
② 钱林晓,王一涛. 应试教育条件下的学生学习行为模型[J]. 教育与经济,2006(1):55,57.

第六章 ————————————

"应试主义"的运行逻辑

前面我们谈道,人们对"分数面前人人平等"的推崇,源自于一种异化的公平观;为了掌握知识碎片而对师生双方进行规训,追求的则是一种片面的效率。在"应试主义"当中,这两者被奇特地结合在了一起。但是,有两个问题值得我们思考:第一个问题是,为什么"应试主义"对分数的追求,一定要通过种种简单化、非人性化甚至反教育的方式来实现? 第二个问题是第一个问题的延伸,公平体现的是一套政治逻辑,效率体现的是一套经济逻辑,虽然公平和效率也可以作为教育的追求之一,但如果作为教育的全部追求,则会导致教育的本性迷失,从而使教育走向歧途。那么我们不禁要问:在政治逻辑和经济逻辑之外,为什么我们没有发现教育的逻辑?

第一节 高中教育:尴尬的身份,尴尬的地位

一、"理想"的教育

很显然,一种仅仅按照政治逻辑和经济逻辑来实施的教育,不可能是理想的教育。那么,理想的教育应该是什么样的?

应该说,西方教育史上的各个教育学派、各位教育学者,他们的观点和主张,都是对自己心目中"理想"的教育的阐释。柏拉图心目中的"哲学王"、洛克笔下的"绅士"、卢梭推崇的"自然人",都是他们各自心目中接受了"理想教育"的人的形象;杜威所说的"无目的的教育"、赫尔巴特强调的"教育性教学"、斯宾塞的"为日后的完满生活做准备"、泰勒的"目标模式"、赞可夫的"高难度、高速度教育、理论知识占主导"等,则是对他们认为的"理想教育"的具体描绘。不同教育学者的思想有时候显得大相径庭,柏拉图致力于推广其国家主义教育思想,但卢梭却针锋相对地认为柏拉图是在培养"公民"而非培养"人",并高调地宣称"必须在教育成一个人还是教育成一个公民之间加以选择……从我的门下出去,我承认,他既不是文官,也不是武人,也不是僧侣;他首先是人:一

个人应该怎样做人,他就知道怎样做人"①。但即便如此,随着社会的发展和教育的进步,强调教育要同时为个人发展和社会进步服务的观点逐渐成为主流。国际21世纪教育委员会向联合国教科文组织提交的报告《教育——财富蕴藏其中》中就说得很明确:"教育的首要作用之一是使人类有能力掌握自身的发展。实际上,教育在把发展建立在个人和各社区认真负责参与的基础上的同时,应使每个人都能掌握自己的命运,以便为自己生命在其中的社会的进步做出贡献。"②

令人惊讶的是,这种"个人社会一手抓"的教育思想,在我国传统文化中其实早有萌芽。例如孔子将培养"君子"作为教育的目的,在培养"君子"的过程中,诸如启发诱导、学思结合、因材施教等原则,就是教育自身逻辑的体现。但"君子"的价值并不仅仅体现在个人人格的完善上,也体现在君子的社会使命当中。孔子说:"学而不思则罔,思而不学则殆。"这句话讲的是教育的逻辑,但最终目的在于"为政"。又例如《论语·问宪》记载:"子路问君子,子曰:'修己以敬。'曰:'如斯而已乎?'曰:'修己以安人。'曰:'如斯而已乎?'曰:'修己以安百姓。'"从中我们可以看出,"君子"不仅要具有良好的个人修养和完善的人格,还要有使人安乐、使天下百姓安居乐业的本领。又如,《学记》提出了教学相长、藏息相辅、长善救失、豫时孙摩、启发诱导等多项教学原则,但《学记》的最终教育目的指向是"化民成俗,其必由学","建国君民,教学为先",也就是说,教育的作用是为国家培养所需的人才,教育有助于形成良好的社会风尚。这样看来,"学而优则仕"的"学",本意指的并不是为一个功利的目的,而是学习的过程,是完整人格的培养提高的过程,而人格的完善则"自然"地为社会做出了贡献。因此,在传统的儒家教育思想中,教育自身的逻辑和教育为社会服务的逻辑是统一的。按照这种思想培养出来的人,既具有其作为一个"人"所必须具备的完整人格,也具备社会需要的能力。

总的来说,理想的教育应该是既符合个人发展的内在需求,同时也能兼顾社会对个人的要求,既要有遵从个人兴趣、爱好、特长的自主的发展,也要有照顾到社会现实的、功利性的发展。当我们在二者之间找到了一个恰当的契合点的时候,这样的教育应该就是我们想要的、理想的教育了。

二、从"理想"到现实

然而,任何"理想"的教育都总是难以避免地被功利化。"学而优则仕"在

① 卢梭.爱弥儿:论教育[M].第2版.李平沤,译.北京:人民教育出版社,2001:5-9.
② 联合国教科文组织.教育:财富蕴藏其中[R].联合国教科文组织总部中文科,译.北京:教育科学出版社,1996:68.

漫长的历史社会中长期以求取功名、追逐名利的形象出现,即便是在"读书无用论"悄然抬头的今天,依然有不少人将高考视为教育的目的,并对高考寄予厚望。一个很明显的体现就是很多家长依然将教育视作"光耀门楣"的工具,诸如通过受教育以"跳农门""挣大钱",类似这样的想法并不是少数,甚至成为很多学生读书学习的意义所在。无论是"跳农门",还是"定终身",或是"通过社会阶层流动的独木桥",都用外在于教育的目的遮蔽了教育本身的价值。当这些功能被赋予高考之上,那么高考承担的就已经不再仅仅是教育功能,也有社会功能。高考在教育功能之外承担着社会功能,这其实不应该是一个问题,但就目前的现实情况看,高考承载的社会功能要远远大于教育功能,甚至已经对其教育功能产生干扰、阻碍作用了,"应试主义"就是一个明显的体现。这个时候,高考就已经从教育中外化出来,成为控制教育的一个工具,从而使教育被高考异化。异化的结果,就是高考从教育的一种评价和选拔手段,转变成为教育的目的。这时我们就不得不对如下两个问题进行追问:一是为什么人们会对高考寄托如此多的、远超教育范围的期望? 二是为什么学生个人的功利主义行为会交由学校教育来完成?

柯林斯的"文凭社会"理论可以在一定程度上回答第一个问题。我国高等教育虽然已经在一定程度上向"大众化"迈进,但在很多人心目中,目前仍然属于精英教育的范畴(当然高等教育是否应该大众化也还可以进行仁者见仁智者见智的探讨,但不属于本书内容,故不作展开),高等教育资源,尤其是优质高等教育资源依旧属于社会稀缺资源,因而高等学校的文凭是一个出身下层社会的学生跻身上层社会的唯一通道,虽然即便通过了这一通道也未必就能一定进入上层社会,但如果高考落榜,则更是一点机会都没有了。另外,我国的人才市场还发展得不够完善,人才高消费的热度有增无减,因而人才市场上一直存在着"唯学历论"的现象。因此,高中毕业生如果能够顺利通过高考进入大学,则有望获得一份诸如"白领"的工作,成为脑力劳动者,而高考落榜的学生,则更多成为体力劳动者。脑体分工之间的差别,是长期以来社会各界一直非常看重"大学生"这一身份的原因。或许正是由于认识到了这一点,杨学为才做出了一个令人悲观的判断:只要社会分工中的脑体分工一直存在,以及脑体分工的双方在社会政治、经济地位上的差别一直存在,那么高考的竞争就只可能减缓而不可能完全消除。① 这一竞争的存在,以及赢得这种竞争的可能性的存在,就自然导致了各个家庭都把诸多希望全部寄托在高考身上。即便对很多家庭来说,这些寄托最终也只不过是水中月、镜中花,但高考热却并未因此降温,"应试主义"甚至还进一步增强,因而"文凭社会"理论只能对"应

---

① 杨学为. 高考改革与国情[J]. 求是,1999(5):33-35.

试主义"现象进行部分解释,却无法解释全部。

张东娇关于"高考图腾"的理论①倒是比较符合目前的实际情况:莲花池中学的很多高中生在填报高考志愿时颇感迷茫:我不知道我能到大学学习什么,也不知道我适合学什么,对什么感兴趣,但我却一直义无反顾地努力争取考大学。恰如闻待博士所说,很多高中生"在志愿报考中只知道去寻找与分数对应的学校,而不知道问问自己内心真的想要什么"②。这便解释了在高考竞争中获胜对于学生及其家庭的意义:或者是追求一种清晰的价值(获得更高的社会地位),也可能是对一种朦胧的价值(高考是心目中的图腾)的向往。

无论是对文凭以及文凭背后的就业机会的追逐,还是对高考的图腾价值的崇拜,都足以使学生的学习行为转变为一种功利主义的行为,因而这个阶段的教育也自然成为一种功利性的教育。但是,学生的功利主义行为为什么会演变成学校层面的"应试主义"行为呢?高中为什么一定要去满足学生的功利主义目的?同时我们还可以进一步追问:大学也存在诸如四六级考试、公务员考试等无论从规模还是影响力上讲都不逊高考的考试,为什么大学教育并未陷入"应试主义"的怪圈?

将大学和高中进行对比,可以发现,衡量大学办学质量的指标可以多种多样,诸如师资力量、科研经费、成果数量、学科门类等,但唯独没有学生的考试成绩这一指标。即便北大清华学生在参加公务员考试的时候,上线率可能不如一些二流本科院校,但却没有人会否认北大清华依然是中国第一流的高校。由于人们对大学的衡量标准与升学率无关,在大学阶段,大学可以将学生要参加的所有考试都作为学生的"个人事务"而非大学的教学任务来处理。学生可以自行复习备考,也可以参与社会力量举办的培训班,但大学无须提供考试培训,只负责专业知识的传授。但对中学的评价则不同。我们对中学教育的评价一直处于一种"唯分数论"的考试文化现象当中,即以分数作为评定一个学生发展、一位教师教学水平、一所学校办学质量和一个地区教育发展的唯一指标,尤其在处理升学考试这种高利害关系的考试结果时更加如此"③,无论是教师的奖金数额,还是职称评定,甚至学校办学经费的划拨,无一不和学生的高考成绩挂钩。因而,学生考大学的"个人利益",同时也就关涉中学的利益,这导致中学也将寻求一种功利化的教育。

① 张东娇. 最后的图腾:中国高中教育价值取向与学校特色发展研究[M]. 北京:教育科学出版社,2005:128-182.
② 闻待. 论高中教育的多样化发展[D]. 上海:华东师范大学,2004:2.
③ 教育部基础教育司. 走进新课程:与课程实施者对话[M]. 北京:北京师范大学出版社,2002:189.

如果说中学搞"应试主义"仅仅是为了学校的排名、拨款、生源、师资等利益，这个理由未免难以服众。搞"应试主义"是为了学校获得更多的资源，学校获得资源是为了更有效地搞"应试主义"，这显然是一个逻辑上的循环论证，无法切中问题的要害。于是我们不得不跳出"应试主义"的圈子，思考这样一个问题：中学教育和大学教育，对学生而言究竟意味着什么，有何区别？

在中国，我们习惯将高中及其以下的各阶段教育称为"基础教育"，而将大学及其以上的各阶段教育称为"高等教育"。因此在高中与大学之间，存在着一条明显的鸿沟，这个鸿沟区分了一个人到底是不是属于人们印象当中的"高级知识分子"的范畴。因此，接受高等教育本身就是学生的价值追求，高等教育对于学生的意义就在于高等教育的过程。但是高中及其以下各阶段的教育则相反，自民国开始，《确立教育目标改革制度案》就将中学界定为"预备人才之地"，而 1949 年以后，我国的高中教育也长期被定位为高一级学校培养人才和为参加工作培养技能的双重身份。例如：

1952 年 3 月，教育部颁发试行的《中学暂行规程（草案）》中，将中学定位在"为升入高等学校或参加建设工作打好基础"；

1954 年 4 月，政务院颁发的《关于改进和发展中学教育的指标》中提出，中学教育"要供应高等学校以足够的合格新生，并且还要供应国家生产建设以具有一定政治觉悟、文化教养和健康体质的新生力量"；

1963 年 4 月，中共中央颁布的《全日制中学暂行工作条例（草案）》中提出："中学教育的任务，是为社会主义建设事业培养劳动后备力量和为高一级学校培养合格新生"；

1978 年 1 月，教育部颁布的《全日制十年制中小学教育计划（试行草案）》和 1981 年 4 月颁布的《全日制六年制重点中学教育计划（试行草案）》中，均为高中教育制定了"为高一级学校输送合格的新生，为社会培养优良的劳动后备力量"的双重任务；

1999 年 6 月，国家教委颁发的《关于大力办好普通高级中学的若干意见》中指出：普通高中"是联系义务教育和高等教育的纽带""是九年义务教育后的高层次基础教育"；

2000 年，教育部在《全日制普通高级中学课程计划（试验修订稿）》中提出，"普通高级中学是与九年义务教育相衔接的高一层次基础教育"；

教育部 2001 年颁布的《基础教育课程改革纲要（试行）》和 2003 年颁布的《普通高中课程方案（实验）》重申了上述观点，强调"普通高中教育是在九年义务教育基础上进一步提高国民素质、面向大众的基础教育。普通高中教育为学生的终身发展奠定基础"。

在学术界的研究中，也有类似的观点。很多学者都主张保持高中教育的

"基础性"地位。比如冯建军认为,"高中教育作为高等教育的基础,要为高等教育选拔和培养精英。这就是高中教育的特殊性"①;石中英则认为,"普通高中教育总体上还应属于基础教育,是高层级的基础教育,是基础教育的完成阶段,是人的一生终身学习和未来发展的基础阶段"②。

廖军和、李志勇的想法稍有不同,"只谈高中是'基础教育',显然不足以概括其特质,而用'基础教育+分流准备教育'来概括高中教育的性质可能比较全面一些"③。所谓"分流准备教育",就已经更包含了一种"预科"的属性了。对此谢维和说得很明确:应该把高中教育"从作为基础教育的一部分转变为大学预科"④。而石中英则描述得比较委婉,"普通高中教育预备性的内涵不能狭隘地理解为'为升学做准备',而应该理解为'为大学阶段的成功学习做准备';预备的内容不仅仅包括升学考试所需要的知识、态度和技能,更应包括高质量地完成大学学习任务所需要的知识、态度、技能、价值观与社会情感品质等"⑤。虽然用词委婉,但高中教育的"预科"属性依然体现得很明显:高中阶段的学习就是应该为大学阶段服务,为大学阶段的学习做好各方面的准备。

从这些文件的表述和专家的观点中我们可以看出,高中阶段接受的教育,一方面仍旧是"基础教育",另一方面是一个通向高等教育的渠道。无论是将高中教育定位为"基础教育",还是定位为"大学的预备校",都不能让学生满意。定位为"基础教育",意味着质量还不够高,定位为"大学预备校",则意味着上大学才是最终目的,因而接受完高中教育的人,并不是"人才",而只是"预备的人才"或"可能的人才",但如果无法通过高校招生考试,便彻底与"人才"这一身份断绝关系。因此,无论是哪种定位,高中教育对学生来说,其价值都不在于教育的过程本身,尤其是在高等教育日渐大众化,"培养劳动力"的目标日渐失效的时候,通过高中阶段的教育进入大学,从而获得"大学生"的身份,更是成为一种普遍的心理。这种思想在很多学生及其家长当中都普遍存在。2001年,由中国儿童中心实施的中国少年儿童素质状况抽样调查显示:"有53.47%父母把'将来上大学'作为对孩子前途的选择……这就导致家长认为孩子应把学习放在第一位。"⑥这种观念的普遍存在解释了为什么针对高中生

① 冯建军.高中教育公平的哲学基础[J].教育科学研究,2011(2):8.
② 石中英.关于现阶段普通高中教育性质的再认识[J].教育研究,2014(10):22-23.
③ 廖军和,李志勇.从精英到大众:我国普通高中教育定位之思考[J].教育科学研究,2011(2):21.
④ 谢维和.从基础教育到大学预科:新时期高中教育的定位及其选择[N].中国教育报,2011-09-29(3).
⑤ 石中英.关于现阶段普通高中教育性质的再认识[J].教育研究,2014(10):24.
⑥ 赵顺义.中国少年儿童素质状况抽样调查报告[J].中国妇运,2002(6):28.

学业成绩的家教、补习和课外辅导班日趋火爆。在莲花池中学调研期间，一位学生家长甚至告诉我，"别说不抓'应试'，就算学校周末不补课，我们也不会答应。学校不补，我们也会到外面请人补，否则没法对付高考。"无独有偶，2015年11月14日的《中国教育报》头版也以《武汉教育局下"禁补令" 家长们联名要求收回》为题，报道了武昌区教育局的"禁补令"遭遇家长反对、难以推行落实的状况。报道说，"2011年以来，湖北省纠风办、省教育厅多次发出通知，要求'所有补课停止'，放学后一律不得进行'特色课程''兴趣班'教学活动。武汉市教育局和下辖各区教育部门也曾多次发文对此予以落实。教育局的态度很明确：坚决取缔补课，禁止增加学生负担。但是，'禁补令'从发出时起，就遭到了家长们的反对。后来，武汉市教育局不得不对禁补令做了调整：高三毕业年级不纳入禁补范围。即使如此，家长们仍然'不买账'"，乃至最终有人在家长群内发出了这样一条消息，号召家长们对"禁补令"进行集体抵制："周四下午3点在武昌区教育局门口有一场签名请愿活动，目的是请求教育局恢复高中晚自习和周六的校内补课！希望家长们支持！"[1]可见，类似的情况并非个案，而是带有一定程度的普遍性。

这种情况并不仅限于高中教育阶段。我在莲花池中学一位学生家里进行家长访谈的时候，这位学生的母亲甚至问我能不能帮她正上初三的小女儿补课。我问她："为什么要补课？"她回答说："对她成绩不放心，怕她考不到好高中，那样高考就没有希望了。"可见，在学生上高中之前，家长（甚至包括学生本人）就已经将高中教育阶段的学习定位为为高考做准备的一种教育了。这种情况当然也不是个案。例如北京大学教育学院"中国教育和人力资源研究"课题组发布的《2004年中国城镇居民教育与就业情况调查报告》表明，小学阶段参加教育补习的学生比例达到76.3%，普通初中为69.8%。[2] 2008年针对武汉市某区小学四年级至初中的一项调查显示，参加课外补习的学生比例竟然超过了60%。[3] 而2010年国家统计局哈尔滨调查队在300户城市居民家庭中开展的"城市居民家庭子女教育问题"专项调查则显示，有64.6%的中小学生在休息时间参加了文化课补习班，补习班的时间主要集中在周六、周日，比例高达92.8%[4]。也就是说，中小学校里参加课外辅导的学生比例在一半以

---

① 程墨,杨保华,欧阳正宵.武汉教育局下"禁补令" 家长们联名要求收回[N].中国教育报,2015-11-14(1).

② 北京大学教育学院"中国教育和人力资源研究"课题组.2004年中国城镇居民教育与就业情况调查报告[J].国家教育行政学院学报,2006(5):80.

③ 彭湃,周自波.城市义务教育阶段课外补习研究——基于湖北省武汉市H区的抽样调查[J].中小学管理,2008(4):23.

④ 姜雪松.哈市六成半中小学生课外忙补习[N].哈尔滨日报,2010-07-05(2).

上,而且在逐年增加。而这些调查无一不显示,课外辅导的目的就在于帮助学生提高学业成绩以助其应考。这样,自高中以下,以考试为目的的"应试"逐级下移,上好高中是为了考大学,上好初中是为了考高中,上好小学是为了考好初中,甚至连幼儿园也被升学的压力所控制,出现了家长为了"不让孩子输在起跑线上",频繁让孩子考取各种等级证书的现象。[①] 从而"造成升学压力的下移,从高年级逐渐延伸到低年级,'应试'色彩愈演愈烈"[②]。

三、尴尬的身份定位及其影响

正是因为在高中教育和大学教育之间,学生和家长心目中都存在着一条泾渭分明的分界线,高中以下的教育,都被看成是一个工具和跳板,是为获取高等教育资源或者说优质高等教育资源做准备的过程,因而这些阶段的教育本身的意义被忽视。只有到了大学阶段的教育,人们才承认这种教育本身是有价值的。因此,高中及其以下的各阶段教育都表现出"应试主义"的色彩,而其中则以离高考最近的高中阶段最为突出,大学阶段及其以上的教育,则较少被"应试主义"所控制。

在学生和家长看来,高中教育对学生的价值仅仅在于其结果——是考上了大学还是没有考上,因此高中努力满足学生的功利化学习目的也就是自然而然的事情了。高中教育本身的价值不被重视的时候,教育自身的逻辑在这种功利主义的学习目的中自然无法运转。一旦高中教育被功利化,就自然会反过来要求学生从事功利化的学习,从而,"应试主义"陷入了一个恶性循环。

尤其需要注意的是,在"应试主义"当中,教育的功利主义还被包装成了"促进学生发展"的体现。在学历主义和高考图腾的共同作用下,很多人都将上大学或者上重点大学视作学生获得了良好发展的体现,因而,努力提高学生的分数,就被视为努力促进学生的发展,而如果"应试主义"能够有效提高学生的分数,那么它就会被看成是最有利于学生发展的教育。以至于我在莲花池中学调研期间,有的老师甚至半开玩笑半认真地向我表示"'应试教育'是有中国特色的育人方式"。既然教育本身不是目的,那么在教育过程中采取各种规训的手段就无须面临道德上的指责——"我这是为了学生好!"莲花池中学的很多老师都用一个很诚恳的表情这样叙述着。

客观地说,"应试主义"中的学生并不是分数越高,就越被异化,总体而言,分数高的学生也表现出较高的综合素质,因此王策三先生认为,升学率的高低

---

① 堪忧!幼儿"考级风"愈刮愈烈[N]. 中国教育报,2010-10-11(2).
② 周序. 十年来教学评价改革成绩与问题反思[J]. 中国教育学刊,2011(10):22.

能够"在很大程度上反映中小学校的教育质量"①。这种反映，是一种客观事实的呈现，是有一定道理的。不过我更希望给王老先生所说的这种"反映"加上一个限定：如果表述为"升学率的高低在很大程度上反映了中小学校某些方面的教育质量"似乎更为妥帖。我们必须承认，一方面，"应试主义"对学生在踏实、认真、勤奋和对知识的记忆性掌握、计算的熟练程度等确实有很大作用，而学生这些方面的素质和"应试主义"对其的规训之间也存在着必然的联系，但学生这些方面的发展并不是"应试主义"的目的，"应试主义"的目的只在于分数，因而学生的发展要么是为了求取高分而"不得不"打牢的一个基础，要么就干脆只是分数的副产品。另一方面，诸如创新思维、动手能力、口头表达、管理才能，乃至感悟、体验、移情等，是"应试主义"很难培养出来的。能够在"应试主义"中得到全方位发展的学生数量很少，而且基本上都是一些天赋过人、学有余力的学生，因而其综合素质的发展与其说是"应试主义"的成果，毋宁说是他们在"应试"之外努力寻求自身提高的结果。因此，并不能将"升学率在一定程度上反映了中小学的教育质量"理解为追求升学率的行为就是学校和教师主观上努力提高教育质量的表现，更不是说通过"应试主义"的方式追求升学率一定能够提高学校的教育质量。

总之，功利主义的教育思想消解了学校教育很多宝贵的教育理想和传统，"传道授业解惑"的历史使命、"全面发展"的思想，都在对分数的功利性追求中逐步消退，仅仅保留了一些不完整的碎片，而量化的考核和计算，对私利的追求反而"合理地"占据了遗留下的空间，成为教育的动机和使命所在。在这种情况下，"人"的丰富性被具体化为一个个可测量、可监控的元素，这些元素可以通过教育过程中的规训，以学生分数的形式表现出来，但分数却只具有"应试"的价值，在对分数的追求中，教育抛弃了一切可以凝练人性的元素，而是通过利益导向的、具有经济色彩的效率来决定。

第二节 "应试主义"的运行机制

既然基础教育尤其是普通高中阶段教育的功利化不可避免，那么我们就不得不思考这样一个问题：要实现教育的功利目的，是不是就必须排斥教育自身的规律和逻辑？换句话说，是不是只有用灌输、题海战术、死记硬背等简单化的方式才能获得高分数，而"素质教育"所倡导的教育方式则一定和追求分数的目的相矛盾，一定不利于学校升学率的提高？

---

① 王策三. 台湾教改与"我们的课改"[J]. 教育学报，2010(3)：7.

一、个人与系统

"应试主义"是一个大的教育环境,这个大的环境并不等于其中的每个个体的简单相加。当个人置身于一个大的环境系统之中时,"个体的不同行为彼此之间相互影响,而且,受他人行为之影响也日益加大"[1],因而,处于"应试主义"系统中的每一个老师与其他老师之间都存在着密切而复杂的相互干扰和影响。在第四章中我们提到的晓华老师就是一个很明显的例子。有一次晓华老师告诉我说:

> 如果语文课能够真的唤醒起学生对文学的兴趣,激发他们品味文学的热情,那么他们就会在课本之外按照自己的兴趣读更多的文学作品,获得更多的文学熏陶,对学生肯定是有好处的。问题在于,我是一个人在战斗。因为别的老师还在搞"应试",在搞题海战术,我给学生留出来的课外时间全部都被他们用来做其他科的作业了,而且,学生作业太多、太疲惫之后,他们也就不可能在我的课上真正去体会什么叫文学的美,而只是把我的课当成一种放松而已。

晓华老师说,其实他自己也并不知道他的那一套不灌输、不搞题海战术、专注于培养学生对文学的兴趣的教学方式到底能不能提高学生的成绩,他只是想尝试一下,用他的话来说,就是"即使不成功,但至少不会太失败"。但是,"应试主义"这个大系统却不允许晓华老师这种特立独行的教育方式出现。在"应试主义"当中会出现这样的现象:如果某个老师不要求学生背书,那么其他老师布置的背诵任务便占据了这个老师留给学生的时间;如果某个学科不常给学生留作业,那么其他学科的作业也就占据了原本属于这个学科的课余时间。所以说,像晓华这样的老师,即便他们愿意给学生留出时间去阅读课外书,去欣赏文学作品,以提高学生的文学素养,但这属于"软性要求",靠的是学生的兴趣和自觉,其他学科老师布置的作业、任务等"第二天要上交"的"硬性要求",会轻而易举地占据语文老师留给学生的时间。这也不难理解:当学生们在各个学科的"题海战术"中终日翻滚扑腾的时候,还哪里有心思一心一意地按照语文老师的要求去阅读和欣赏文学作品? 有那点时间,还不如赶紧挪到数学试卷和物理试题集上面来呢。这样,不但使语文老师"培养学生文学素养"的初衷难以实现,也会对他所教语文学科的考试成绩造成较为严重的影响。这个逻辑换到别的学科上同样也是成立的。因此,表面上,是"素质教育"

---

① 李长江,曾鸣晔. 个体行为系统复杂性特征初探[J]. 科学决策,2009(2):79.

的方式败给了"应试主义",但事实上,这是个人和系统力量不均情况下,两种教育方式的不公平比较,当整个教育环境属于"应试主义"的大环境时,个别教师的力量是无法撼动这个环境的,也不可能由个别教师在一个单一的科目上搞出真正意义上的"素质教育"来。

置身于整个"应试主义"的系统当中,这让晓华老师觉得他是一个孤独的斗士,在系统面前,他觉得自己的力量过于弱小,因此只好放弃当初的想法,和其他老师一样,开始采取简单"应试"的方法。我在莲花池中学期间,晓华老师一直都对自己"被迫"转变教学方式感到耿耿于怀。在他看来,反复背诵成语、实词虚词的用法、规定字数写作文等,根本就不是语文教育,最多能叫作语文训练。但是在学生成绩的压力面前,晓华老师却感到别无选择。

晓毅是为数不多的一位让晓华老师感到"颇有共同语言"的老师。说晓毅是"老师"多少有些不恰当,因为他已经从教师岗位上辞职了。晓毅还在中学任教的时候,和晓华一样,对"素质教育""综合素质"颇有热情,而且晓毅还具有博士学历,是他所在的学校里难得的"专家型教师"。只不过在晓毅看来,这个"专家"当得并不舒服。晓毅所教科目是英语,他对其他英语老师天天盯着学生背单词要每天"过关",做作业要"足量"颇为不满,不但自己带头取消了"过关"、减少了作业量,而且动用自己"专家"的身份要求英语学科组的老师们要大量减少"周周清""堂堂清"的成分。让晓毅始料未及的是,他的做法竟然遭到了学科组其他老师的集体反对。当反对的次数多了,晓毅这个"专家"的身份也就逐渐无人理睬,这让晓毅怅然若失,最后主动辞职,离开了学校。

当晓华把晓毅介绍给我认识的时候,晓毅虽已不再被当年的心结困扰,但他依然用一种失落的语气对我说:

> 我有我的教育理想。但是当大家都在搞"应试"的时候,我的理想无法实现,所以我继续留在学校也没什么意思。现在我早就已经看开了。我并不是说我反对"应试",但"应试"不应该像他们那么搞,应该有更科学的方法。但大家都不听我的,那我只好不跟他们一起干了。现在我依然过得挺好的。

晓毅在辞职之后认识了晓华,两人偶尔聊到教育的时候,颇有"相见恨晚"之感,他们都表达出了对"应试主义"的无奈,也都试图进行抗争,这种抗争其实不是针对学校和学生的"应试",而是针对"应试主义",也就是晓毅所说的那种"不科学的应试"。但"应试主义"这个大的教育系统却具有相当强的自我保护性和排他性,它能迫使系统中的所有老师按照其固有的诸如灌输、题海战术、周周清、堂堂清等方式来对学生进行教育,如果谁要是选用了其他教学方式,那就要么被淘汰,要么被逐步同化。晓华老师就是一个最终被同化的典型案例,而晓毅老师则以最终离开教师岗位为结局。

二、教育中的路径依赖

一个人的力量无法抗衡整个系统,这是完全可以理解的。但问题在于,为什么"应试主义"这个大系统当中,那么多老师即便个性、特点、教育经历、背景、年龄以及教学水平等各个方面都不相同,却偏偏都要依赖于诸如灌输、题海战术、周考、月考、晚自习考等少数几种教学方法?换言之,为什么"应试主义"可以形成这么一套固定的、机械化的操作系统?虽然我们在第四章和第五章中已经分析了这类方法具有效率上的意义,但为什么教师们不愿意去探寻,是否可以有新的、更具效率的方法,能够既保证学生的分数,也不至于束缚学生综合素质的发展?正如前面晓毅老师所说:"我并不是说我反对'应试',但'应试'不应该像他们那么搞,应该有更科学的方法。"是什么原因让身处"应试主义"中的老师们,大都对这种"更科学的方法"的探索持排斥态度呢?我在莲花池中学调研期间,就这个问题访谈过多位老师,他们的观点大同小异,我摘录了我和晓军老师的一番对话,从中我们或可窥见一斑。

> 我:为什么所有老师都要搞"灌输"呢?
>
> 晓军老师:要高考啊,不这样怎么高考。
>
> 我:难道就没有别的提高学生成绩的方法吗?
>
> 晓军老师:就这种方法最管用,我们那么多老师的经验,你看我们有谁不这么干的,高考就这样考的,我们只能这么教。
>
> 我:既然你说所有的老师都一直在这么教,说明没有试过别的办法啊,没有试过,怎么能说别的办法不管用呢?
>
> 晓军老师:那你说有什么方法?你教我还有什么方法管用?(他在这个时候或许是误会了,也许以为我要以"博士"的头衔对他们的教学进行指手画脚,所以他的反问提高了声音)
>
> 我:我也没有别的办法,我只是想知道老师们都试过些什么办法,因为我听说有的学校改走素质教育的道路,结果成绩反而升上去了。
>
> 晓军老师:什么素质教育搞好了,应试教育就跟着搞好了,我才不信有这种事,我跟你说,那些都是媒体包装出来的,是拿来吹嘘的,如果真有这种方法,我们校长还不赶紧跑去学过来啊?你说的这种,我们那些什么国培专家、课改专家都来讲过,都是些空话,实践当中根本就不是这么回事儿。

晓军老师对"灌输"进行辩护是很容易理解的,因为他在长期运用"灌输"的方式进行教学的过程中切实体会到了"灌输"在提高学生成绩上的效果。这当然也不是个别现象，在莲花池中学，几乎所有教师都对"灌输"的效果表示认可，而其他学者的研究也得出了"灌输"是"专门针对考试内容进行训练而最大化高考效益的教学行为，是一种有效的高考教学模式"①的结论。

晓军老师对"灌输"的这番辩护略显激动，我们不能把他的这一言论作为判定"更好的教学方式"一定不存在的充分理由，但是晓军老师的辩护却明显地体现出他对"灌输"的效果绝不仅仅只是认可，而且是非常依赖了，并因此拒绝尝试新的方法。这当然可能是因为晓军老师所接受的历次教师培训的质量都不高，导致了他对新理念、新方法的不信任，但少数几次培训效果的不理想并不能说明更好的教学方式不存在（即便也不能反推说一定就存在），但晓军老师显然已经不愿意对可能存在的新方法进行探索了，而是更愿意继续运用"灌输"这种已经习惯，并且了解其效果的方法。这让晓军老师表现出了一种路径依赖的状态，惯习的力量不断地对他心目中"灌输"的效果进行着强化。

无论是"素质教育"也好，还是"新课程理念"也罢，如果不能立竿见影地提高学校的升学率，不能让老师们"眼前一亮"地觉得它对提高学生分数的作用显著高于他们原本习惯的教学方案，那这些新理念、新方法就终将逐渐被路径依赖的心理所弱化。有人描述一线教师对新课改经历了从最初的新鲜好奇，到适应多重标准带来的困惑无奈，再到回复于原样的麻木怠沓②，就很好地体现了"新理念"在路径依赖的心理面前的无力。教学方式的更新如同技术的演进一样，也存在着报酬递增和自我强化机制。这种机制使教学方法一旦走上了某一条路径之后，这一既定方向就会在以后的发展中得到强化。诺思所说的"人们过去做出的选择决定了其现在可能的选择"③，这一经济学的信条在"应试主义"当中看来是同样适用的。当教师们在传统的教学模式中，发现诸如灌输、题海战术和周周清、堂堂清等方法能提高学生的成绩时，他们就会养成对这些方法的路径依赖，并拒斥对新方法的探索，这也导致了原本可能存在的新方法难产。沿着既定的路径，教育的变迁可能进入良性循环的轨道，迅速优化，但如果原来的路径存在问题，便可能陷入恶性循环之中，要脱身而出就会变得十分困难。"应试主义"无疑属于后者。

三、课改：有且只有高一

如果说个人因为势单力薄无法和集体化、普遍化的"应试主义"相抗衡，而

① 周颖."县中模式"的特点及成因研究[D].北京：北京师范大学，2009：72.
② 山子.新课程改革与考试指挥棒的关系分析[J].教育科学研究，2010(8)：19.
③ 道格拉斯·C.诺思.经济史中的结构与变迁[M].陈郁，罗华平，等译.上海：三联书店，上海人民出版社，1994：1.

大部分教师陷于"路径依赖"的困境,不会自觉自愿地在机械化、极端化的"应试"手段之外探索其他更加科学的"应试"方法,那么我们是否可以通过行政力量自上而下的推动来进行教育改革呢?

四川省从 2010 年起开始进入了高中"新课改"的范围,"新课改"不仅包括了新教材的使用,也包括了新方法、新理念的运用。但是,在莲花池中学,一位数学老师在接受我的电话采访时告诉我说,在莲花池中学,"有且只有"高一年级算是在正儿八经地搞课改。"有且只有"是高中数学的一个常用术语,或许是因为在平时上课的时候这四个字说的次数太多、太顺了,所以在采访中他也不假思索地说了出来。只不过从这位老师的叙述中,我多少听出了一些不满和抱怨的情绪。

> 我们校长要求高一搞什么"小组合作",不搞还不行,但是又要问我们要成绩,搞得我们两头为难。这个主要是做给外头看的,在进行什么新课改成绩验收评估之类的时候就有东西可说,所以你看我们学校为什么一直强调艺术生,尤其是很看重舞蹈团的演出,因为可以到外面吸引眼球啊。现在我们这批新课改的学生已经到高二了,学校就不那么管我们用没用小组合作的方式了,我们高二的那些老师,一天到晚都在抓分数,谁还理你什么新精神新理念哦,等到了高三肯定就更松,因为要抓"应试",抓高考啊,学校还提出"重点保高三",就是这个道理。

从这位老师的描述中,我们可以归纳出莲花池中学的新课改具有的几个特点:一是要求高一的老师必须尝试用"新理念"进行教学,尤其要求一定要采用"小组合作"学习,但其真实的目的在于"展示",而未必是为了实实在在地促进学生的"综合发展",尤其不能因此影响学生的考试成绩;二是"新理念"进入高二之后就开始逐渐停止,使得高二之后的教学呈现出"用旧理念教新教材"的局面,并且在老师们看来,新理念肯定也不会进入高三年级,因而真正意义上的新课改,即同时采用"新理念"和"新教材"的只有高一年级,而且是在教师们并不甘愿的情况下进行的。于是,在莲花池中学的教育当中,就呈现出"两张皮"的现象:高一抓新课改,出"政绩";高二高三抓高考,出"成绩"。那么问题在于,为什么课改只在高一进行呢?

莲花池中学的一位老师对这一问题的回答非常耐人寻味:

> 新课改是国家的精神,经过了那么多专家的论证,经过了那么多年的试点,肯定是好的,有积极效果的,所以我们教育局也提了要求,必须要搞起来。但是,先要在高一"尝试"一下,不能急急忙忙就在三个年级铺开。如果高一年级的效果不错,那再带到高二高三,要慢慢来。

　　这段话其实蕴含着自相矛盾之处：一方面，他认为新课改"经过了那么多专家的论证，经过了那么多年的试点，肯定是好的，有积极效果的"；另一方面又认为必须先"尝试"，不能急于铺开。一个被认为是好的、经过实验证明有效果的东西，为什么不敢在三个年级全面铺开呢？

　　改革，无非成功与失败两种结果。但当升学的压力未能得到缓解的时候，衡量改革成败的现实标准只能是分数，即便课改的初衷在于提高学生的综合素质而非着眼于考试，但如果出现了学生高考成绩下降的情况，估计没有哪所学校会说这是课改成功的一个体现，因为这样的成功，实在是不要也罢。因此，新课改如果没有降低学生的分数，甚至是提高了学生的分数，那么就可以认为新课改是成功的，但如果新课改导致学生的分数降低，那就是失败的。在一所学校内部，从校长到教师都存在着对灌输、题海战术、周周清、堂堂清等固有方法的路径依赖，并且从他们的实践经验来看，只有这样才能保障学生的考试成绩，但是，"课改"又面临教育部门压力，是一项"不得不为"的任务，因而，在离高考较远的高一年级进行课改，就成为一种折中的选择：既展示了"课改"的成果，又能留出大部分的时间准备"应试"。这样，学校表面上披起了"素质教育"的外衣，但骨子里却依然是"应试主义"的做法，"新课程理念"仅仅在"成果汇报"当中体现出来，成为学校"新课程改革"的一种装饰，而"升学率"依然是学校真正关心和看重的内容。而由于从学校领导到教师的主要精力始终放在学生的"应试"上面，即便是在开展了新课改实验的高一年级，也必须保证不能让学生的成绩下降，这自然会导致教师们探索新理念、新方法的热情降低。

　　这一解释在一定程度上将"素质教育"或"新课程改革"，与"提高升学率"对立了起来，认为"素质教育"或"新课程改革"一定不利于"升学率"的提升。那么，二者是否一定是对立的？又应该如何看待那些升学率高，素质教育也搞得好的学校呢？上文中晓军老师提出的"课改提高了学生成绩是媒体包装出来的"这一观点，其实代表了很大一部分高中老师的共识。在莲花池中学，我多次听老师们提及。一方面，任何成绩经过媒体的包装，都容易让人们怀疑其真实性，反而是诸如"南京高考之痛"等报道，倒是更能够唤起老师们的共鸣；另一方面，老师们陷入"路径依赖"的心理之后，也自然而然地对这些不符合自己教学经验的信息产生排斥，他们不相信，同时也不屑于去了解其具体做法。这中间的原因其实很令人深思。2010年，笔名为山子的一位先生在《教育科学研究》杂志上撰文写道：一些名校"经济实力强、关系实力强、校长外交实力强、教师实力强，往往一经'包装'立马成为新课改先进校或'素质教育'先进校。它们有资格和资本挑选到更多的好学生，因此，可以说其推行新课改或

'素质教育'与升学率矛盾不大,但其他学校有资本和胆量说这样的话吗"①?应该说,山子先生的这番话是说到了一线老师的心坎上了,想来山子先生应该是一位长期关注教育实践,尤其是"应试主义"教育实践的教育工作者。但或许是由于这一问题过于敏感,他才不愿用真名发表这一观点。山子先生的观点可以简单地概括为:在学校各方面的水平层次都存在着较大差距的情况下,"新理念"可以学,但是通过新理念提高"成绩",却难以学到。因此当很多名校纷纷宣传自己是因为推行了"素质教育"或贯彻了"新课程理念"才提高了学生的考试成绩和升学率的时候,类似于莲花池中学这类无论师资还是生源都较为一般的中学而言,他们对这样一种"宣称"是心领神会的,他们知道,真正的逻辑并不是搞了素质教育,才提高了考试成绩,而是因为考试成绩高,才有资格去搞素质教育。如果这些学校不能因为师资力量强、生源质量好、学生自觉性高等"先天因素"来保证学生成绩,那他们唯一能够做的就只能是通过进一步强化灌输、题海战术、周周清、堂堂清等"适合自己师资和生源水平"的教学方式来努力提高考试分数。尤其是在"领导嘴上挂着推行'素质教育'或新课改,但最后还是要以学生成绩说了算"②这种现象普遍存在的情况下,随着学生年级的逐步提升,"课改"自然会名存实亡。

　　这样,"应试主义"便为自己构筑了一个完整的逻辑体系:首先,通过系统使个人的努力失效,将个人纳入系统;其次,使系统中的人产生路径依赖,从而为系统的合理性辩护;最后,改革措施便无法真正触及这个系统的内部。这样,"应试主义"便完成了对教育自身逻辑的彻底解构。因此,"应试主义"本质上是在师资、生源水平有限,传统教育经验和集体力量过于强大的情况下,使教师们主动或被动地按照经济学的效率原则,采取简单化的方法,以片面地提高学生考试分数的一种教学形式。这种教学形式将其他任何教学形式(不管是否能够兼顾"素质"与"分数")都排除在学校教育之外,使从学校领导到教师、学生以及家长都难以获得"应试"以外的成功经验,并最终成为"应试主义"的实际支持者和拥护者。

　　现在,我们可以对第一章当中勾勒出的"应试主义"的运行逻辑模式图进行完善了:

①　山子.新课程改革与考试指挥棒的关系分析[J].教育科学研究,2010(8):22.
②　山子.新课程改革与考试指挥棒的关系分析[J].教育科学研究,2010(8):22.

操作系统

教育目标量化
师生规训
教育内容操作化

经济逻辑

教育逻辑缺失

政治逻辑　追求效率

效果保障

强化　弱化

维护
公平

分数面前
人人平等

强化

试卷

学生
发展的
层次性

学生
发展的
多样性

诚信缺失

价值系统

教育结果

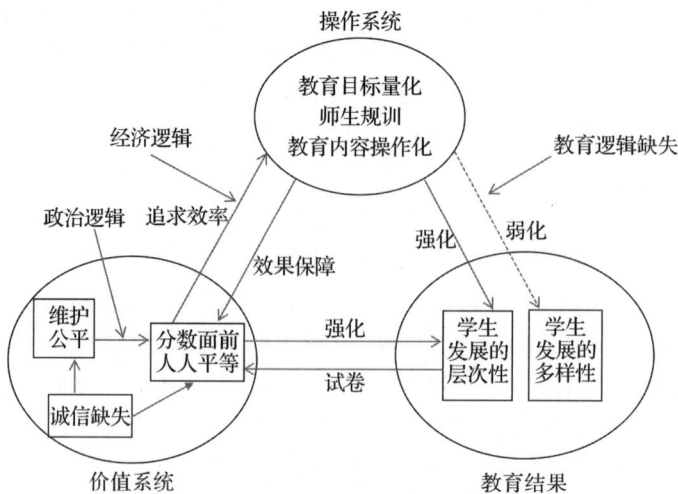

图 6-1　"应试主义"的运行逻辑

　　从图 6-1 中可以看出,"应试主义"包括价值系统和操作系统,价值系统主要践行"公平"的政治逻辑,而在整个社会环境不可信赖(例如徇私舞弊、拉关系、走后门情况普遍)的情况下,公平被异化为"分数面前人人平等",从而使分数成为"应试主义"的唯一目标,这一目标直接影响了操作系统中的行为方式。

　　在操作系统层面,教育目标被量化,表现为对升学率的追求,对升学指标进行任务分配和评估等;师生双方的教与学都被规训,因而"应试主义"实际上是被规训的教师用程序化的方式对学生进行规训的结果;为了使规训有效,教学内容被操作化处理,在整个操作系统当中,规训的目的是提高效率,而分数则是效率的唯一对象。由于各种"应试"规训手段和对教学内容进行的操作化处理都能够有效地提高学生的考试分数,这一有效性也使得"应试主义"可以抵御各种改革理念的入侵,展现出一种"任你风吹浪打,我自岿然不动"的顽强生命力。

　　"应试主义"的结果:学生发展的"层次性"由于与"升学率"密切相关,被不断强化,这种"层次性"通过试卷,最终由"分数"表现出来,但是,学生发展的"多样性"由于无法体现在分数当中,被不断弱化甚至否定,学生的发展从双向度变成了单向度,造成了学生的个性泯灭,教育也因此成为流水线生产,丧失了自身的逻辑。

第七章

破解"应试主义"：探索与未来

在此前的研究当中，"应试主义"多被称为"应试教育"。提到"应试教育"，研究者们往往会联系课内外普遍存在的死记硬背、满堂灌输、生搬硬套等现象，要么批判其学无以致用，要么指责其导致学生高分低能，要么就是把学生变成了考试的机器……总之，学者们心目中的"应试教育"，或者准确地说应该叫作"应试主义"，是面目可憎、残害人性的，是十恶不赦、有百害而无一利的。对"应试主义"的这种极端仇视的态度，在日常生活当中体现得也相当明显。在百度上输入"应试教育"几个字，竟然能搜到9万多个结果（2015年12月10日搜索），可见大家对"应试主义"的关注有多么普遍！匆匆一看，检索出来的结果大都充斥着"'可怕'的应试教育""9岁萝莉炮轰应试教育　炫酷演讲获掌声如雷""别怪状元无大成就　中国应试教育惹的祸"之类的字样，表现出一种浓烈的憎恶情绪。

人们对"应试主义"的不满可谓为时已久，有人甚至将其视为一切教育问题的重中之重，必欲除之而后快。但在前面的章节里我已经说过，"凭分录取"是讲究公平、惧怕人情的社会心态在教育当中的一个体现；"机械教育"是有效地提高分数的一个保证。并且，"应试主义"还具有一个完善的自我保护机制，使得诸如"3＋X"改革、分省命题改革、综合素质评价改革等，均无法从根源上撼动"应试主义"。这样一来，"应试主义"就在"必须改"和"改不了"之间，构成了一对让人感到颇为无奈的矛盾。那么，我们对"应试主义"是否已经束手无策？"应试主义"今后又将何去何从？

第一节　"应试主义"是否十恶不赦

对于"应试教育"（严格地说应该是本书所说的"应试主义"），无论是在学术讨论还是日常生活当中，都总是批判的声音居多。为了证明自己对"应试主义"的不满是有理有据的，不少人还提供了各种各样的证据。在报纸杂志、电脑网络或者手机微信上，我们时常能看到反映"应试主义"令人憎恶的面貌的内容。

华南理工大学的汪晓军教授曾谈到过一个笑话："课本上'弯弯的月亮像一只小船'，若填空的考题是'弯弯的月亮像什么？'只能填小船，若孩子填像香蕉就错了。"①这个案例清楚地展现了"标准答案"对学生思维的固化。

流传范围更广的，是一个名为哭露的网友，在网上贴出她曾看到的几道考试题目：

> 第一道题目："一个春天的夜晚，一个久别家乡的人，望着皎洁的月光不禁思念起了故乡，于是吟起了一首诗：(　　　　　　　　　)，(　　　　　　　　　)。""哭露"的儿子填的是"举头望明月，低头思故乡"，却得到了一个红叉；标准答案是"春风又绿江南岸，明月何时照我还"。原因在于题目中有"春天"二字。

> 第二道题目：《匆匆》这篇课文，是现代著名作家朱自清先生写的，同学们都很喜欢这篇散文，你能把自己最喜欢、印象最深刻的一句写下来吗？儿子的答案是：我的日子滴在时间的流里，没有声音，也没有影子。却同样得到一个红叉；因为"正确"的答案是：但是，聪明的，你告诉我，我们的日子为什么一去不复返呢？

> 第三道题目：请说明 π 的含义。儿子回答说：π 的含义是圆周率。依然得到了一个红叉；标准答案是：π 是一个在数学及物理学领域普遍存在的数学常数。

这几个题目一经"曝光"，立刻引起了人们的疯传，大家借此大肆批判中国的"应试教育"（即本书所说的"应试主义"），认为它对学生来说名曰教育，实则摧残。一时间，诸如中日历史题目对比，中国的题目只考知识点的死记硬背而日本题目考活学活用；中美作文题目对比，中国的题目平淡无奇而美国的题目更能激发学生的潜能；内地和香港的教科书对比，内地的教科书以知识为中心而香港的教科书更看重培养学生的生存能力，此类说法纷纷涌现，有的还很流行。

"哭露"所举的这几道极端、偏执的题目，很容易吸引人们的眼球，也很容易获得点击率和曝光率。但大家在对上述题目加以抱怨的时候却忘记了一个基本的问题：像这样一些题目，能够作为中国考试题目的代表吗，能够作为"应试主义"摧残学生的典型案例吗？我从小学至今经历了大大小小无数次考试，从未见过有哪张数学卷子上会像历史和政治一样让学生进行概念解释，来考

---

① 汪晓军. 研究生为什么还需要"死记硬背"[N]. 中国教育报，2015-12-07(09).

π 的含义是什么；从"标准答案"的角度来说，也很难理解会有语文试卷包含着"把自己最喜欢、印象最深刻的一句写下来"这样一种根本无法有标准答案因而只能是"送分"的题目。我没有找到上述案例的原始出处和证据，或许网友"哭露"并未虚构案例，她确实遇到了这样几道"奇葩"的考试题目，但我相信这只是极个别的案例；平心而论，中国基础教育阶段的绝大部分试题虽不见得有多高的技术含量，但依然可以说是中规中矩的，中国基础教育的教学和考试内容长期被批评为"繁、难、偏、旧"，但即便是偏题、难题，依然可以对学生的思维起到一定的锻炼作用，例如怎样才能另辟蹊径，怎样才能出奇制胜，而不至于像上述三个题目一样彻底地僵化学生的思维，固化学生的头脑。其实这个道理并不难理解，但由于人们原本就对"应试主义"带有强烈的不满，他们轻易地将这几道题目的"独特性"当成了"代表性"，并将其作为批判"应试主义"的证据，这就使原本应该客观合理的批判带有了情绪化的偏见。

这种带有情绪化的批判甚至延伸到了学术研究当中。就中国知网收录的文献来看，学者们对"应试教育"（即本书所说的"应试主义"）的研究，基本都是单一批判的思路，单一地思考"应试教育"应该如何向"素质教育"转轨，似乎只要和"应试"一沾边，就有百弊而无一利，缺少一种辩证分析的态度。比如当有人提出，2001 年开始的"新课程改革"虽然旨在向"应试主义"开刀，但我们对其应当慎重，要"谨防简单化、误读和随意发挥"的时候，有的学者甚至颇为激动地说，这种观点的提出者是在"故弄玄虚地卖关子"，摆出了"好一副食古不化的偏执的教师爷架势"[①]，类似这样的例子还有很多，无须再逐一列举。我很难想象真诚的学术探讨可以运用这样的话语来进行，只能将其理解为一种情绪化的宣泄。但学术研究一旦情绪化，不免会影响研究者自身客观、中立的立场，无益于获得科学合理的结论。因此，在感慨研究者们对"应试主义"的痛心疾首之余，不免有些担心：对"应试主义"进行这样一种几近偏激的、一边倒的批判，真的有助于教育的进步吗？

"应试主义"无疑具有很大的弊端，无数学者对这些弊端都已进行了深刻的揭露，无须赘言。但是否弊大于利，却还很难得说。通常我们在谈利弊问题的时候都谈得很泛，比如说好好学习利大于弊，认真工作利大于弊，诸如此类。这样的说法其实是不严谨的。好好学习对多数人来说可能是利大于弊的，但如果是对一个快要饿死的人来说，让他还要坚持好好学习无疑就弊大于利了，因为这个时候对他最有利的事情是吃饭而不是学习。同样，认真工作对绝大部分人来说也是利大于弊的，但如果这个人是在恐怖组织工作，或许他不那么认真会更好。因此当我们在思考利弊问题的时候，一定要首先考虑对象：究竟

---

① 马福迎.谁在"简单化、误读和随意发挥"[J].全球教育展望,2006(6):73.

是对谁的利、对谁的弊？

大多数研究都把"学生"当作是衡量"应试主义"利弊的对象。不少人从"学生中心"的角度出发，认为"应试主义"导致老师只关心学生的分数高低而不关心学生的身心健康，只看重学生的知识掌握程度而忽视了学生的精神需求和情感体验，课堂上充斥了满堂灌输、死记硬背等填鸭式的教学，学生不是为理解和掌握知识而学，而是为了考试而学，在这样的环境里，学生被限定在考试的框架里，淹没在试卷的海洋中。最终导致学生的创新意识淡薄、实践能力不强，诸如此类的问题。因而，"应试主义"是"为什么我们的学校总是培养不出杰出人才？"这一问题的最终回答。

但仅仅从学生的角度来看待"应试主义"的利弊无疑是片面的。"应试主义"远非一个教育问题，而是一个社会问题。"应试"的意义也绝非仅仅为社会考查和审核人才那么简单，它所应之"试"——以高考为典型代表——担负着维护社会公平和稳定的功能。"应试主义"对分数的追求虽然极端、偏激，但"凭分录取"显得程序公开、标准单一且能在最大限度上排除社会资本和经济资本的干扰，任何人都有可能通过这条路子获得成功，因此"凭分录取"这一原则的存在，实际上也就证明了社会的公平和稳定程度是能够为人们所接受的。这一点在前文中已经谈得很清楚了。从这个角度来讲，高考制度的存在对社会的公平和稳定来说，无疑发挥着积极的作用，而"应试主义"只不过是这一不可或缺的制度的产物而已。

当然，从理想的角度来说，如果我们能够有另一种教育，既不伤害学生，又能维护社会公平和稳定，那自然更好。学术界虽然在这方面呼吁多年，无数学者都为此倾注了大量心血，但直至今天，所谓素质教育、新教育模式还始终停留在公开课、示范课当中，轰轰烈烈的"新课程改革"即便通过行政命令在全国范围内推广，但在很多地方都如同莲花池中学一般，主要集中在高一年段。所以说，我们尚未找到一种能够在实践中普遍地替换"应试主义"的方案，那怎么能因为"应试主义"的弊端太多，就简单地认定其"弊大于利"，甚至将其抹杀掉呢？

举个例子来说，近几年北京空气的 PM 2.5 指数太高，呼吸这样的空气对身体很不好，但我们能简单地判断说北京的空气对北京人民弊大于利吗？如果非要说是弊大于利，那么北京人民只好都不呼吸了，比比看谁能憋得更久。很显然，PM 2.5 对身体造成的伤害，和憋住呼吸危及生命相比，前者的"弊"无疑更小，后者的"弊"显然更大。我们只能说，污染后的空气比新鲜空气的"弊"更大，但也只有当有了新鲜空气注入的时候，北京人民才能选择呼吸新鲜空气而不是 PM 2.5 浓度太高的空气。

"应试主义"的问题就在于，在"讲人情、看关系"的社会文化观念没有得到改变的情况下，"新鲜空气"是难以注入的。无论是所谓"素质教育"也好，还是"新教育""新模式"也罢，一直都还处于"验证期"，甚至在很多时候还"验证失败"了，可见"新鲜空气"的注入是多么难。在这种情况下，"应试主义"在实践中的延续，就好比呼吸污染后的空气但依然可以延续生命一样，虽然会导致教育教学过程中的各种问题，但至少，"应试主义"的服务对象——高考，能够维护社会的公平和稳定，对社会整体而言，依然是"利大于弊"的。我们的确缺乏一种能够让利更大、弊更小的教育模式，但如果我们不等这种新的模式出现就急着叫停"应试主义"，或许会引发高考制度的紊乱，甚至导致社会的乱套，那才真的是弊大于利。

即便是从学生的角度来说，"应试主义"带给他们的弊端未必就像我们想象中那么严重。我曾经在不同大学的课堂上询问过不同年级、不同专业的本科生："你们觉得应试教育好吗？"令我感到意外的是，无论是在"985"高校，还是在地方本科院校，除了个别学生回答"不好"之外，大多数人的回答是"好啊，不然我们怎么能考上大学"！在我的想象中，我认为本科学生刚经历过高中三年"应试主义"的洗礼，应该对其深恶痛绝才对，没想到学生们的答案却出人意料地冷静和理性。不过这也不难理解。高中三年的学习对他们来说虽然有太多的规训甚至是摧残，但和"上大学"这一目的相比，却显然是"利大于弊"了。于是我想到了本书一开始介绍的那几个犀利的标语，诸如"没有高考，你拼得过'富二代'吗？""通往清华北大的路是用卷子铺出来的""要成功，先发疯，下定决心往前冲""扛得住给我扛，扛不住给我死扛""就算撞得头破血流，也要冲进一本线的大楼"之类，这些标语之所以如雨后春笋般地在诸多学校出现，就因为它们符合学生的内心要求和愿望，与其说这些标语展现的是高考对学生的价值；不如说它们反映的是高考指挥棒之下的"应试主义"对学生的意义所在。高中三年如果没有"应试主义"而是只有理解、尊重、兴趣、自由之类，看起来是注重了学生的"全面发展"，但最终却导致这些学生连上大学的机会都没有，又何谈更好的发展？

所以，总的来说，"应试"是客观存在的，不应否认更不应肆意批判；"应试教育"是中性的，未必就如"应试主义"一样机械和僵化；"应试主义"的问题虽然严重，但我们也应辩证地看待，而不能简单地认为它罪大恶极，在一种新的、更好的教育模式出现之前，"应试主义"依然能够和现有的高考制度相匹配，最大限度地维护社会的公平和稳定。需要澄清的是，我绝非主张应该去赞美和讴歌"应试主义"，我也真诚和热切地期盼它能够有所变革、有所改进，但我也不赞同把它视作有弊无益、十恶不赦的教育模式。它不过是现有社会文化导致的一个无奈事实，代替"人情社会"这一传统文化来接受大家的审判和指责。

第二节 改革"应试主义"的尝试

一、向素质教育"转轨"

提到人们改革"应试主义"的尝试,就不能不提"素质教育"。自 1994 年《中共中央关于进一步加强和改进学校德育工作的若干意见》当中提出"增强适应时代发展、社会进步,以及建立社会主义市场经济体制的新要求和迫切需要的素质教育"以来,"素质教育"这个概念就逐渐为人熟知。叶澜的《让课堂焕发出生命活力——论中小学教学改革的深化》一文应该说是关于"素质教育"的一篇力作。叶澜首先澄清了关于"素质教育"认识上的一些误区,指出"素质教育"并不是简单地指加强选修课和活动课,也不是只要发展学生的特长和多让学生活动,而是要"探索、创造充满生命活力的课堂教学",让师生双方"全身心投入""感受课堂中生命的涌动和成长",使学生"获得多方面的满足和发展,教师的劳动才会闪现出创造的光辉和人性的魅力",让教学"体现出育人的本质"①。

在此之后,关于从"应试教育"向"素质教育"进行"转轨"的提法就日渐流行。以"中国知网"收录的文献为例,以此为主题的期刊论文大约有 2530 篇,硕士、博士学位论文 352 篇(2015 年 12 月 12 日搜索);而在百度上同时输入"应试教育""素质教育"和"转轨"三个关键词进行检索,则能够检索到 249 万个相关条目(2015 年 12 月 12 日之搜索),可见大家对"转轨"是抱有很高的热情和期望的。

既然要"转轨",那就需要明确我们将要转去的那条"轨道"究竟是什么样的。叶澜关于"素质教育"这一"轨道"的上述描述虽略显空洞,但作为对"素质教育"的早期研究来说,依然可以说是为"素质教育"勾勒出了一个大致的框架和发展方向。社会发展到今天,"实施素质教育"甚至都已经写入了新颁布的《义务教育法》,但如果我们对素质教育的认识依然停留在叶澜 90 年代提出的那样一个层面的话,就显得说不过去了。我们应该有更加具体、更加明确的指标,有具体的内容,有可行的操作方案,有能够推广的教学模式。但遗憾的是,我们至今都还没有完全说清楚究竟什么是"素质教育"。它不是多上几节音乐课、美术课,不是多搞些文体活动,不是不教知识,也不是不考试。我们能够说出很多"不是什么",却说不出它具体"是什么"。如果非要说学术界近年来也

---

① 叶澜. 让课堂焕发出生命活力:论中小学教学改革的深化[J]. 教育研究,1997(9):3-8.

对"素质教育是什么"说了一些什么的话,那更多的是在自说自话、互不关联,甚至互相矛盾。比如,陈建华认为"素质教育"是为学生的成长发展奠定基础的"基础教育"①,而李奇勇则认为这个基础不能奠定得太多了,要讲究"适度",因此素质教育就是"适度教育"②,曾水兵把国民奴性性格和自私心理的改造看成是"素质教育"的核心③,而刘道玉则认为素质教育的核心是"培养创造力"④,诸如此类。

可以想象,当理论界关于"究竟什么是素质教育"的观点都还在"百花齐放""百家争鸣"的时候,实践当中该何去何从!所以,当我在莲花池中学和老师们谈起"素质教育"这一话题的时候,晓峰老师的一番话让我印象颇深:

> "素质教育"就是"那样一个东西",它听起来很美好,所以我们要去追求它。但究竟它是什么样的,我也不知道。

更加年轻的晓芳老师则颇为无奈地对我说:

> 我以前读师范的时候,听老师们讲"素质教育"的理念啊、改革啊之类的,当时听得也是热血沸腾,也想好好搞点名堂出来,但是工作之后发现完全不是那么回事,那些理念啊、方法啊我都记得很清楚,但你要问我究竟搞成什么样就算是"素质教育",我也说不上来,"素质教育"是什么样的我现在也说不好,不知道是老师原本就没讲还是讲了但是我忘记了。现在我也不知道这些理念和方法会把我引到哪里去,心里感觉有些没底。

应该承认,晓峰老师和晓芳老师的说法,是很多中小学一线教师内心的真实写照。由于"素质教育"缺乏一个明确的目标或"靶子",老师们感觉不知从何下手,"素质教育"这一理念带给中小学教师海市蜃楼一般的感觉,它似乎清晰可见,却又让人感到虚幻;它似乎就在那里,但又不知所踪。其实任何一个教育理念,若希望得到有效的落实,就必须有明确的内容和指向,以及可资操作的技术路线。遗憾的是,"素质教育"的内涵并不明确,我们完全可以说,没有哪种教育不是培养人某方面的素质的,所以一切教育都是"素质教育";我们

① 陈建华. 论基础教育、素质教育与博雅教育的内在关系[J]. 南京社会科学,2013(9):113-119.

② 李奇勇. 素质教育就是适度教育[J]. 中国教育学刊,2015(6):1.

③ 曾水兵. 再论国民性改造是当代素质教育的重要内涵[J]. 教育科学研究,2014(8):31-34,47.

④ 刘道玉. 论素质教育的本质特征与实施路径[J]. 华中师范大学学报(人文社会科学版),2015(3):148.

甚至可以说，"应试"也是人生的必备素质之一，因此"应试教育"就是"素质教育"的组成部分。如果"素质教育"就是"教育"，如果"素质教育"和"应试教育"之间不是对立关系而是包含与被包含的关系，那么所谓"应试教育"向"素质教育"进行"转轨"，根本就无从谈起。所以，虽然"素质教育"这一口号早已红遍大江南北，"应试主义"的问题依然悬而未决。

二、"三维目标"的尝试

如果说"素质教育"是因为其内涵表述不清，难以把握，以至于未能全面代替"应试主义"，那么"三维目标"的提出，则让改革"应试主义"的尝试有了一个明确的目标和方向。钟启泉认为："'三维目标'是荡涤'应试教育'的一帖解毒剂……'三维目标'落实之时，就是'应试教育'崩溃之日。"[1]钟启泉之所以对"三维目标"如此信心满满，是因为在他看来，考试所要考查的，是学生的静态知识积累情况，而非知识学习的过程，以及这一过程中的情感体验。因此，钟启泉心目中的"应试教育"，本质上不过是"静态知识积累"的教育，其目标仅在静态知识的积累上面，是单一而片面的；"三维目标"正好在知识之外增加了其他两个维度，它更关注学生的自我修炼和学生之间的对话，因此能够有效破除"静态知识的积累"的状况，从而破解"应试主义"。

"三维目标"早已在实践中被广泛推行，十余年来，虽有不少人对其称赞有加，但也面临着来自各方的严厉批评。王策三认为"三维目标"的提法"在理论上相当混乱"，甚至有自相矛盾之处；[2]吴红耘、皮连生认为，"三维目标"违背了"布卢姆原分类学和修订的认知教育目标分类学以及教育心理学常识"；[3]魏宏聚则认为"三维目标"的三个维度"内涵交叉、外延纠缠，在实践中难以分清"。[4] 对"三维目标"理论本身的自洽性，我们或可姑置不论，但"三维目标"是否真能解决"应试主义"的问题，则需要仔细地分析。

在莲花池中学，我发现很多老师都将"三维目标"作为教学目标，自己每一堂课的教案当中，"教学目标"一栏无一例外地都按照知识目标、过程目标和情感目标三个角度来写，应该说，这是一线教师普遍的做法。但正因为这样一种处理方式导致了情感、态度、价值观教育在实践中被"贴标签"的现象，[5]情感

---

① 钟启泉."三维目标"论[J]. 教育研究,2011(9):63-64.
② 王策三."三维目标"的教学论探索[J]. 教育研究与实验,2015(1):2.
③ 吴红耘,皮连生. 修订的布卢姆认知教育目标分类学的理论意义与实践意义:兼论课程改革中"三维目标"说[J]. 课程·教材·教法,2009(2):95.
④ 魏宏聚. 新课程三维目标在实践中遭遇的尴尬与归因:兼对三维目标关系的再解读[J]. 中国教育学刊,2011(5):36.
⑤ 余文森. 新课程教学改革的成绩与问题反思[J]. 课程·教材·教法,2005(5):3.

目标与知识目标脱节。因此,有人提出"三维目标"不是教学目标,而应该是课程目标,[①]是一门课程在经过长时间的教学之后所要达成学生身心发展的预期结果。这一提法的确解决了非要情感目标在每一堂课中都要有所体现而导致的强扭的瓜不甜的问题,但无论是将其作为教学目标,还是作为课程目标,都属于从学生发展的角度进行的考量——要么是学生在这堂课上获得了什么,要么是学生通过这门课程的学习获得了什么。但如果我们将问题放到"应试主义"的大环境当中来考虑的话,就会发现,学生最想获得的,未必就是在高中三年获得多大程度的"内在发展",而是"考上大学"这么一个结果。即便我们可以站在道德的制高点上批评说这样一种想法非常功利,但却无法否认这一想法依然非常普遍,甚至,我们无法否认这一"功利性"的想法其实具备相当的正当性。

既然如此,那么我们就需要考虑,"三维目标"能否满足学生"考上大学"这一功利性的需求呢?

诚如很多学者所说,目前的高考依然是以知识考查为主,所以在"三维目标"当中,知识目标必然被凸现出来。至于过程目标,高考当中很多题目是无法对"过程"进行考查的,例如山西产煤还是产铁,重力加速度到底是多少,硫酸的分子式是什么。所以"过程"往往并不是学生想要的目标。有人会提出反对意见说,过程在高考中也很重要,因为理科类很多题目都要求写解题过程,所以在平时的教学当中也应当对解题过程进行训练而不是仅仅满足于告诉学生最后的数字结论。我的看法是,解题的确有一个过程,但这是一个知识性的过程,应该是隶属于"知识目标"这一维度的。"三维目标"中所说的"过程目标",指的是对知识的探索过程而非解题过程。对此,"三维目标"的倡导者钟启泉说得很清楚——"'过程'意指对话环境与交往体验"[②],这显然说的是学生通过对话,通过体验逐步探究得出知识结论的过程,而非解题过程。但高考并不关心学生是怎样逐步"探究""建构"出知识结论的,事实上高考对此也无法衡量,不管你是忽然"顿悟"出来的也好,慢慢"体会"到的也罢,只管你是不是最终掌握了这些知识。所以如果教学的时候特别去强调"过程目标",甚至觉得"过程重于结果"的话,的确存在着影响学生高考成绩的风险。再看情感目标,学生的真情实感、真实体会,或许只有在写作文的时候能够帮助他们把作文写得更加生动、具体(而这一点甚至可以被写作模板、套路所代替),而在其他方面则根本无法对高考分数提供实质性的帮助;相反,情感、态度、价值观方面的教育甚至还会因占据了用于知识学习的时间,招致学生的不满。我在

① 陈志刚. 对三维课程目标被误解的反思[J]. 课程·教材·教法,2012(8):3-8.
② 钟启泉. 打造教师的一双慧眼:谈"三维目标"教学的研究[J]. 上海教育科研,2010(2):5.

莲花池中学看到过一个例子：一位地理老师在讲完"中国矿产资源丰富"这一知识点之后，试图激发学生们对中国地大物博的感慨以及对祖国的自豪，却被几个学生不耐烦地打断："行了行了，我知道了，接着讲后面的吧。"而像思想品德课、心理健康教育课等在基础教育阶段一直被边缘化，也是同一个道理。

　　总的来说，通过高考，考取大学，从而"跳农门""大翻身""光耀门楣""自我实现"等，是很多考生共同的目标，但这是一个"社会性"的目标，而非仅仅是"教育性"的目标。"三维目标"的提法仅仅是在教育内部进行改革，它无法满足学生社会性的功利需求，因而会在实践中被学生"悬置"。对教师来说，由于他们自身的利益和学生的高考分数是牢牢绑定在一起的，必然也会因"应试"的需求而放弃帮助学生"探究过程"和"体验情感"等内容。因此，虽然"三维目标"早在 2001 年就随着新课改的推行而普及，但十余年来，"片面应试"的现象有增无减，"荡涤'应试教育'的解毒剂"并未解掉"应试主义"之毒。如果我们试图用一个纯"教学"的改革措施来解决一个社会性的问题，这无异于让大象在茶杯里洗澡，是"三维目标"的不能承受之重。

三、从"预设"走向"生成"

　　如果说任何一项教育改革的目标都只能是"教育"的而非"社会"的，因而无法解决"应试主义"的问题的话，那是否可以换一个思路：不从"目标"的角度进行考虑，而是转而监控教学的"过程"，将程序化的、按部就班的操作过程替换为灵活多变、生机勃勃的教学过程？这样，虽然没有设置一个明确的"目标"，但因为"过程"被扭转了，所以最后的结果也就不同于以往。

　　"生成性教学"的提出就是这种改革思路的一个集中体现。"生成性教学"的倡导者认为，传统的课堂教学，根据安排好的知识内容来预先设计教学环节、流程和方法，这样的教学很符合"应试主义"的需求，但却让教学过程丧失了生机和活力。比如，罗祖兵认为，"应试教育"使原本互动的教学过程沦为单向灌输，而"生成性教学"则是因互动才存在；[1]李雁冰、程良宏认为，"应试教育"是一种传递性教育，而"生成性教学"对这种讲究程序化的传递进行了批判；[2]朱文辉则认为，"生成性教学"对教育中的工具理性迷思、特殊认识论、"双基"、重视效率等方面都进行了逐一澄明，[3]而这些方面的问题经常被认为是"应试教育"的根源所在。总的来说，"生成性教学"的倡导者认为，良好的教学应该是"生成"的而非"预设"的，如果教学能够在普遍意义上从"预设"走向

---

① 罗祖兵. 生成性教学及其基本理念[J]. 课程·教材·教法，2006(10)：31.

② 李雁冰，程良宏. 生成性教学：教学哲学的分析视角[J]. 教育发展研究，2008(8)：22.

③ 朱文辉. 遮蔽与澄明：有效教学的生成性意蕴[J]. 全球教育展望，2010(8)：10-14.

"生成",那么"应试主义"的问题将得到有效解决。

在诸多持"生成论"的学者当中,朱文辉博士应该算得上是"生成性教学"的一个忠实拥护者,他从读硕士研究生阶段起就一直致力于对"生成性教学"的研究,发表了一系列高水平的研究成果。他的《遮蔽与澄明:有效教学的生成性意蕴》可以说是其代表作。在该文中,朱文辉博士区分了效率和效益这一对概念,他认为,以预设为主的教学只追求效率,追求"看似有效的方法、策略和技巧",却忽视了学生的内在进步与发展,造成了"效率对效益的遮蔽"。因此他专门强调,教学中的效益"不是经由加班加点、题海战术、机械训练等损害学生可持续发展的途径取得的"①。

该文虽通篇未提"应试"一词,但诸如加班加点、题海战术、机械训练等,却是"应试主义"的真实写照。对朱文辉博士实事求是的研究态度,我非常钦佩,但对"效率对效益"的遮蔽这一说法,我却不太认可。通常我们往往容易将"效率"视作一个纯粹速度上的概念,但按照《辞海》的界定,效率指所消耗的劳动量与所获得的劳动效果的比率。所以说,"效率"这一概念在速度之外,也潜在地带有质量、效益上的追求。其实这并不难理解,比如我们说某工厂希望工人们提高生产效率,除了指要在单位生产时间里生产出更多的产品之外,也绝不意味着可以偷工减料、降低质量;某老师希望学生们提高学习的效率,除了指要学生们学得更快的意思外,也还包含着要学得好的含义,所谓"保质保量"就是这个意思。因此我专门撰文指出:根本不存在"无效益的效率"这种情况,因为只有以较快的速度实现了我们想要的"效益",才能称作有"效率"的。比如,我们不能说一个老师只要教得快,他的教学就有效率;只有他在快速教的同时,还让学生学懂了、学会了、进步了,也就是具备"效益"了,我们才能说他的教学是有效率的。考虑到"应试主义"的大环境,当前中小学课堂教学当中确实存在着效益缺失的现象,但正如我此前所说,这并非是一个教学问题,而是一个教育问题、社会问题,所以我在文中提出,"应试主义"的问题不是"生成性教学"可以解决的。②

但我没想到我的这篇文章惹恼了小朱博士,他立即指责我这是在"为应试教育开脱,把教育教学应该担当的责任推卸给社会",甚至给我扣上了"这是典型地将历史唯物主义异化为历史宿命论从而消解个人的主观能动性以及否定

---

① 朱文辉. 遮蔽与澄明:有效教学的生成性意蕴[J]. 全球教育展望,2010(8):14.

② 周序. 反思与澄清:也谈教学的"预设"与"生成"——兼与朱文辉同志商榷[J]. 上海教育科研,2012(3):56-60.

个人在历史发展中的推动力的论调"这样一项帽子。^① 我和小朱博士素无个人恩怨,相反,我们还曾一起会餐、闲聊,也曾多次通过邮件交流、讨论学术问题。在我的印象中,小朱博士是一个博学、睿智而不失风趣的人,他对我的反驳和批判可以理解,但学术观点却不能因私交而妥协。我们需要思考"生成性教学"在"应试主义"面前究竟可能有多大作为?

高考是一项"高利害性"的考试,^②金榜题名则可以成为"高级专门人才",而名落孙山则与"人才"身份无缘,甚至可以说在很大程度上浪费了此前的十二年寒窗苦读。在这种情况下,人们往往愿意采取目的取向的行为模式。心智成本论告诉我们,人们往往倾向于将有限的脑力资源配置到最需要的用途上去,这几乎是任何一个"理性人"都会做出的选择。对于高中生来说,什么是最需要的用途呢? 绝不是因为对知识的好奇而进行烦琐的探究和试误,也不是结合自身经历对某个知识点进行体验或感悟,而是备战高考、通过高考。因此,所谓"凡是能够提高成绩的措施就要使,凡是能够提高升学率的方法就要用"之类的提法,虽然看起来有些碍眼,但说的却是实情。仅仅对教学过程进行调控,希望它变得生动、丰富,但如果最终的目标依然僵化、生硬,那么这样一种调控基本上是无甚效果可言的。就好比说,一个运动员想要在奥运会上夺冠,那就需要经历一个艰苦卓绝的训练过程,需要有专门化的训练措施,甚至在对抗性的比赛中还要针对对手的战术和水平特点做针对性的备战工作,这就是"目的导向"的行为选择。但如果我们强调训练过程的"生动""丰富"和充满"人文关怀",试图将训练过程调节得富有诗情画意,那我相信这个运动员在奥运会上夺冠的愿望永远都实现不了。

"生成性教学"亦同此理。由于它倡导的教学过程与"高考"这一目的并不匹配,在目的驱动的行为选择下,"生成性教学"往往也停留于纸面。一些坚持"生成性教学观"的学者坦诚,很多教师"对其操作还是一头雾水,还有的老师由于对其本质理解不深刻导致'伪生成',得不偿失"^③。可见,"生成性教学"也不是改变"应试主义"现状的良药。

四、"生活世界"的借鉴

当素质教育、三维目标等本土化的尝试在实践中效果不佳的时候,有不少

① 朱文辉. 戴着镣铐,何以能舞——《反思与澄清:也谈教学的"预设"与"生成"》读后感[J]. 全球教育展望,2013(3):22.
② 陈为峰. 大规模高利害考试后效研究:以科举、中美高校招生考试为例[D]. 厦门:厦门大学,2012.
③ 吕星宇. 生成性教学的实践策略[J]. 教育科学,2008(3):37.

学者便将目光投向了国外的教育、心理、哲学理论,试图从他人的思想当中找到解决自身问题的办法。"教学回归生活世界"就是从以胡塞尔为代表的现象学哲学大师那里"取经"之后产生的一个解决方案。

该方案的主要倡导者之一郭元祥认为:"回归生活世界的教学不会像'传统教学论'和'应试教育'倾向那样无视学生的日常生活,相反注重教学联系日常生活和非日常生活……'教学回归生活世界'作为一种理念,所强调的是……克服应试教育的弊端。"①张胜军、施光②、黄亚南③等人也都表达了"应试主义"脱离学生日常生活,而"回归"之后的教学方能和生活世界密切联系的观点。因此要克服"应试主义"的诸多问题,让课堂教学"回归生活世界"就成为这部分学者心目中一条可行的途径。

让教学"回归生活世界",是否就能革掉"应试主义"之弊病,这需要回到胡塞尔本人的理论当中去寻求答案。胡塞尔之所以倡导"回归生活世界",是因为他认为当时欧洲的人们面临着来自科学知识的"危机",大家认为用实证的方法就可以认识整个世界,实证主义科学的特点是严格地将客观性作为衡量正误的标准,因而一切关于人性的、关于主观意见的东西都成了"非科学"的。更让人烦恼的是,人们还非常迷恋实证科学的这种"科学性",满足于获得"客观真实"的数据结论,以至于人们甚至都忘记了,这些冷冰冰的数据、客观的结论,到底于我而言有何意义。因此,所谓"回归生活世界",就是胡塞尔在对这一"科学危机"的批判当中提出的。④ "生活世界"强调的是对人性的重视和对意义的唤醒,呼吁在"客观科学结论"之外,去寻求"主观性成就"。

简单地说,胡塞尔所谓的"回归生活世界",指的是从"科学世界"向"生活世界"回归。但如果将这一理论加之于"应试主义",是否恰当呢?身处"应试主义"当中的广大学生,表面上看起来似乎天天在和科学知识打交道,被繁多的知识、复杂的结论折腾得疲惫不堪,因此也面临着"科学危机"。与其说他们身处"科学世界"当中,不如说他们处在"考选世界"之内。张行涛提出的"考选世界"这一概念,其目的就在于描述和分析以考试和选拔为中心的学校教育这种社会场域。之所以把学生的日常教育生活称为"考选世界"而不是"科学世界""知识世界",是因为考试支撑着整个教育系统,且"几乎所有的对于教育的

第七章　破解『应试主义』:探索与未来

---

① 郭元祥."回归生活世界"的教学意蕴[J].全球教育展望,2005(9):34-36.

② 张胜军,施光.教学"回归生活世界"之意指与误指[J].教育导刊,2007(11上):10-12.

③ 黄亚南.走向教学本真:教学回归生活世界的根本追求[J].当代教育科学,2013(10):26-28.

④ 哈贝马斯.后形而上学思想[M].曹卫东,付德根,译.南京:译林出版社,2001:75.

抨击,都是从考试开始的"。① 在"天有十日,人有十等"的等级社会当中,考试是学生们突破等级限制的重要方式,也是导致知识在学校教育中被异化的原因所在。因此,即便说学生们在学习中陷入了"危机",那也应该是来自于"考选世界"的危机,而不是来自"科学世界""知识世界"的危机。从这个意义上说,"应试主义"当中暴露出的诸如知识灌输、死记硬背等问题,并非学生"迷恋"科学、"享受"知识背诵过程所致,所以"应试主义"的"危机",和胡塞尔所说的"欧洲科学危机"仅仅是表面相似,根源却是迥然不同的。这样看来,号召课堂教学要从"知识世界"回归"生活世界",就显得不是那么站得住脚了。

那么,如果让课堂教学从"考选世界"向"生活世界"回归,又是否可行呢?胡塞尔强调要从"科学世界"回归"生活世界",是因为科学本身不代表意义,科学对人的主观意愿的满足,才是其意义所在。这一论断的前提是,科学知识本身和"意义"是分离的,因此胡塞尔才会说,"生活世界"这一概念,"唯一任务和功能在于阐明这个世界的意义"②。但是就"考选世界"来说,参加考试并通过选拔,本身就是学生的追求和意义所在,即便这个意义少了些诗意,没有包含人文关怀、人性关照等方面的内容,但对学生来说,这一意义却是价值最大的。在这种情况下,如果教学要离开"考选世界",实际上是对"意义"的违背。

当然,我们不太好对学生"希望被录取"的心态加以指责,但如果将这一心态翻译成"功利"二字,那就往往成了人们批判的靶子。我们很容易说:教育应该去功利化、去私心化,应该关注内在发展、快乐成长之类的意义。于是有人在"考选"之外提供了另一种意义,即让教学和学生的日常生活经验相结合,倡导"教学联系学生生活、联系社会实际"③,并在此基础上实现平等、尊重、对话、多元等意义。然而,此意义非彼意义,且不论这样一种"日常生活世界"已经严重歪曲了胡塞尔"生活世界"的原意,仅仅是用这样一些"意义"来取代"考选",恐怕就让广大学生难以接受。学生们的态度:我也很希望实现平等、尊重和对话,很愿意体会到人文关怀,但请先保证我能够考上大学。因此,如果"日常生活世界"无法帮助学生金榜题名,那这样一种"回归",无疑在实践中就没有市场。

总的来说,让课堂教学"回归生活世界",是一部分有良心和责任感的学者寻求西方哲学思想的帮助,借以改变"应试主义"状况的尝试,但"生活世界"这一外来和尚并不能念好"考选"这本经,因此存在着药不对症、难以根治的问题。

---

① 张行涛. 必要的乌托邦:考选世界的社会学研究[M]. 北京:北京师范大学出版社,2003:35,30.

② 胡塞尔. 纯粹现象学通论[M]. 李幼蒸,译. 北京:商务印书馆,1992:459.

③ 郭元祥."回归生活世界"的教学意蕴[J]. 全球教育展望,2005(9):36.

第三节　革新命题技术：一条可能的路径

上述种种改革的措施存在一个共性，即纷纷将改革的矛头对准"应试"二字，试图消解"应试"、淡化"应试"。要不要"应试"，这是一个教育理念的问题。但正如本书一开始所说，"应试"是学生的正当需求，不应否定更不能禁止。如果说"应试"是理所应当的而"应试主义"则有待改良，那么问题就显得很清楚了：我们针对的并非"要不要应试"这一理念问题，而是针对"应试主义"中的"主义"二字，即如何避免学校教育采用一些简单、粗暴的方式对学生进行长时间的规训。

人们不满"应试主义"，具体针对的是像满堂灌输、题海战术、死记硬背之类的教学方式，这些教学方式之所以禁而不止，是因为它们能够快速地让学生记住一些必要的知识结论，并掌握诸如作文模板、答题套路、思维定式等"应试"的技巧。对于现有高考题目来说，死记硬背知识结论和掌握"应试"技巧，因其"够用"而被普遍使用。这些简单、粗暴的方式之所以长期存在，是因为现有的高考题目更多地考查学生的记忆能力和"依葫芦画瓢"的本事，而对综合能力、素质等方面的考查则明显不足。说白了，就是命题质量还不高，达不到我们想要的命题意图。

这就涉及命题的技术问题了。过去我们对命题技术曾经是比较关注的，在 1982 年教育部发布的《关于开展高考研究的通报》当中，就明确提出要研究"命题、评分怎样考查考生能力""使用选择题的可能性与范围"等课题。1999年开始的话题作文改革，应该算得上是命题技术革新当中的一个成功案例。不仅扭转了议论文一统天下的局面，更多地彰显了学生的活力和个性，同时也避免了作文模板导致 1998 年沦为"父母双亡"年的尴尬。① 1998 年的高考作文题为《坚韧——我追求的品格》/《战胜脆弱》，很多学生为了获取阅卷老师的青睐而大量套用作文模板，纷纷虚构出"父母双亡"的故事，以彰显自己的坚韧和战胜脆弱的意志。一时间，对高考作文中大量出现套用"模板"的批评之声此起彼伏，正是在这样的背景下，"话题作文"这一命题技术的革新才引起了人们的极大关注。

但近些年来，人们似乎不大讲技术了，尤其是在学术界，大家更喜欢谈的是理念，例如生成性教学理念、生活世界理念、学生中心理念等。似乎谁要还谈技术，谁就显得落伍过时，就缺乏"学术深度"了。有人说，"技术取向的生成

---

① 张行涛.考试的社会学概观[J].教育理论与实践,2000(3):40.

性教学易于陷入虚假生成、随意生成与僵化生成的窠臼,背离教学的解放旨趣,阻碍教师作为变革主体的角色确认、影响教师参与课程改革的积极性,不利于学生创造能力的养成和教学民主的实现";①也有人认为,校本课程的实施要从技术取向转向文化取向。② 在考试评价领域,对技术的忽视体现得尤为明显,大多数学者纷纷关注的是考试理论或评价理念,而关于命题技术的研究,从来都不是一个热点。在中国知网收录的关于考试命题研究的期刊论文中,标题中含"命题"和"技术"两个关键词的文献,迄今为止不过 110 篇,而将"考试"或"评价"与"理念"或"理论"进行搭配进行搜索,竟然有 8791 篇文献。硕博士论文的研究主题分布也差不多,标题中含"命题"和"技术"两个关键词的硕博士论文,合计只有 7 篇,而以考试理念、评价理论等为主题的硕博士论文,则有 1564 篇(2015 年 12 月 27 日搜索)。技术和理念,二者受关注的差别之大,实在令人震惊!

由于命题技术的研究不受关注,在实践领域,命题质量也难有进一步的提升。一度被人们寄予厚望的"话题作文",也是漏洞百出,遭人诟病。例如2009 年北京高考作文题目《我有一双隐形的翅膀》、安徽高考作文题目《弯道超越》,被指责带有明显的"城市中心倾向",不利于农村考生。2012 年安徽高考作文题目《梯子不用时请横着放》被网友评为"最坑爹"的题目,有网友说:"看到安徽的题目我无奈了。"还有网友调侃:"出题老师和我年轻时一样干过泥瓦匠。"③至于 2008 年广东高考作文题《面对第一次,不要轻易说"不"》,有网友评价说:"出题的人肯定是欠缺考虑的……此次参加高考的大部分是1989 年前后出生的少男少女。他们也正是思春的年龄,如果出题人不从这个角度回避一下青春的话题,自然会让他们联想到与性有关的许多'第一次'。"④可以说,高考作文虽然"话题"犹存,但留给人们的更多的却是"话柄"。网友们对高考题目的批判或许不免添油加醋、吹毛求疵、鸡蛋里挑骨头,学术界的研究却也得出了类似的结论。有人研究了近两年开始流行的材料作文,认为这一新的命题方式在使用之处能够"防止宿构套作……但近几年,诸多问题开始暴露:分数日渐趋中,60 分的作文有效分值缩减至 15 分左右;高中写作教学逐渐由培养学生实际表达能力转变为提高应试技巧……长久以来针对标题作文和话题作文的应试技巧却依然有用武之地,可以挪用在材料作文上

---

① 程良宏.生成性教学技术主义倾向批判[J].全球教育展望,2012(5):22.

② 叶波.校本课程实施:从技术取向到文化取向[J].中国教育学刊,2012(6):56-59.

③ 网友热议高考作文题,江苏卷被赞"最有趣"[N].现代快报,2012-06-08(F6).

④ 面对第一次,不要轻易说"不"?[EB/OL].2008-06-11[2015-12-21].http://blog.sina.com.cn/s/blog_498c8df901009kod.html.

……套作、假话空话又卷土而来"①。总的看来,高考题目命题质量长期未有突破,确是不争的事实。"话题"是否给人留下"话柄"并不是问题的关键,关键是当命题质量不高的时候,考生就未必需要有相应的"能力"和"素质"才能获得高分,而是可以借助于"应试"技术和技巧,"道高一尺魔高一丈"了。所以有人说,在语文教学当中完全可以像数理化那样教出"公式"来,让学生按照"语文公式"来学习,能够有效地提高成绩。② 所谓"按语文公式来学习",实际上就是运用各种技术、技巧来回答题目,而不是依靠自己的文学修养、文字功底之类的"素质"。这绝非危言耸听,网上早已有人总结出了诸如"语文答题万能公式""高考语文万能公式"之类的内容,对标点符号的用法、某个词句的描写手法、某句话在段落当中的作用、诗词鉴赏的技巧、作文的审题与写作等均进行了公式化的总结。我曾拿着这些"公式"询问过莲花池中学的几位语文老师,得到的答复:这些公式至少对那些语文成绩中等偏下的学生来说,是有一定作用的。而作为长期奋战在语文教学第一线的这些老师来说,他们早就对这些"语文公式"见怪不怪了。

"公式"偶尔也有失去作用的时候。1999 年高考作文忽然从议论文改为话题作文,就让好多师生感到措手不及——他们没有准备过这个"公式"。莲花池中学的晓峰老师对此可谓深有体会。他告诉我说:

> 当年一下子搞话题作文的时候,大家都不知道该怎么弄,平时也没有跟学生讲过,因为都讲的是议论文啊,所以那些有文字功底的、文笔好的学生一下子就凸现出来了。后来我们就开始研究话题作文的写法,再后来是研究材料作文的写法,也基本摸出套路了。但是如果说要考出学生的真实水平,那我觉得还是应该像 1999 年、2000 年那样,让老师和学生都猜不到套路,无法套用模板,这样的题目才更好。

作文题目是这样,其他各个学科、各种类型的题目同样亦是如此。只有在让学生猜不到命题思路,无法提前准备答题的套路、无法固化自己思维的时候,才可能对学生的综合能力和素质做出一个相对真实的考查。

这给我们破解"应试主义"难题提供了一个新的思路:当我们身处"人情社会",受困于拉关系、讲人情、迎送往来的时候,凭分录取就不可避免,而学生想上大学的动机又无可指责,因此对其"应试"行为也难以进行苛责。这个时候,我们唯一能做的,就是努力让学生的"分数"和其"能力""素质"能够对接上来,

---

① 赵静宇. 2015 年高考全国卷作文的两个新变化[J]. 课程·教材·教法,2015(11):101-105.
② 周颖. "县中"模式的特点及成因研究[D]. 北京:北京师范大学,2009:70.

而不是将"分数"和"应试技巧"相对接。在我看来,这只有通过命题技术的改进才能实现。一套理想的高考试卷,应该使学生无法通过各种技术、技巧来回答,无法通过套路、模板来获取高分,这样题海战术、死记硬背、固化思维、不评不议等"应试主义"惯用的方式都失去了效用。当我们有了这样的考试题目,虽然教师一样需要顺应学生的"应试"需求,努力帮助学生提高分数,但不会再过量地依赖于满堂灌输、周周清、堂堂清等方式,因为这些方式对于学生获取高分已经没有任何意义了。学生要回答诗歌赏析题,就一定要有较高的文学鉴赏素养而不是靠答题套路,要做对英文阅读题目,就一定要读懂这篇文章而不是靠"排除法""优选法"来猜出正确答案。这个时候,"应试"虽存,但"主义"却被消解。学生一样会为"应试"而努力,但努力的方向不是死记硬背,而是着力提高自己的综合能力;教师也从"被规训"的束缚中解脱出来,也就没有必要再去规训学生了。这不就是我们想要的、理想的教育的样子吗?所以,"应试主义"的出路不在于批判和否定"应试",而是让学生通过更加科学、更加合理的方式来"应试",使广大考生"应试"的需求和全面发展的需求能够统一起来。在这方面,考试技术的革新应该是大有可为的。

所以在我看来,现在该是将关于考试的研究,从理念探讨层面转向到命题技术层面的时候了。如果我们将"应试主义"概括为用各种各样的答题技术来对学生进行长期而片面的规训,那么技术的问题也只能通过技术来解决,即通过命题技术的提升来使答题技术失效。以技术方法解决技术问题,才可以说得上是"对症下药""解铃还须系铃人"。命题技术看起来虽然不像考试理念那么高大上,但它实实在在,可供遵循,而且任何理念也都必须依赖于相应的技术才能得到落实。忽视技术,必然将使理念无所寄托,虚无缥缈。因而,我愿意乐观地相信:革新命题技术,将成为改变我们受困于"应试主义"状况的一条可能路径!

参考文献

M. 阿普尔,L. 克丽斯蒂安-史密斯. 教科书政治学[M]. 侯定凯,译. 上海:华东师范大学出版社,2005.

P. 布尔迪约,J.C.帕斯隆. 再生产:一种教育系统理论的要点[M].邢克超,译. 北京:商务印书馆,2002.

包亚明. 权力的眼睛:福柯访谈录[M]. 严峰,译. 上海:上海人民出版社,1997.

抱朴子外篇[M]. 张松辉,张景,译注. 北京:中华书局,2013.

彼得·辛格. 实践伦理学[M]. 刘莘,译. 北京:东方出版社,2005.

曹雪芹,高鹗. 红楼梦[M]. 北京:人民文学出版社,1982.

曾枣庄. 全宋文[M]. 上海:上海辞书出版社,2006.

陈惠雄. 快乐原则:人类经济行为的分析[M]. 北京:经济科学出版社,2003.

陈培桂. 淡水厅志[M]. 台北:大通书局,1984.

陈孝兵. 现代"经济人"批判[M]. 太原:山西经济出版社,2005.

丹纳赫,斯奇拉托,韦伯. 理解福柯[M]. 刘瑾,译. 天津:百花文艺出版社,2002.

道格拉斯·C. 诺思. 经济史中的结构与变迁[M]. 陈郁,罗华平,等译. 上海:三联书店,上海人民出版社,1994.

邓嗣禹. 中国考试制度史[M]. 南京:考选委员会,1936.

樊本富. 中国高校自主招生研究[M]. 武汉:华中师范大学出版社,2010.

费孝通. 乡土中国[M]. 北京:北京出版社,2005.

费正清. 美国与中国[M]. 孙瑞芹,陈泽宪,译. 北京:商务印书馆,1971.

冯梦龙. 三言[M]. 长沙:岳麓书社,1989.

弗里德利希·冯·哈耶克. 自有秩序原理:下[M]. 邓正来,译. 北京:三联书店,1997.

顾炎武. 日知录 日知录之余[M]. 严文儒,戴扬本,校点. 上海:上海世纪出版股份有限公司,2012.

哈贝马斯. 后形而上学思想[M]. 曹卫东,付德根,译. 南京:译林出版社,2001.

何怀宏. 选举社会及其终结:秦汉至晚清历史的一种社会学阐释[M]. 北京:三联书店,1998.

河北省教育考试院. 河北高考 30 年[M]. 北京:社会科学文献出版社,2007.

胡塞尔. 纯粹现象学通论[M]. 李幼蒸,译. 北京:商务印书馆,1992.

怀特海. 教育的目的[M]. 徐汝舟,译. 北京:三联书店,2002.

教育部基础教育司. 走进新课程:与课程实施者对话[M]. 北京:北京师范大学出版社,2002.

柯林斯. 文凭社会:教育与阶层化的历史社会学[M]. 刘慧珍,等译. 台北:桂冠图书股份有限公司,1998.

雷新勇. 大规模教育考试:命题与评价[M]. 上海:华东师范大学出版社,2006.

李纯蛟. 科举时代的应试教育[M]. 成都:巴蜀书社,2004.

李德显. 课堂秩序论[M]. 桂林:广西师范大学出版社,2000.

李华兴. 民国教育史[M]. 上海:上海教育出版社,1997.

李立峰. 中国高校招生考试中的区域公平研究[M]. 上海:华东师范大学出版社,2007.

李林甫,等. 唐六典[M]. 陈仲夫,点校. 北京:中华书局,1992.

李文胜. 中国高等教育入学机会的公平性研究[M]. 北京:北京大学出版社,2008.

李长春. 明熹宗七年督查院实录[M]. "中央研究院"历史语言研究所,校勘. 上海:上海古籍书店,1983.

联合国教科文组织国际教育发展委员会. 学会生存:教育世界的今天和明天[M]. 华东师范大学比较教育研究所,译. 北京:教育科学出版社,1996.

刘海峰,李兵. 中国科举史[M]. 上海:东方出版中心,2004.

刘海峰. 科举学导论[M]. 武汉:华中师范大学出版社,2005.

刘海峰. 科举制与科举学[M]. 贵阳:贵州教育出版社,2004.

刘希伟. 清代科举冒籍研究[M]. 武汉:华中师范大学出版社,2012

刘昫,等. 旧唐书[M]. 北京:中华书局,1997.

柳斌. 柳斌谈素质教育[M]. 北京:北京师范大学出版社,1998.

卢梭. 爱弥儿:论教育[M]. 第 2 版. 李平沤,译. 北京:人民教育出版社,2001.

卢现祥,朱巧玲. 新制度经济学[M]. 北京:北京大学出版社,2007.

陆容. 菽园杂记[M]. 佚之,点校. 北京:中华书局:1985.

论语·孟子[M]. 刘宏章,乔清举,校注. 北京:华夏出版社,2000.

罗伯特·诺齐克. 无政府、国家和乌托邦[M]. 姚大志,译. 北京:中国社会科学出版社,2008.

罗纳德·德沃金. 至上的美德:平等的理论与实践[M]. 冯克利,译. 南京:江苏人民出版社,2003.

迈克尔·W.阿普尔.意识形态与课程[M].黄忠敬,译.上海:华东师范大学出版社,2001.

毛泽东.毛泽东文集:第8卷[M].北京:人民出版社,1999.

米歇尔·福柯.疯癫与文明[M].第2版.刘北成,杨远婴,译.北京:三联书店,2003.

米歇尔·福柯.规训与惩罚[M].刘北成,杨远婴,译.北京:三联书店,1999.

明实录:第九册[M]:"中央研究院"历史语言研究所,校勘.上海:上海古籍书店,1983.

明实录:第六册[M]:"中央研究院"历史语言研究所,校勘.上海:上海古籍书店,1983.

明实录:第三十七册[M]."中央研究院"历史语言研究所,校勘.上海:上海古籍书店,1983.

明实录:第十册[M]:"中央研究院"历史语言研究所,校勘.上海:上海古籍书店,1983.

蒲松龄.聊斋志异:上[M].任笃行,辑校.济南:齐鲁书社,2000.

乔·萨托利.民主新论[M].冯克利,阎克文,译.北京:东方出版社,1998.

乔治·瑞泽尔.后现代社会理论[M].谢立中,译.北京:华夏出版社,2003.

司马光.司马温公集编年笺注(三)[M].李之亮,笺注.成都:巴蜀书社,2008.

宋敏求.唐大诏令集[M].北京:商务印书馆,1959.

孙耀君.西方管理思想史[M].太原:山西人民出版社,1987.

脱脱,等.宋史[M].北京:中华书局,1977.

王夫之.船山全书[M].长沙:岳麓书社,1990.

王符.潜夫论[M].汪继培,笺.上海:上海古籍出版社,1978.

王世贞.弇山堂别集[M].北京:中华书局,1985.

王阳明.传习录[M].张怀承,注译.长沙:岳麓书社,2004.

威尔·金里卡.当代政治哲学:上[M].刘莘,译.上海:三联书店,2004.

熊明安.中国近现代教学改革史[M].重庆:重庆出版社,1999.

熊明安.中华民国教育史[M].重庆:重庆出版社,1990.

徐松.宋会要辑稿:第5册[M].北京:中华书局,1957.

杨东平.中国教育公平的理想与现实[M].北京:北京大学出版社出版,2006.

永瑢,纪昀.文渊阁四库全书[M].影印版.台北:商务印书馆,1986.

尤·克·巴班斯基.教学过程最优化:一般教学论方面[M].张定璋,等译,北京:人民教育出版社,1984.

约翰·罗尔斯.正义论[M].何怀宏,何包钢,廖申白,译.北京:中国社会科学出版社,1988.

詹姆斯·M.布坎南.自由、市场和国家:20世纪80年代的政治经济学[M].吴良健,桑伍,曾获,译.北京:北京经济学院出版社,1988.

张东娇.最后的图腾:中国高中教育价值取向与学校特色发展研究[M].北京:教育科学出版社,2005.

张行涛.必要的乌托邦:考选世界的社会学研究[M].北京:北京师范大学出版社,2003.

张人杰.国外教育社会学基本文选[M].修订版.上海:华东师范大学出版社,2009.

张廷玉,等.明史[M].北京:中华书局,1997.

郑若玲,等.苦旅何以得纾解:高考改革困境与突破[M].南京:江苏教育出版社,2011.

中共中央文献研究室.建国以来毛泽东文稿:第7册[M].北京:中央文献出版社,1992.

中央教育科学研究所.中华人民共和国教育大事记(1949—1982)[M].北京:教育科学出版社,1983.

钟道然.我不原谅:一个90后对中国教育的批评和反思[M].北京:三联书店,2012.

钟启泉,崔允漷,张华.为了中华民族的复兴,为了每位学生的发展:基础教育课程改革纲要(试行)解读[M].上海:华东师范大学出版社,2001.

朱熹.朱子全书[M].上海:上海古籍出版社,2002.

马克思,恩格斯.马克思恩格斯选集:第1卷[C].北京:人民出版社,1995.

联合国教科文组织.教育:财富蕴藏其中[R].联合国教科文组织总部中文科,译.北京:教育科学出版社,1996.

李冀.教育管理辞典[M].第2版.海口:海南出版社,1997.

中国大百科全书总编辑委员会《教育》编辑委员会,中国大百科全书出版社编辑部.中国大百科全书(教育)[M].北京:中国大百科全书出版社,1985.

陈彬莉.统一高考影响下应试体制的形成原因以及运行机制[D].北京:北京大学,2007.

陈为峰.大规模高利害考试后效研究:以科举、中美高校招生考试为例[D].厦门:厦门大学,2012.

傅建明.我国小学语文教科书价值取向研究[D].上海:华东师范大学,2002.

郭振伟.随迁子女异地高考问题研究:以上海市为例[D].厦门:厦门大学,2015.

林玲.底层家长与学校教育关系之解构与重建[D].北京:北京师范大学,2009.

闻待.论高中教育的多样化发展[D].上海:华东师范大学,2004.

张源泉. 多元文化教育之合理性探讨[D]. 台北:台湾师范大学,2001.

郑若玲. 考试与社会关系之研究:以科举、高考为例[D]. 厦门:厦门大学,2006.

周颖. "县中"模式的特点及成因研究[D]. 北京:北京师范大学,2009.

北京大学教育学院"中国教育和人力资源研究"课题组. 2004年中国城镇居民教育与就业情况调查报告[J]. 国家教育行政学院学报,2006(5):80.

蔡书华,窦贵臣. 2009年高考化学计算题分类解析[J]. 考试与招生,2009(9).

曹悦群,宋巍. 福柯规训教育思想研究:基于谱系学方法转向与规训概念的创生[J]. 外国教育研究,2012(12).

曾水兵. 再论国民性改造是当代素质教育的重要内涵[J]. 教育科学研究,2014(8).

陈彬莉. 学业分类过程及其组织制度基础:高考升学率统摄下应试体制的微观运行机制[J]. 北京大学教育评论,2010(2).

陈洪捷. 取士:科举制度的观念基础[J]. 北京大学教育评论,2003(3).

陈建华. 论基础教育、素质教育与博雅教育的内在关系[J]. 南京社会科学,2013(9).

陈志刚. 对三维课程目标被误解的反思[J]. 课程·教材·教法,2012(8).

程良宏. 生成性教学技术主义倾向批判[J]. 全球教育展望,2012(5).

丛立新. 讲授法的合理与合法[J]. 教育研究,2008(7).

戴家干. 高考改革与教育公平公正[J]. 中国高等教育,2006(12).

戴家干. 坚持公平公正 深化高考改革[J]. 求是,2011(2).

邓玉阶. 考试异化忧思录[J]. 语文教学与研究,2006(4).

樊本富. 统一与自主:高考改革之争[J]. 西南交通大学学报(社会科学版),2005(2).

冯帮,柯尚军. 中学校长实名推荐制面临的困境及出路[J]. 上海教育科研,2014(9).

冯建军. 高中教育公平的哲学基础[J]. 教育科学研究,2011(2).

高敬智. 研究新课程高考理综卷 提高生物备考的有效性[J]. 考试与招生,2012(1).

高耀明. 民国时期高校招生制度述略[J]. 高等师范教育研究,1997(4).

谷晓峰,黄小琴. 2009年高考理综生物试题(全国卷1)分析及应对策略[J]. 考试与招生,2009(8).

顾海兵. 高考与统一高考之辩:兼与孙东东教授商榷[J]. 湖北招生考试,2005(4).

顾海兵. 透视中国高等教育的不公平[J]. 复旦教育论坛,2005(5).

顾海兵. 中国高考制度批判:计划经济式的考试可以休矣![J]. 中国改革,

2001(10).

　　郭华. 现代课程教学与教学认识论[J]. 北京大学教育评论,2012(3).

　　郭思乐. 静待花开的智慧:教育是效果之道还是结果之道:关于有效教学的讨论[J]. 教育研究,2011(2).

　　郭元祥. "回归生活世界"的教学意蕴[J]. 全球教育展望,2005(9).

　　胡志巧. 2008 年高考理综(全国 1 卷)物理试卷评析[J]. 考试与招生,2009(2).

　　黄显涵,李子健. 审视评价在课程改革中的关键角色:一个被忽视的问题[J]. 清华大学教育研究,2011(5).

　　黄亚南. 走向教学本真:教学回归生活世界的根本追求[J]. 当代教育科学,2013(10).

　　江峰,林玲. 论教育的竞争与应试教育[J]. 南京师大学报(社会科学版),1999(3).

　　金生鈜. 高等教育入学体制与社会身份:对教育机会分配的教育哲学分析[J]. 高等师范教育研究,2001(6).

　　康宁. 试论素质教育的政策导向[J]. 教育研究,1999(4).

　　邝孔秀,张辉蓉. 双基教学:摒弃还是发展[J]. 教育学报,2013(3).

　　雷颐. 我看中国教育改革之社会症结[J]. 中国青年研究,2000(2).

　　李奇勇. 素质教育就是适度教育[J]. 中国教育学刊,2015(6).

　　李雁冰,程良宏. 生成性教学:教学哲学的分析视角[J]. 教育发展研究,2008(8).

　　李长江,曾鸣晔. 个体行为系统复杂性特征初探[J]. 科学决策,2009(2).

　　李镇西. 语文:让心灵自由飞翔:我的语文教育观[J]. 课程·教材·教法,2015(4).

　　廖桂林. 题海战术:教学之大忌[J]. 北京教育,1999(6).

　　廖军和,李志勇. 从精英到大众:我国普通高中教育定位之思考[J]. 教育科学研究,2011(2).

　　刘朝晖,扈中平. 论"素质教育"与"应试教育"的对立性[J]. 课程·教材·教法,2005(10).

　　刘道玉. 论素质教育的本质特征与实施路径[J]. 华中师范大学学报(人文社会科学版),2015(3).

　　刘海峰. 传统文化与高校招生考试改革[J]. 上海高教研究,1995(3).

　　刘海峰. 高考改革:公平为首还是效率优先[J]. 高等教育研究,2011(5).

　　刘海峰. 科举停废 110 年祭[J]. 厦门大学学报(哲学社会科学版),2015(5).

　　刘海峰. 以考促学:高等教育考试的功能与影响[J]. 厦门大学学报(哲学社会科学版),2002(2).

刘海峰. 知今通古看科举[J]. 教育研究,2003(12).

刘积福. 2008 年高考理综全国卷(1)化学试题分析及启示[J]. 考试与招生, 2009(1).

刘杰. 考试公正与教育公平[J]. 教育与职业,2005(22).

刘精明. 扩招时期高等教育机会的地区差异研究[J]. 北京大学教育评论, 2007(4).

刘静. 科举制度的平等精神及其对高考改革的启示[J]. 山西师大学报(社会科学版),2002(1).

李凌起. 2010 年高考作文预测[J]. 考试与招生,2010(5).

刘云杉,等. 小学班级中学生角色因素的相关性分析[J]. 教育理论与实践, 1995(3).

罗友花,刘铁明. 网上评卷研究述评[J]. 中国考试,2009(11).

罗祖兵. 生成性教学及其基本理念[J]. 课程·教材·教法,2006(10).

吕星宇. 生成性教学的实践策略[J]. 教育科学,2008(3).

马福迎. 谁在"简单化、误读和随意发挥"[J]. 全球教育展望,2006(6).

马世晔. 网上阅卷的回顾与思考[J]. 考试研究,2004(7).

马玉荣. 化学复习中逆向思维的培养[J]. 考试与招生,2009(2).

马长水,李冬水. 把握高考脉搏　科学备考有机化学基础[J]. 考试与招生, 2009(12).

毛齐明. 教研组"教""研"的丧失与回归[J]. 中国教育学刊,2012(2).

欧颖. 教育选拔考试的功能性缺陷及其启思:基于对科举发展的历史审视[J]. 教育科学,2011(4).

彭湃,周自波. 城市义务教育阶段课外补习研究:基于湖北省武汉市 H 区的抽样调查[J]. 中小学管理,2008(4).

钱林晓,王一涛. 应试教育条件下的学生学习行为模型[J]. 教育与经济, 2006(1).

钱民辉. 教育处在危机中　变革势在必行:兼论"应试教育"的危害及潜在的负面影响[J]. 清华大学教育研究,2000(4).

冉铁星. 扬弃"异化":变换"转轨"的思维角度[J]. 现代教育论丛,1997(3).

任雷鸣,赵永乐. 教育系统应尽快开展 ISO 认证工作[J]. 江苏高教,2002(3).

山子. 新课程改革与考试指挥棒的关系分析[J]. 教育科学研究,2010(8).

石中英. 关于现阶段普通高中教育性质的再认识[J]. 教育研究,2014(10).

孙东东. 走出高考认识误区　推进高考实质性改革[J]. 湖北招生考试,2004 (10 下).

孙建萍. 班级中的学生地位初探[J]. 内蒙古师范大学学报(教育科学版), 2004(2).

汪丁丁. 教育的问题[J]. 读书,2007(11).

王策三. "三维目标"的教学论探索[J]. 教育研究与实验,2015(1).

王策三. 认真对待"轻视知识"的教育思潮:再评由"应试教育"向素质教育转轨提法的讨论[J]. 北京大学教育评论,2004(3).

王策三. 台湾教改与"我们的课改"[J]. 教育学报,2010(3).

王玎. 基因自由组合定律在高考中考查形式例谈[J]. 考试与招生,2010(9).

王乐平. 高三历史复习的"预见性"教学策略与运用[J]. 中国教师,2015(5 上).

魏宏聚. 新课程三维目标在实践中遭遇的尴尬与归因:兼对三维目标关系的再解读[J]. 中国教育学刊,2011(5).

吴红耘,皮连生. 修订的布卢姆认知教育目标分类学的理论意义与实践意义:兼论课程改革中"三维目标"说[J]. 课程·教材·教法,2009(2).

肖云. 关于教辅材料依然热销的冷思考[J]. 家长,2004(5).

杨安东,李学林. 实践教育观:毛泽东素质教育理论与实践的基本内核[J]. 求实,2002(6).

杨德军,赵薇. 关于中小学教辅材料的调查[J]. 中小学管理,2007(9).

杨学为. 高考改革与国情[J]. 求是,1999(5).

杨振永,韩宗敏. 高考新材料作文写法例谈[J]. 中小学教学研究,2012(1).

叶波. 校本课程实施:从技术取向到文化取向[J]. 中国教育学刊,2012(6).

叶澜. 让课堂焕发出生命活力:论中小学教学改革的深化[J]. 教育研究,1997(9).

于伟,戴军. 福柯教室中的微观权力理论述评[J]. 东北师大学报(哲学社会科学版),2005(2).

余文森. 新课程教学改革的成绩与问题反思[J]. 课程·教材·教法,2005(5).

俞吾金. 再论异化理论在马克思哲学中的地位和作用[J]. 哲学研究,2009(12).

张昊. 低碳经济的命题趋势研究[J]. 考试与招生,2010(5).

张华. 试论教学认识的本质[J]. 全球教育展望,2005(6).

张华. 我国普遍主义教学方法论:反思与超越[J]. 全球教育展望,2009(9).

张敬汝. 高中学科地位的社会学分析[J]. 宿州教育学院学报,2007(5).

张胜军,施光. 教学"回归生活世界"之意指与误指[J]. 教育导刊,2007(11 上).

张行涛. 考试的社会学概观[J]. 教育理论与实践,2000(3).

张奚若. 目前国民教育方面的情况和问题:在第一届全国人民代表大会第三次会议上的发言[J]. 人民教育,1956(7).

张亚群. 从单独招考到统一招考:民国时期高校招生考试变革的启示[J]. 中国教师,2005(6).

张亚群. 科举学研究的当代价值[J]. 厦门大学学报(哲学社会科学版),2008(5).

张亚群. 科举制下通识教育传统的演变及其启示[J]. 华中师范大学学报(人文社会科学版),2009(7).

赵静宇. 2015年高考全国卷作文的两个新变化[J]. 课程·教材·教法,2015(11).

赵顺义. 中国少年儿童素质状况抽样调查报告[J]. 中国妇运,2002(6).

赵玉彩. 回归教材,有针对性地查漏补缺:近四年高考生物试卷简析及冲刺复习建议[J]. 考试与招生,2009(4).

郑丽. 给"中学校长实名推荐制"一个尝试空间:从浙江省镇海中学看"实名推荐"[J]. 宁波教育学院学报,2010(2).

郑若玲. 高考"替人受过":现象及其本质[J]. 复旦教育论坛,2009(2).

郑若玲. 高考改革必须凸显公平[J]. 教育研究,2005(3).

郑若玲. 高考公平的忧思与求索[J]. 北京大学教育评论,2010(2).

郑若玲. 试析高考的指挥棒作用[J]. 厦门大学学报(哲学社会科学版),2002(2).

郑新蓉. 现代教育制度的危机和出路[J]. 人民论坛,2010(6).

钟启泉. "三维目标"论[J]. 教育研究,2011(9).

钟启泉. 打造教师的一双慧眼:谈"三维目标"教学的研究[J]. 上海教育科研,2010(2).

周序,管浏斯. 评新课程改革中知识的地位之争[J]. 教育学报,2007(5).

周序,郑新蓉. 高考承载的"异化"压力与可能消解[J]. 中国教育学刊,2012(2).

周序. "应试主义"的"应试规训"及其消解[J]. 华中师范大学学报(人文社会科学版),2014(3).

周序. 反思与澄清:也谈教学的"预设"与"生成"——兼与朱文辉同志商榷[J]. 上海教育科研,2012(3).

周序. 高考公平研究:回顾与展望[J]. 国家教育行政学院学报,2011(9).

周序. 关系的视角:片面应试体制下学生的地位分化——一项微观社会学的研究[J]. 湖南师范大学教育科学学报,2014(4).

周序. 生成性教学:教学当中会出现一种新的方法论吗?[J]. 课程·教材·教法,2015(4).

周序. 十年来教学评价改革成绩与问题反思[J]. 中国教育学刊,2011(10).

周序. 质疑与反思:大学教育应"后现代转向"?——兼与李薇博士商榷[J]. 现代大学教育,2013(3).

朱慧欣. 班级内学生地位分化及对策探究[J]. 教学与管理,2008(25).

朱文辉. 戴着镣铐,何以能舞——《反思与澄清:也谈教学的"预设"与"生成"》读后感[J]. 全球教育展望,2013(3).

朱文辉. 遮蔽与澄明:有效教学的生成性意蕴[J]. 全球教育展望,2010(8).

程墨,杨保华,欧阳正宵. 武汉教育局下"禁补令" 家长们联名要求收回[N].

中国教育报,2015-11-14(1).

董洪亮.高考与新课改如何良性互动[N].人民日报,2009-06-25(14).

洪启旺.高考后集体撕书没必要过度解读[N].羊城晚报,2010-06-12(A05).

堪忧!幼儿"考级风"愈刮愈烈[N].中国教育报,2010-10-11(2).

蓝婧.揭秘"亚洲最大高考工厂":每天学习16小时　不听话就挨打[N].成都商报,2015-06-05(5).

李凌,万玉凤.异地高考期待更多"一小步"[N].中国教育报,2012-03-06(2).

时言平.高考"吊瓶班",为何让人心情沉重[N].华西都市报,2012-05-07(8).

宋全政.山东40条管理规范力推素质教育[N].中国教育报,2008-01-19(1).

汤寒锋.校长推荐上北京大学认真走"过场"[N].重庆晚报,2009-11-22(4).

姜雪松.哈市六成半中小学生课外忙补习[N].哈尔滨日报,2010-07-05(2).

汪晓军.研究生为什么还需要"死记硬背"[N].中国教育报,2015-12-07(09).

王聪聪,黄荷.欣喜过后是担心,民调显示新课改高考让人喜忧交集[N].中国青年报,2009-05-13(2).

王聪聪,吴拓宇.为什么82.2%的人认为保送生多是"关系生"[N].中国青年报,2009-07-14(2).

王聪聪.民众关注自主招生66.7%的人担忧权钱交易不可避免[N].中国青年报,2009-11-24(2).

网友热议高考作文题,江苏卷被赞"最有趣"[N].现代快报,2012-06-08(F6).

吴非."不是爱风尘,又被风尘误":反思南京教育界的一场讨论[N].南方周末,2004-09-16(B14).

肖舒楠.公众感受2009:调查显示仅11.2%受访者称教育公平[N].中国青年报,2009-12-15(2).

谢维和.从基础教育到大学预科:新时期高中教育的定位及其选择[N].中国教育报,2011-09-29(2).

谢洋.校长实名推荐?七成网友反对[N].中国青年报,2009-11-12(2).

晏扬.弊大于利的保送生制度何不取消[N].中国青年报,2012-05-29(2).

杨占苍.素质教育更能提高升学率:河北衡水中学积极探索全面提高学生素质之路[N].中国教育报,2002-09-21(1).

臧铁军.1977—2007,高考改革焦点回眸[N].中国教育报,2007-06-06(5).

朱丹,潘志贤.校长实名推荐缘何成了集体推荐——郑州一中校长关于中学校长实名推荐制的思考[N].中国青年报,2010-02-08(1).

陈杰人.保送生制度还要存在多久[N/OL].[2015-12-27].中国青年报,http://www.people.com.cn/GB/channel1/12/20000830/208724.html.

丰捷,杨光,孙献涛,戴自更.破解素质教育的难题[N/OL].[2015-12-27].光明日报,http://www.gmw.cn/01gmrb/2002-03/13/32-7C2C45A8F543694C48256B7

A0080EFFC.htm.

洪信良. 红头文件抓应试, 很荒唐很无奈[N/OL]. [2015-12-27]. 钱江晚报. http://opinion.people.com.cn/GB/10322626.html.

刘武俊. 考试立法缺席[N/OL]. [2015-12-27].中国青年报,http://www.people.com.cn/GB/channel1/12/20000714/144949.html.

教育部部长周济做客新华网回答网民问题[EB/OL]. [2015-12-27]. http://www.moe.edu.cn/publicfiles/business/htmlfiles/moe/s3575/201004/83122.html.

昆冈. 钦定大清会典事例: 卷一百六十八[EB/OL]. [2015-12-20]. http://ctext.org/wiki.pl? if=en&chapter=677199&remap=gb.

昆冈. 钦定大清会典事例: 卷一百九十五[EB/OL]. [2015-12-20]. http://ctext.org/wiki.pl? if=en&chapter=709961&remap=gb.

李铮. 实施高中新课程省份高考改革方案比较[EB/OL]. [2016.03.18]. http://edu.people.com.cn/GB/116076/10034359.html.

面对第一次, 不要轻易说"不"? [EB/OL]. [2015-12-21]. http://blog.sina.com.cn/s/blog_498c8df901009kod.html.

盛康. 皇朝经世文续编: 卷六十六[EB/OL]. [2015-12-20]. http://ctext.org/wiki.pl? if=en&chapter=94984&remap=gb.

岳珂. 愧郯录: 卷九[EB/OL]. [2015-12-20]. http://ctext.org/wiki.pl? if=en&chapter=192120&remap=gb.

Carol M Swain. Race Versus Class: The New Affirmative Action Debate[M]. Lanham: University Press of America, 1996.

Chan, K. K., Rao, N. Revisiting the Chinese Learner: Changing Contexts, Changing Education[M]. Hong Kong: Springer, Comparative Education Research Centre, The University of Hong Kong, 2009.

Good, Thomas L., Jere E. Brophy. Looking in Classrooms[M]. 10th ed. person, 2007.

Jimenez E. Pricing Policy in the Social Sectors: Cost Recovery for Health and Education in Developing Countries[M]. Baltimore, Md.: Johns Hopkins University Press, 1987.

Stigler, J. W., Hiebert, J. The Teaching Gap: Best Ideas from the World's Teachers for Improving Education in the Classroom [M]. New York: Free Press, 1999.

W. A. P. Martin. A Cycle of Cathay, or China, South and North with Personal Reminiscences[M]. Edinburgh and London, 1896.

Nash R. Pupils' Expectations for Their Teachers [J]. Research in Education, 1974.

Psacharopoulos G. Returns to Education: A Further International Update and Implications[J]. The Journal of Human Resources. 1985,20(4).

Selowsky M. On the Measurement of Education's Contribution to Growth[J]. The Quarterly Journal of Economics,1969,83(3).

Thompson, Edward P. Time, Work-discipline, and Industrial Capitalism[J]. Past and Present, 1967(38).

Department for Education and Skill, Fair Admission to Higher Education: Draft Recommendations for Consultation[EB/OL]. [2015-12-31]. http://webarchive. nationalarchives. gov. uk/20130401151715/http://education. gov. uk/publications/eorderingdownload/main%20paper.pdf.

Gary S. Fields. Education and Income Distribution in Developing Countries: A Review of the Literature[EB/OL]. [2015-12-31]. http://digitalcommons.ilr.cornell.edu/cgi/viewcontent.cgi? article=1487&context=articles.

Psacharopoulos, G. Earnings Functions[J/OL]. [2016-01-11]. http://ac.elscdn. com/B9780080333793500425/3-s2. 0-B9780080333793500425-main. pdf? _ tid = bb7bf530b858-11e5-8357-00000aab0f6b&acdnat = 1452512874 _ 7bdcaee4dd396 d03bd79109ea5337948.

后　记

　　本书是在我的博士论文基础上修改而成的。从完成博士论文到本书的最终出版,历时五载有余。现在想来,深感愧对当初导师让我"用最快的速度把书出版出来"的期望。其间虽经爱子出生,让我分身乏术,但最重要的原因,恐怕是我始终不敢直面这一话题。"应试教育"是一个沉重的议题,也是一个似乎任何人都可以说上两句的话题。但大家对"应试教育"的看法往往停留在"因为有高考,所以要应试"的层面,好像就很难再继续深入下去了,甚至有些一线教师会觉得"事实就是这个样子,有什么可研究的?"而让我一直倍感苦恼的是,本书究竟应该站在一个什么样的立场上? 能够和他人的研究有什么不同? 能否在自己博士论文研究的基础上更进一步?

　　我对"应试教育"问题的兴趣由来已久。在北京师范大学攻读硕士学位期间,我的一位同学曾经当过多年的高中教师,后来辞职读研。有一天他感慨地对我说:"偌大一个北京师范大学图书馆,关于'素质教育'的书可以说是汗牛充栋,但关于'应试教育'的书竟然屈指可数!"后来,不甘心的他又到国家图书馆进行检索查阅,也同样没有找到几本关于"应试教育"的书。在和他闲聊的时候,我们都不约而同地认为:如果不研究清楚中国为什么会存在"应试教育",那么那些研究"如何实施素质教育"的研究成果基本都是空谈。

　　虽然深感这一问题有深入挖掘的必要,但我的硕士论文却回避了这一话题,因为我知道要对"应试教育"进行深入研究,谈何容易!我一直都担心自己无力驾驭这一问题。直到攻读博士学位期间,我的导师郑新蓉教授鼓励我说:"正因为难,所以才需要研究,而不是因为难,就放弃研究。"在她的激励之下,我开始对这一问题进行思

后
记

考。郑老师还对我说:"'应试教育'是不是只有缺点没有优点,因此人人都在批判但却没有人予以肯定?如果'应试教育'如此十恶不赦,又为什么能长期存在?"正是在她的启发之下,我意识到所谓"应试教育"可能并不是铁板钉钉的一块,而是有不同的成分,既有其合理的因素在内,也包含着大家所厌恶的成分。因此,我才在本书当中区分了"应试""应试教育"和"应试主义"三个概念,并提出日常生活当中被千夫所指、大家鞭笞的"应试教育",实际上应该被称为"应试主义",即"应试教育"中过激、过量的那一部分;至于另一部分,从其目的和行为方式上看,也应被称为"应试教育",如考前的复习课,这一类"应试教育"是合情合理的,不应一棍子打倒。

　　然而对"应试主义"的研究,绝不仅仅是通过课堂观察、师生访谈等方式可以完成的,虽然上述工作重要而必要。我的研究生导师郭华教授的一句话始终警醒着我:"对教学问题的研究,必须放置在特定的历史社会背景中去考察。"那么,什么是"应试主义"的"特定的历史社会背景"呢?在我看来,那就是"学而优则仕""万般皆下品,唯有读书高"的文化观念和讲关系、重人情的社会传统之间的张力。由于我们崇尚"学而优则仕""万般皆下品,唯有读书高",大学成为万千学子心之向往;因为社会人情力量的强大,所以看重关系、人情的社会资本、经济资本对以知识、能力为核心的文化资本形成了冲击。我在查阅史书的过程中发现,这种冲击早在我国封建社会时期就已经非常普遍,也对考生的学习乃至官学教育造成了不良影响。所以不同于某些学者认为"应试主义"是当前基础教育中的一个特定现象,在我看来,早在科举时期,"应试主义"现象就已经比比皆是了。当前我国基础教育当中"应试主义"的普遍也是基于同样的缘由,只不过科举变成了高考,"程文"变成了分数。所以从根源上看,"应试主义"不是一个教学方法层面的问题,也不是一个教育理念层面的问题,而是一个社会文化问题,是"关系社会"的弊端在教育当中的一个反映。

　　由于"应试主义"仅仅是"应试教育"的一部分,又由于"应试主义"的弊病根植于社会传统文化当中,我在本书的写作过程中一直坚持一种辩证的态度,即对"应试主义"的弊端予以揭露,但绝不主张全盘否定。这或许是本书与其他研究"应试教育"的成果的不同之处。既然"应试主义"植根于讲关系、重人情的社会传统文化之中，因此它的存在就成了一个几乎必然现象——倘若"应试主义"化身为人，必然会感慨："我也不想存在啊，可是你们这样的社会文化却逼得我不得不存在。你们老是一个劲儿地批判我干什么？我完全是被动存在的好不好！"很多研究之所以极力批判"应试教育"，是因为这些研究将"应试教育"和"应试主义"混为一谈，且并未探寻其文化根源，仅仅试图从课堂教学的层面来解决这个问题，这就显得有些治标不治本。诚然，"应试主义"有很多值得批判的地方，但批判应该讲理性，而不能太过于情绪化。有些学者将"应试主义"乃至"应试教育"都视作十恶不赦之物，大约就是批判太过于情绪化之故。如果本书能够让读者重新以理性的眼光来审视"应试主义"，而不再偏激地将其视作中国教育的罪魁祸首，那我想本书也就达到了它的目的了。

但对"应试主义"的研究来说，本书远非其终结，而应该只是一个开始。本书的出版，将我多年来一直不敢碰的一个问题做了些许分析，算是完成了我的一个心愿，但对"应试主义"来说，仍有许多问题悬而未决。例如本书的最后一章提出，革新命题技术或许是一条可行的路径。那么，命题技术应该如何革新，有没有一些基本的原则和方向？命题技术的革新会不会引发应试技术的随之"升级"，怎样破解这一"道高一尺魔高一丈"的恶性循环？在革新命题技术之外，还有没有其他可以缓解"应试主义"弊端的方案？等等这些方面的研究，今后若能进一步加强并取得进展，则教育幸甚，中国幸甚！